AF570419

Culture politique au Maroc

Logiques Sociales

Collection dirigée par Bruno Péquignot

En réunissant des chercheurs, des praticiens et des essayistes, même si la dominante reste universitaire, la collection *Logiques Sociales* entend favoriser les liens entre la recherche non finalisée et l'action sociale.

En laissant toute liberté théorique aux auteurs, elle cherche à promouvoir les recherches qui partent d'un terrain, d'une enquête ou d'une expérience qui augmentent la connaissance empirique des phénomènes sociaux ou qui proposent une innovation méthodologique ou théorique, voire une réévaluation de méthodes ou de systèmes conceptuels classiques.

Dernières parutions

Louis MOREAU DE BELLAING, *Claude Lefort et l'idée de société démocratique*, 2011.

Elisabetta RUSPINI (sous la dir. de), *Monoparentalité, homoparentalité, transparentalité en France et en Italie. Tendances, défis et nouvelles exigences*, 2010.

T. DJEBALI, B. RAOULX, *Marginalité et politiques sociales*, 2010.

Thomas MIHCAUD, *La stratégie comme discours*, 2010.

Thomas MICHAUD, *Prospective et science-fiction,* 2010.

André PETITAT (dir.), *La pluralité interprétative. Aspects théoriques et empiriques*, 2010.

Claude GIRAUD, *De la trahison, Contribution à une sociologie de l'engagement*, 2010.

Sabrina WEYMIENS, *Les militants UMP du 16e arrondissement de Paris*, 2010.

Damien LAGAUZERE, *Le masochisme, Du sadomasochisme au sacré*, 2010.

Eric DACHEUX (dir.), *Vivre ensemble aujourd'hui : Le lien social dans les démocraties pluriculturelles*, 2010.

Martine ABROUS, *Se réaliser. Les intermittents du R.M.I, entre activités, emplois, chômage et assistance*, 2010.

Roland GUILLON, *Harmonie, rythme et sociétés. Genèse de l'Art contemporain*, 2010.

Angela XAVIER DE BRITO, *L'influence française dans la socialisation des élites féminines brésiliennes*, 2010.

Barbara LUCAS et Thanh-Huyen BALLMER-CAO (sous la direction de), *Les Nouvelles Frontières du genre. La division public-privé en question*, 2010.

Rahma Bourqia

Culture politique au Maroc

À l'épreuve des mutations

Du même auteur

Femmes et Fécondité. Afrique/Orient, Casablanca, 1999
Bourqia R. and Hopkins N. (eds.). *Le Maghreb : Approches des Mécanismes d'articulation*, Dar Al-Kalam, 1991
Bourqia R., Charrad M. and Gallagher N. (SD). « Femmes, Culture et Société au Maghreb ». 2 volumes , Edition Afrique/ Orient, 1995
Bourqia R.and Miller S.G. (eds). *In the Shadow of the Sultan. Culture,power and politics in Morocco.* Harvard University Press, 2000
Bourqia R., El Ayyadi M., El Harras M. et Rachik H. *Les Jeunes et les valeurs religieuses*. CODESRIA – EDDIF, 2000
Raymond Jamous et Rahma Bourqia (SD). *Altérité et reconstruction de la société locale. Cultures en miroir*, Aux Lieux d'Etre, 2008
Bourqia R. (Coordonné par). *L'Université et la mondialisation*. Editions Université Hassan II – Mohammédia, 2010

Ouvrages en arabe

Etat, pouvoir et société. Dar Attali`a, 1991, Liban.
Positions. La société marocaine à l'épreuve du changement. Editons Faculté des Lettres et Sciences Humaines, Mohammédia, 2004

5-7, rue de l'Ecole-Polytechnique, 75005 Paris

http://www.librairieharmattan.com
diffusion.harmattan@wanadoo.fr
harmattan1@wanadoo.fr

ISBN : 978-2-296-54275-4
EAN : 9782296542754

Sommaire

Remerciements

Ce travail est le produit d'une réflexion sur la culture et les valeurs politiques au Maroc. Tout en étant présidente de l'université, avec ce que cela comporte comme charge administrative, j'ai tenu à réserver deux jours par semaine (samedi et dimanche) pour rédiger ce travail qui me réconforte dans mes préoccupations de sociologue et prolonge ma réflexion sur les grands changements que traverse la société marocaine.

Je tiens à remercier tous ceux qui ont contribué à la collecte des données pour les différentes enquêtes citées dans cet ouvrage et auxquelles j'ai participé. Je remercie mes collègues Mohamed Tozy, Hassan Rachik, Mokhtar El Harras et Mhammed Abdourebbi qui ont contribué à l'enquête « Culture Politique » dont les données ont été utilisées dans cet ouvrage, surtout dans le chapitre sur la confiance.

Je tiens à remercier particulièrement mon collègue Hassan Rachik qui a lu le manuscrit et m'a fait part de ses remarques qui ont enrichi la version finale de l'ouvrage. Mes vifs remerciements vont à Hammadi Safi d'avoir lu et corrigé le texte et d'avoir émis des remarques pertinentes.

Une tendre pensée pour ma famille, mon mari et mes enfants pour leur soutien, leur patience et leur compréhension de me voir consacrer le temps familial à rédiger ce travail.

Introduction

Le regard porté par les auteurs des études portant sur le système politique marocain a évolué en fonction du changement des prismes de la succession des périodes depuis le début du siècle dernier, à savoir les périodes coloniale et postcoloniale, et en rapport avec les partis pris académiques, théoriques et parfois journalistiques.

Durant la période coloniale, le système politique marocain, dont le sultanat[1] constituait le pivot, a fasciné par son traditionalisme un certain général Lyautey et les idéologues sociologues de la colonisation. Ce système fut un objet de prédilection, à l'époque postcoloniale, des études anthropologiques et sociologiques. On lui appliqua les théories segmentaire, interprétative ou patrimoniale pour mettre en évidence sa particularité en terre d'islam. A part quelques ouvrages de sociologues marocains tels que ceux de Mohamed Tozy : « *Monarchie et Islam* » et Abdellah Hammoudi : « *Les fondements des pouvoirs autoritaires* »[2], on pourrait dire que la période actuelle était marquée par la carence des études académiques qui mettraient en exergue la dynamique et les processus caractérisant un système politique marocain en transition, et analyseraient la complexité d'une société marocaine en mouvement.

Le déficit en termes d'analyse des évolutions récentes du système politique va de pair avec le déficit de la production des sciences sociales dans les pays arabes en général. Les évaluations récentes de la situation de ces sciences dans ces pays, et au Maroc en particulier, montrent bien qu'elles n'ont pas encore constitué un

---

[1] Voir : Edmond Doutté : *Le sultanat marocain*. Paris, 1909. Mohamed Tozy : *Monarchie et islam politique au Maroc*. Presses de Sciences PO, 1999. Abdellah Hammoudi. *Maître et disciple. Genèse et fondement des pouvoirs autoritaires*. Maisonneuve, 2001

[2] Mohamed Tozy : *Monarchie et islam politique au Maroc*. Presses de Sciences PO, 1999.

corps de savoirs sur les grandes transformations que connaissent ces pays.

Eu égard à un tel déficit, qui nous met face à des sociétés sous analysées[3], la production journalistique, capable d'une réactivité instantanée, nécessaire dans un pays en démocratisation, se substitue à l'analyse distanciée des phénomènes sociaux et politiques qui les appréhenderait en tant que phénomènes objectivés.

Sans avoir la prétention de combler ce déficit, ce livre tente d'examiner aussi bien le fonctionnement du politique au sein de la société marocaine, eu égard au processus de démocratisation et au regard de la culture politique dans laquelle il s'inscrit, que les valeurs qu'il véhicule. En empruntant un détour par la littérature théorique qui examine les démocraties biens établies, ce livre part d'un parti pris selon lequel, bien que devenue une valeur universelle, la démocratie est marquée dans son fonctionnement au niveau de la réalité politique d''imperfections'' ou de limites qui la dévient du sens de ladite valeur. Cette crainte des limites de la démocratie a été déjà mise en évidence par Alexis de Tocqueville qui, comparant la démocratie française, de tradition révolutionnaire, à la démocratie américaine, considérée par lui comme plus tempérée et raisonnée, a pu écrire : « *j'ai pour les institutions démocratiques un goût de tête, mais je suis aristocratique par instinct, c'est-à-dire je méprise la foule* »[4]. Il exprimait, ainsi, sa répulsion pour l'action révolutionnaire qui déchaîne les instincts et limite l'usage de la raison.

Ces ''imperfections'' ou limites de la démocratie sont attestées par de nombreuses analyses portant sur les sociétés démocratiques ; elles sont toutefois beaucoup plus perceptibles dans une démocratie en construction.

Reconnaitre les limites de la démocratie, c'est procéder à partir d'une posture normative à l'égard de la démocratie en ce qu'elle est référence et valeur ; ceci n'entame en rien l'idée consistant à considérer la réalisation de la démocratie comme un processus qui

---

[3] Mohammed Arkoun : « Pour une genèse subversive des valeurs ». In : *Où vont les valeurs* ? UNESCO, Albin Michel, 2004, P. 89

[4] Alexis de Tocqueville : *Œuvres complètes* III-2. Paris, Gallimard, Bibliothèque de la Pléiade, p.87

n'atteint pas forcément l'idéal type proposé par la valeur. «*La démocratie est un processus de longue durée dont l'issue est indéterminée parce que les limites ne peuvent être fixées a priori* »[5]. C'est sur le terrain du fonctionnement et de la pratique politiques que ses limites se dévoilent. En étant une valeur, elle constitue un étalon permettant de mesurer la distance entre la réalité– toujours déterminée localement– et la référence idéalisée, ainsi que d'apprécier le rapport d'un système politique à l'incomplétude.

Le processus de démocratisation dans la société marocaine s'inscrit dans une trajectoire où interviennent plusieurs paramètres : l'historique, le culturel, le social et le global ; lesquels paramètres travaillent ce processus lui-même. Il importe de souligner la complexité d'un tel processus dans le contexte de cette société où, en plus du poids desdits paramètres, le local et le global s'imbriquent. Le processus politique qui mène vers l'idéal démocratique n'est point un processus linéaire. Il oscille entre la traditionalisation et la modernisation, le spécifique et l'universel, l'idéal et le réel, la religion et la rationalisation de la religion, les impératifs et les exigences de la dynamique interne et externe de la mondialisation.

Dans le contexte marocain, un processus de démocratisation est amorcé. Mais il ne suffit pas d'afficher au plan du discours politique la volonté d'engager la démocratisation pour que le processus de celle-ci advienne. Concept souvent évoqué dans les discours politiques pour embellir une action ou un système politique, la démocratie est érigée en un idéal et un principe fondateurs du fonctionnement du politique dans son expression accomplie. Toutefois, le fait qu'elle soit glorifiée ne la prémunit pas contre le risque de subir la loi de la vulgarisation. Comme l'a écrit Bruno Bernard: « *si tu veux perdre une idée, invoque-la à tout propos* »[6]. La mise à l'épreuve, au plan du fonctionnement du politique, de la volonté affichée de démocratisation constitue le fondement du processus. Un tel fondement est identifiable aussi bien au niveau de la complexité de l'interaction des acteurs et des

---

[5] Nestor Capdevila : *Tocqueville et les frontières de la démocratie.* Paris, PUF, Collection Philosophies, 2007.p.7

[6] Bruno Bernard : *La démocratie.* Flammarion, Paris, 1999, p.13

entités politiques, qu'en matière de partage des valeurs démocratiques, ce qui permet l'établissement d'une sorte de consensus et de cohésion politiques autour des règles du jeu politique démocratique. Les campagnes électorales sont des moments privilégiés d'observation de ce fonctionnement.

Penser le processus de démocratisation dans le cadre de la culture politique, et en rapport avec les valeurs, c'est se placer dans la complexité du politique en ce qu'il est des plus multidimensionnels. Comme l'écrit Edgar Morin : *« La complexité apparaît au départ comme une sorte de confusion, de difficulté... On peut dire que ce qui est complexe relève, d'une part, du monde empirique, de l'incertitude, de l'incapacité d'être certain de tout, de formuler une loi, de concevoir un ordre absolu. Il relève, d'autre part, de quelque chose de logique, c'est-à-dire de l'incapacité d'éviter des contradictions »*[7]. La complexité réside dans l'interaction des paramètres mentionnés plus haut du processus de transition. Ni le réductionnisme, qui réduit le tout à une partie, ni le holisme qui ne voit que le tout sans les parties[8] ne pourraient en rendre compte.

Il faudrait, néanmoins, nuancer la notion de transition démocratique qui connote un contenu réducteur d'un phénomène complexe. Le processus de démocratisation n'est point un processus linéaire au terme duquel on passe d'un état A à un état B. Bien que le discours affiché qui accompagne ce processus présage de ce passage de l'étape A à l'étape B, il n'en demeure pas moins que ce processus est constamment appelé à croiser les aléas, les incertitudes, les méandres des conjonctures et les différentes formes que le politique pourrait prendre dans la réalité. La transition comporte des allers et retours, des contradictions et des tensions, mais crée aussi des mutations.

Les données empiriques seront utilisées ici pour illustrer quelques aspects de ces tensions. En se référant à plusieurs enquêtes empiriques, réalisées ces huit dernières années, et qui ont initié une compilation de données, on se rend compte de la présence des paradoxes, repérables essentiellement dans la contradiction entre

---

[7] Edgar Morin : *Introduction à la pensée complexe*. Seuil, 2005, pp.91-92

[8] Ibid. p.101

contenus du perçu et contenus du vécu. Les données mentionnées se rapportent à différentes enquêtes. Il y a celles de l' « Enquête mondiale sur les valeurs », (*The World Values Survey*)[9], surtout les données de la première vague, menée en l'an 2000 et qui a inclut le Maroc, et de la deuxième vague, de l'année 2005, avec un échantillon représentatif de la population marocaine qui a touché 1200 enquêtés. Il y a également une autre enquête, entreprise en 2005 dans le cadre du « Rapport du Cinquantenaire au Maroc », nommée « Enquête nationale sur les valeurs », avec un échantillon de 1095 personnes enquêtées[10]. Une autre est réalisée en 2006 sur « la culture politique au Maroc » ; elle a touché un échantillon de 1083 personnes. Enfin, il y a « Afro-baromètre politique », une enquête menée en 2006 dans différents pays d'Afrique, y compris le Maroc, avec un échantillon de 1200 personnes ; elle constitue une sorte de baromètre de la démocratie. A celles-ci s'ajoutent des entretiens menés auprès d'un certain nombre de personnes sur le sens de la notion de démocratie. Les enquêtes empiriques fournissent certes des éléments pour comprendre la culture et les valeurs politiques. Elles réunissent des données qui renvoient aux opinions et aux perceptions des individus sur des phénomènes ou pratiques donnés. Il s'agit, toutefois, de mentionner les limites de telles enquêtes pour ce qui est de cerner la complexité de la transition démocratique. On ne fera pas ici une analyse systématique des résultats de ces enquêtes et le renvoi aux données qu'elles comportent ne se fait que pour illustrer quelques faits.

La notion de transition est utilisée ici dans un sens opératoire et empirique pour caractériser le mouvement d'une société comme celle du Maroc, qui vit une démocratisation en construction, abrite un large éventail de valeurs se rapportant à différentes sphères de la vie sociale : valeurs esthétiques, religieuses, sociales, culturelles, morales, économiques, etc., et au sein de laquelle les valeurs politiques interfèrent avec des contre-valeurs. Chaque champ produit ses valeurs, mais il y a, par ailleurs, des valeurs

---

[9] The *World Values Survey* a été initié par l'Université de Michigan.

[10] 50 ans de développement humain et perspectives 2025. Rapport de synthèse de l' « Enquête nationale sur les valeurs ». Rapporteur : Hassan Rachik. Comité scientifique de suivi : Rahma Bourqia, Abdellatif Bencherifa, et Mohamed Tozy. 2005

individuelles ou collectives, spécifiques ou universelles, temporaires ou permanentes, traditionnelles ou modernes ; d'où une multiplicité des niveaux des valeurs. Pour les besoins de notre objet, à savoir le champ politique, nous privilégions ici les valeurs politiques.

Les valeurs sont appréhendées en tant qu'objets de socialisation et de production sociale, culturelle et politique et non pas comme participant d'un ordre normatif. Les valeurs ne sont point couvertes par la dichotomie traditionnelle et manichéenne entre ce qui est de l'ordre du bien et ce qui est de l'ordre du mal. Nous avons plutôt affaire à une diversité génératrice de la complexité des valeurs. Le passage de la société traditionnelle moraliste à une société légaliste n'advient pas sans qu'il y ait interpénétration et coexistence de valeurs conflictuelles dans une société en transition.

La religion a été par le passé à la source des valeurs, dont la gestion était confiée aux hommes de religion. De nos jours la multiplicité des lieux et des sources de valeurs accentue leur conflit. Aujourd'hui, plus que jamais, on pourrait dire, après Max Weber, qu'il existe « *un polythéisme des valeurs* » qui nous éloigne de la simplification axiologique[11].

Le conflit des valeurs a toujours existé, mais il se trouve de nos jours beaucoup plus amplifié par l'effet des changements au sein de la société. Le système des valeurs traditionnelles était confiné à l'intérieur d'un espace territorial et spatial délimité. Ce n'est plus le cas aujourd'hui, la société n'étant point fermée, mais ouverte et connaissant une double dynamique du fait de facteurs internes et externes.

La mondialisation, l'ouverture des espaces et des frontières, l'extension des moyens de communication et la mobilité ont contribué à accentuer le conflit des valeurs, devenu une particularité de notre temps. Le conflit entre valeurs et contre-valeurs est encore plus aigu dans des sociétés en transition démocratique.

Le champ démocratique produit ses propres valeurs et accorde à la démocratie une valeur suprême. Celle-ci comporte des valeurs

---

[11] Edgar Morin. « L'éthique de la complexité et le problème des valeurs au XXIe siècle ». In : *Où vont les valeurs* ? UNESCO, Albin Michel, 2004, p. 95

dérivées telles que l'égalité des chances, des droits, la liberté d'expression, la responsabilité politique de l'individu, etc. Le processus démocratique est ainsi un processus programmatique qui met en œuvre ces valeurs dérivées.

Le conflit des valeurs est paradoxalement un phénomène qui témoigne des changements de notre époque. La libéralisation des expressions pourrait ne pas accentuer le caractère pluriel des valeurs et leur relativité. La valeur démocratie, qui est au centre de notre réflexion dans cet ouvrage, porte en elle-même la difficulté d'avoir des valeurs partagées à même de permettre l'existence de la diversité culturelle, linguistique, politique, etc. Car si la valeur démocratie tend à favoriser le cadre d'expression de la diversité, elle se retrouve parfois dépassée par la diversité créatrice de tensions et par des contre-valeurs.

Les contre-valeurs de la démocratie en politique sont l'autoritarisme, le dogmatisme, la pensée unique, le favoritisme, l'opportunisme et la violation des droits. La production de la contre-valeur se fait par le biais d'un bricolage qui emprunte des ingrédients à un culturel détourné de son sens initial du fait des changements.

Le rapport entre la culture et la cohésion sociale a été souligné par plusieurs études anthropologiques et sociologiques. Certaines sociétés s'expriment culturellement plus que d'autres, surtout celles au sein desquelles la religion occupe une grande importance. La culture, avec ses subtilités linguistiques, les traits de comportement et la valeur accordée à certaines pratiques sont de véritables marqueurs conscients ou inconscients d'une société. Toutefois, la culture comporte plusieurs niveaux ou étages. Elle pourrait être la marque de la société dans sa globalité ; c'est dans ce sens qu'on pourrait parler de la culture marocaine, c'est-à-dire, une culture que les éléments constitutifs distinguent des cultures des autres sociétés. Il s'agit d'éléments tels que l'héritage historique et l'expression sociale de la religion. Un autre niveau est celui des cultures dérivées. Chaque communauté, région ou ville, tend à se distinguer par sa culture locale, où la subtilité des statuts sociaux et les différenciations en termes de modes de vie tendent à colorer les groupes sociaux, parfois au sein d'une même communauté.

Il n'existe pas de modèle culturel figé ou « *cultural pattern* », ou encore une totalité culturelle fermée ramenant chaque société à ses particularités culturelles. Il est entendu que la culture n'est pas figée ; elle est toujours un processus de réévaluation et de construction. La culture est certes un ensemble de normes et de valeurs qui orientent les conduites et les pratiques ; elle fonctionne, néanmoins, comme un réceptacle, maniable et ouvert sur le changement, et soumis à toutes sortes d'utilisation dans le cadre des stratégies sociales et politiques, individuelles et collectives.

Le dépassement de l'emprise du culturel sur le politique suppose l'idée moderne de l'association d'individus par le politique. Celui-ci est supposé imposer ses valeurs, qui donnent leur chance à tous les projets de concourir sur la scène politique selon le principe démocratique, et réguler la diversité et la pluralité politiques. Or dans la réalité politique du contexte marocain, le processus démocratique est constitué tout à la fois de pratiques héritées d'une rationalité historique et d'autres s'inscrivant dans la rationalité du présent. Ceci ne se passe pas sans engendrer de nouvelles tensions, ou encore conduire à la mutation d'anciennes.

Le dépassement du culturel par le politique n'est toutefois jamais totalement acquis. Le politique est constamment rattrapé par l'histoire et la culture. Ainsi, les relations de parenté, valorisées dans la société traditionnelle, deviennent-elles népotisme et clientélisme pour contrecarrer les valeurs démocratiques telles que l'égalité des droits et des chances. La culture politique oscille entre de multiples déterminations qui sont à la fois historiques, culturelles, globales et locales, donnant à voir les paradoxes d'un système en construction et en mouvement.

La démocratisation comporte parfois le risque de voir ses propres valeurs transformées en contre-valeurs. A titre d'exemple, on peut citer à ce propos l'extrémisme religieux qui surfe et s'active sur la vague de la démocratisation en usant de la liberté d'expression, tout en véhiculant des contre-valeurs à cette démocratisation, à savoir la pensée unique et le dogmatisme.

Par ailleurs, la démocratisation ouvre la voie devant différents groupes pour négocier leur position sociale, défendre leurs intérêts et véhiculer, dans certains cas, des valeurs qui ne correspondent pas toujours aux valeurs démocratiques. Dans ce sens, la contestation légitime des diplômés chômeurs, qui s'exprime démocratiquement et qui montre une ingéniosité dans l'expression de la contestation au nom de la liberté d'expression et du droit à l'emploi, véhicule par ailleurs un message opportuniste de quête de rente, quand ses auteurs revendiquent l'obtention d'un emploi exclusivement dans la fonction publique. L'Etat, qui intervient lors d'une contestation au nom de la préservation de l'ordre public et au nom du principe d'assurer le droit des citoyens à la sécurité, pourrait commettre des dérives qui feraient ré-émerger un Etat oppresseur. De même pour un acteur politique, qui s'engage dans l'activité politique lors des élections, se porte candidat aux élections, porté qu'il est par le processus de démocratisation, mais qui n'hésite pas à corrompre les citoyens pour essayer d'amadouer et d'attirer l'électorat.

Ainsi, on pourrait revendiquer la modernité démocratique de l'Etat et reproduire des pratiques de servitude. Un parti politique pourrait revendiquer le socialisme et s'engager dans une alliance ''contre nature'' avec un parti porteur d'une idéologie opposée et incompatible avec ses principes affichés. La valeur démocratie se retrouve ainsi transformée en son contraire, en une contre-valeur.

Les lieux de production de valeurs contradictoires ne se situent pas nécessairement, ni exclusivement, au niveau de l'Etat ou des acteurs politiques. La contre-valeur, qui vise à détourner le processus de démocratisation, pourrait provenir aussi bien des acteurs politiques que des citoyens. On pourrait dénoncer la corruption et trouver qu'elle est un moyen d'accès à un service et y avoir recours ; comme on pourrait considérer que tel ou tel candidat aux élections est corrompu et le soutenir lors des élections parce qu'il est capable d'offrir des dons et de l'argent aux électeurs.

La coexistence paradoxale de valeurs et de contre-valeurs pourrait s'étendre aux comportements d'un acteur politique qui pourrait défendre le droit des femmes et en même temps réduire son épouse au statut de soumise au sein du foyer conjugal, comme si la logique de la sphère politique était différente de celle de la sphère familiale, et que ces logiques étaient régies par des valeurs contradictoires. On pourrait aussi défendre l'intérêt général au sein du parti et dans le discours, et chercher par tous les moyens à préserver l'intérêt individuel. Ainsi, sont brouillées les différences et les lignes de démarcation entre la valeur et son contraire.

Le processus de démocratisation est porteur de tensions; mais il ouvre, par ailleurs, la voie à l'émergence et à la construction de « valeurs fondatrices des sociétés contemporaines »[12] en phase avec leur temps et créatrices de mutations, telles que la réforme du code de la famille qui a engagé un changement au niveau du paradigme autoritaire dans le sens d'un paradigme égalitaire.

La démocratie s'affirme ainsi comme un construit politique, social et culturel. L'objet de cet ouvrage est certes d'analyser, par rapport à un système politique en mouvement, la construction de la démocratisation à travers les tensions et les mutations créées par le conflit des valeurs au niveau de la sphère politique. Il n'en demeure pas moins que la valorisation de la démocratie est un mouvement irréversible, ouvrant des perspectives de neutralisation des contre-valeurs et d'atténuation de la méfiance à l'égard du système politique au moyen d'une rationalité critique et autocritique, et d'une raison en prise sur la réalité du politique avec laquelle elle entretient un dialogue constant. Le processus de démocratisation pourra ainsi suivre la voie de la construction ouverte d'une démocratie raisonnée, qui fabriquerait de manière interne les procédés de dépassement de ses propres limites.

[12] Pan Vei : « Les valeurs fondatrices des sociétés contemporaines ». *Diogène*. 2008/1, N°221, p.73-99

Chapitre 1. Sur la démocratie : un détour théorique

Les changements socioéconomiques qu'a connus la société marocaine depuis l'indépendance, ont entraîné une évolution de la sphère politique, illustrée par le processus démocratique. Le référendum sur la constitution de 1996 a été un tournant dans cette évolution. L'analyse de la dynamique sous-tendant ce processus se doit d'examiner les aspects constitutionnel et institutionnel, les entités et les acteurs politiques, ainsi que la culture politique ambiante qui imprime sa marque aux comportements et aux pratiques politiques.

Il est évident que, lorsqu'on considère la dynamique du champ politique, sous le prisme du processus démocratique, on n'échappe pas au parti pris et au jugement de valeur, qui accordent à cette évolution et à ce processus l'attribut de ''démocratique''. Il faudrait souligner, toutefois, qu'un certain nombre de changements militent pour un mouvement de démocratisation de la vie politique : les modifications apportées à la constitution ; le multipartisme déjà en place _qui ouvre la voie à une compétition des partis autour des sièges au parlement et au sein des conseils communaux_ ; les changements du mode de scrutin et du discours politique ; l'avènement de l'alternance ; la loi sur les partis politiques et les mesures prises pour la moralisation du processus électoral. Le champ politique marocain, qui s'inscrit dans la trajectoire du changement des institutions et des acteurs politiques, avec un legs historique et des ouvertures politiques de démocratisation, mérite réflexion.

La démocratie, comme système du fonctionnement politique, apparaît aujourd'hui comme le meilleur des systèmes. Après l'effondrement des systèmes des pays de l'Est, des idéologies et des régimes totalitaires, la démocratie est devenue un système idéal à atteindre, et a acquis ses titres de noblesse pour devenir un système étalon.

L'engouement pour le concept de démocratie, du fait que le système démocratique a, à travers l'histoire, permis aux peuples de l'emporter contre la dictature et le totalitarisme, n'empêche que ce concept ne cesse de susciter des questionnements sur les ajustements à lui apporter dans les pays considérés comme démocratiques, en vue de consolider leur démocratie, et sur les facteurs favorables à sa mise en œuvre dans les sociétés en voie de démocratisation.

Si la transition démocratique s'est faite dans les pays occidentaux de manière progressive et dans le cadre d'une évolution et d'une dynamique internes à la société, celle des pays en voie de développement se fait parfois à travers des tensions, déterminées tout à la fois par les contraintes économiques et sociales internes, liées au développement, par un système autoritaire ancré dans le social et par des défis externes d'une mondialisation qui impose ses règles du jeu.

Aujourd'hui, les questions qui se posent aux pays en voie de démocratisation sont multiples : comment réaliser la transition démocratique ? Lorsqu'il y a des avancées vers la démocratie, comment consolider les acquis sans revenir en arrière dans un environnement économique et social fragilisé par des déficits de développement ? Comment consolider une démocratie naissante tout en faisant face à plusieurs défis : une pauvreté persistante, des différenciations sociales accentuées, l'écart en termes de développement entre ces pays et les pays occidentaux, la globalisation ''sauvage'' et rampante, qui n'est pas à l'avantage des pays du Sud ? La démocratie est-elle la solution pour entreprendre le développement comme le laisse envisager Amartya Sen[13]? Toutes ces questions reflètent la complexité du processus démocratique d'un pays comme le Maroc. Une complexité où s'articulent l'institutionnel, la culture politique, les entités et acteurs politiques ainsi que leur contexte social et économique national et global.

---

[13] Amartya Sen : *Un nouveau modèle économique. Développement, justice, liberté.* Odile Jacob, Paris, 2003. (Première publication en anglais en 1999). Amartya Sen. *Ethique et économie.* Paris, PUF, 1991. (Première publication en anglais en 1987)

La littérature théorique permet de noter que, en général, la démocratie prend, dans tous les cas, le caractère d'un processus inachevé. Dans tous les pays, même les plus avancés, on parle d'approfondir la démocratie et de la protéger ; fait qui, implicitement, signifie sa vulnérabilité et qu'elle s'inscrive toujours dans un processus de construction. On pourrait trouver à ces pays démocratiques ce que Raymond Aron appelle de manière normative « les imperfections »[14], et par conséquent, on pourrait présumer que tous les régimes, aussi avancés soient-ils dans leurs démocraties, comportent des imperfections et appellent des ajustements pour faire face à ce qui pourrait menacer leur équilibre. Pour souligner ces défauts potentiels et réels de la démocratie, Raymond Aron écrit que *« les régimes constitutionnels pluralistes sont imparfaits soit par excès d'oligarchie soit par excès de démagogie et presque toujours par limitation d'efficacité. »*[15].

En effet, la démocratie se présente comme un idéal de référence et une norme. Elle est ainsi bien décrite dans les manuels de la littérature théorique des sciences politiques. Mais la démocratie réelle est toujours inachevée, parce qu'elle est en devenir et en constante amélioration. De ce fait, la démocratie est à a fois une sorte de système de gouvernement qu'un pays donné adopte ou est appelé à adopter et un idéal visé par un processus permanent de construction et en perfectionnement démocratique.

Robert Dahl écrit : *« dans chaque démocratie, il existe un écart substantiel entre la démocratie actuelle et la démocratie idéale »*[16]. Et pourtant, la démocratie idéale demeure une référence à atteindre. Pour devenir démocratiques, les pays où la démocratisation est en construction doivent remplir des conditions et respecter des critères. Selon R. Dahl, ces critères sont les suivants[17] :

- une participation effective ;
- l'inclusion de tous les adultes ;

---

[14] Raymond Aron : *Démocratie et totalitarisme*. Gallimard, 1965.

[15] *Ibid*, p. 342.

[16] Robert A. Dahl. *On Democracy*. Yale University Press. New Haven and London, 1998, p.31. (La traduction est de l'auteur).

[17] *Ibid*. p. 37

- l'égalité dans le vote ;
- la compréhension du processus de la part des citoyens ;
- la maîtrise de l'agenda politique par les acteurs politiques ;

Ce sont là des éléments standards de la démocratie auxquels devrait aspirer tout pays qui s'engage sur la voie de la démocratisation. L'auteur note que la réalité du fonctionnement de la démocratie lui impose des contraintes qui en limitent l'évolution dans le sens de la perfection. Toutefois, la batterie de critères, mentionnés plus haut, représentent une référence par rapport à laquelle on peut évaluer le degré de rapprochement d'une situation quelconque avec le système démocratique idéal :

« None of us, I imagine, believes that we could actually attain a perfectly democratic system, given the many limits imposed on us in the real world. The criteria do provide us, though, with standards against which we can compare the achievements and the remaining imperfections of actual political systems and would bring us closer to ideal"[18].

Ainsi, bien que les démocraties soient localement déterminées et que leur évolution historique soit liée à leur contexte économique, social et culturel, les standards de la démocratie servent à les évaluer et à leur imposer certains principes et critères de base.

L'utilisation de tels critères a des conséquences et des retombées positives sur les systèmes politiques. La démocratie évite la tyrannie et s'éloigne d'elle dans l'exercice du pouvoir, garantit les droits des citoyens et les libertés individuelles et collectives, assure une autonomie morale à chaque individu, permet le développement humain d'une société, protège les intérêts de chacun et préserve l'égalité politique[19]. Les démocraties des pays démocratiques sont des polyarchies[20].

---

[18] *Ibid.* p.29

[19] *Ibid.* p.45

[20] La polyarchie est un concept introduit par Dahl «*pour décrire le fonctionnement politique des sociétés industrielles occidentales. Les caractères constitutifs de la polyarchie sont la dispersion des sources du pouvoir, le droit pour tous de participer à la désignation des autorités politiques et une organisation qui tend efficacement au règlement pacifique des conflits. Dahl a*

Les variantes de la démocratie sont multiples et historiques. Celle des Etats Unis d'Amérique, considérée par Tocqueville comme une démocratie tempérée, diffère de celle de l'Europe, surtout la française, considérée comme révolutionnaire. Aussi le processus démocratique ne mène-t-il pas toujours vers un seul modèle. Plusieurs variantes de la démocratie pourraient se présenter et ce en fonction de l'histoire et des contextes socioculturels dans lesquels elle s'installe. Comme l'écrit Alain Touraine : *« Nous sommes de plus en plus sensibles à la multiplicité des voies du changement comme à celle des systèmes politiques ou des représentations de la société. Ce qui n'entraîne nullement à abandonner toute définition générale de la modernité, mais à ne jamais séparer les enjeux généraux des moyens particuliers et des histoires différentes par lesquels individus et nations cherchent à les atteindre et à les mettre en forme »*[21]. Et c'est l'ensemble des critères ou des standards de la démocratie comme idéal, qui permet de déceler, dans les différentes variantes historiques, le degré de conformité à ce qui constitue le noyau indispensable de toute démocratie.

En dépit de ''ses imperfections'', la référence démocratique s'impose de nos jours aux systèmes politiques dans la mesure où elle comporte la participation institutionnelle et organisée des citoyens à travers les élections et qu'elle autorise une pluralité des sources de pouvoir, régies par la loi. L'autocrate, au pouvoir absolu, qui façonne le peuple à sa guise, ne pourrait avoir sa place dans les sociétés d'aujourd'hui sans être contesté, et sans voir son pouvoir limité, sur la base des valeurs démocratiques. C'est que le pouvoir, même quand il est absolutiste, se maintient par ce que les anthropologues appellent le consentement implicite ou explicite des dominés à accepter la source de leur domination.

Nous savons depuis Etienne de La Boétie, auteur contemporain de Montaigne, que même dans les systèmes autocratiques, il y a ''une servitude volontaire''. La servitude dans les Etats autocratiques a

---

voulu éviter la confusion, si dangereuse dans le vocabulaire de la science politique, des faits et des valeurs, et il a clairement distingué l'idéal de la démocratie du fait polyarchique, tout en admettant que les diverses formes de la polyarchie puissent être considérées comme des approximations, plus ou moins bonnes, de la démocratie ». Polyarchie. In : *Encyclopédie Universalis.*

[21] Alain Touraine : *Critique de la modernité.* Gallimard, 1992, p.381.

fonctionné par le haut, à travers la tyrannie du tyran mais aussi par le bas ; une *''servitude volontaire''*, une sorte de consentement du dominé à être dominé. Critiquant la lecture de Lamennais du XVIIIe siècle qui a rendu le « *Discours sur la servitude volontaire* » de La Boétie, *« un discours banal sur l'histoire de la tyrannie »* et *« un pamphlet d'opposition »*, récupéré par les révolutionnaires, Marcel Gauchet souligne le fait que *« La Boétie a l'audace de partir de la base : pourquoi nous gens d'en bas produisons-nous la servitude comme s'il s'agissait de notre salut ? »*[22] L'intérêt porté à ce qui fait fonctionner une domination a été central dans la sociologie wébérienne. Néanmoins, Max Weber sans lier la domination à la servitude, met en exergue une sorte de ''contrat'' entre le dominant et le dominé qui passe par la légitimation. La domination se base ainsi sur la légitimation qui fait en sorte que le pouvoir soit accepté. Et ce débat introduit déjà la question du rôle que jouent les facteurs sociaux et la culture politique dans la construction du totalitarisme, de la dictature ou de la démocratie[23].

La démocratie a créé la domination par la légalité. La légitimité de ceux qui détiennent le pouvoir est basée sur les constitutions et les lois. Le constitutionalisme délimite les contours de la démocratie pour en faire le cadre de la concurrence et de la compétition politiques pour les postes de la représentation des citoyens : élus ; députés ; ministres ; etc.; et comme l'écrit Raymond Aron: « *dans l'ordre politique comme dans l'ordre économique se pose un problème de la répartition des biens rares. Tout le monde ne peut devenir député ou ministre. La concurrence pour les biens politiques peut être comparée à la concurrence pour les richesses* »[24]. Bien qu'il établisse ce parallèle entre la concurrence pour les richesses d'ordre économique et celle engagée autour des biens politiques qui mènent vers des positions et des statuts dans le monde politique, il tient à le nuancer parce que le monde politique n'est pas celui d'une compétition libérale ouverte et accessible à

---

[22] Etienne de La Boétie. *Le discours de la servitude volontaire*. Payot, Présentation de Miguel Abensour et Marcel Gauchet, p.19.

[23] Barington Moore : *Les origines sociales de la dictature et de la démocratie*. Paris, Maspéro, 1969.

[24] Raymond Aron. *Démocratie et totalitarisme*. Gallimard, 1965, p.337.

tous; seule une élite ayant accès à la concurrence. Dans le marché politique, l'offre de postes est faible par rapport à la demande des prétendants et candidats à représenter le peuple. On peut dire que le marché politique est oligopolistique.

A priori, les régimes constitutionnels-pluralistes réglementent la compétition politique et offrent les moyens de renouvellement de l'élite politique à travers les partis politiques. Si ceux-ci font partie intégrante du pluralisme, il n'en demeure pas moins qu'ils sont aussi une source d'imperfections de la démocratie. Ce défenseur du constitutionalisme, montre quelques-unes de ces imperfections lorsqu'il écrit : «*...j'ai présenté les partis politiques comme des éléments fondamentaux des régimes constitutionnels-pluralistes. Je ne veux pas nier les défauts des partis ; si je suis prêt à plaider la cause des partis, c'est à condition de n'appartenir à aucun d'entre eux. Je suis sensible à leur légitimité abstraite sans être aveugle à leurs défauts de fait. Que l'on imagine les hommes autres qu'ils ne sont et l'on pourrait concevoir un régime d'élections libres et de discussion, sans que les citoyens soient soumis à des machines électorales, déplaisantes toujours, déplorables souvent. Les partis secrètent pour ainsi dire la démagogie, ils obligent leurs militants à penser dans certains cadres, à défendre certains intérêts. Tout homme politique sait que l'on ne peut pas être simultanément un homme de parti et un homme de science, ce qui est une manière d'avouer que l'on ne peut pas être un homme de parti et toujours dire la vérité*»[25]. Et pourtant, malgré ces défauts les partis font partie du système démocratique et leur compétition électorale offre aux citoyens l'opportunité de se prononcer et de participer aux affaires publiques. Les partis politiques constituent un rempart favorable à la démocratie contre les systèmes qui lui sont antinomiques, à savoir, d'un côté, l'absolutisme, et de l'autre côté, l'ochlocratie, une sorte de gouvernement par la dictature de la foule.

La démocratie, aujourd'hui, comporte des limites internes et externes. Les premières relèvent de tous les phénomènes qui émergent et qui lancent des défis à la démocratie. Sérgio Paulo Rouanet relève ces limites pour ce qui est des démocraties

[25] *Ibid.*, p.347

européennes quand il écrit : « *Les limites internes ont à voir avec les tendances telles que l'apparition d'un nouveau populisme, où des pouvoirs dictatoriaux sont assumés sans rupture apparente avec la légalité ; l'atrophie de l'espace public, par la transformation des questions politiques en questions administratives ou techniques ; l'érosion des garanties juridiques encastrées dans l'Etat de droit, comme réaction extrême contre le terrorisme ou la violence urbaine ; la corruption de la classe politique, qui mène à un discrédit radical des institutions républicaines et prépare la population à une solution extrapolitique ; l'ascension du fondamentalisme religieux, qui constitue la négation la plus radicale de la démocratie* ».[26] Quant aux limites externes, elles consistent en l'émergence des démocraties hégémoniques qui imposent une situation de dépendance aux démocraties périphériques dans le cadre d'un ordre mondial qui a légitimé les guerres préventives menées par les USA[27] sous la présidence de G. W. Bush.

Malgré ses limites, ou les dérives qu'elle pourrait engendrer, on ne pourrait pas affirmer que la « *démocratie est devenue totalitaire* »[28], dans la mesure où elle continue à être une valeur qui imprime une meilleure orientation des systèmes politiques. La distance qui pourrait séparer la démocratie en tant qu'idéal défini par les théoriciens des sciences politiques et la démocratie réelle reflète et renseigne sur la nature du processus de démocratisation et sur les variantes de la démocratie. Cette distance est liée à la nature du processus de démocratisation au sein de la société, à son fonctionnement, au degré d'intégration des valeurs démocratiques dans la culture politique et à la manière dans laquelle le legs de l'histoire est renouvelé et adapté.

L'avènement de la démocratie dans une société n'est pas une rupture radicale, il s'inscrit dans une continuité. La démocratie, tout comme la modernité, est une affaire à la fois de rupture et de

---

[26] Sérgio Paulo Rouanet : « Les limites externes de la démocratie ». *Diogène*, n° 220, octobre-décembre, 2007, p.6

[27] *Ibid.* pp.7-8

[28] Idée soutenue par Mathieu Baumier dans son ouvrage : *La démocratie totalitaire. Penser la modernité post-démocratique.* Presses de la Renaissance, Paris, 2007

continuité, comme l'écrit Alain Touraine : « *La modernisation exige la rupture, mais aussi la continuité. Si la discontinuité est totale, c'est que la modernisation vient entièrement du dehors, par la conquête, et il vaut mieux parler alors de colonisation ou de dépendance que de modernité. Si au contraire, la continuité est complète, le même ne devient pas autre, reste immuable et devient de plus en plus mal adapté à un environnement changeant* »[29]. C'est la raison pour laquelle toute tentative d'imposer une démocratie du dehors dans un pays est souvent vouée à l'échec. L'aventure américaine en Irak, au nom de l'exportation de la démocratie, a tourné plutôt au désastre. Par ailleurs, si la démocratisation ne pourrait se faire qu'à travers une dynamique interne, cela nécessiterait d'examiner le rôle des conditions historiques, sociales et culturelles qui la favorisent ou l'entravent.

[29] Alain Touraine. *Critique de la modernité. Op.cit.*, p. 403

Chapitre 2. L'Etat et l'histoire

Une analyse en termes de rupture et de continuité du processus de démocratisation en relation avec l'Etat et la culture politique implique un détour par l'histoire de l'Etat marocain. Il ne s'agit pas de prétendre écrire, de manière exhaustive, l'histoire de cet Etat, une entreprise qui dépasse le cadre de cet ouvrage, mais plutôt de cerner la particularité de l'Etat marocain traditionnel ainsi que le cheminement qui a été le sien jusqu'au système politique actuel. Pour placer le *makhzen* dans son contexte on se référera à la littérature anthropologique et à plusieurs ouvrages consacrés au système politique marocain.

1. *L'Etat traditionnel : un détour par l'histoire*

Une certaine littérature se situant dans le sillage de Max Weber attribue la rationalité à l'Etat moderne tel qu'il se présente sous sa forme occidentale. Ce qui revient parfois à considérer que seule cette forme mérite la dénomination d'Etat. Or la diversité des formes étatiques que les sociétés et l'histoire ont connues reflète d'autres formes de rationalité et d'autres configurations étatiques. Ainsi, l'examen du cas de l'Etat marocain précolonial, le *makhzen*, ne pourrait se faire sans la référence à la littérature relative aux formes de l'Etat traditionnel.

Les critères de définition de l'état traditionnel qui font de lui un véritable Etat ont bien été décrits dans la littérature d'anthropologie politique que Georges Balandier expose dans son livre intitulé *Anthropologie politique*. Il y a, en premier lieu, le lien territorial, ce qui fait que « *l'Etat implique la capacité de concevoir une unité élargissant les limites de la parenté immédiate et la contigüité spatiale. Deux éléments sont ainsi retenus : l'unité réalisée dans le cadre territorial et l'extension de la société politique soumise à l'appareil étatique* »[30]. En citant L. White[31], il montre « *comment*

[30] Georges Balandier : *Anthropologie politique*. Paris, PUF, 1967, p.156
[31] L.A. White: *The Evolution of Culture*, New York, 1959.

les groupes de parenté localisés deviennent des unités territoriales au sein du système politique »[32]. Aussi les rapports entre territoire, parenté et politique caractérisent-ils chaque forme de l'Etat traditionnel.

La deuxième caractéristique se rapporte à l'imbrication entre ce qui participe du segmentaire et ce qui relève du centralisé. La centralisation s'exerce à travers les pouvoirs relais. Ainsi, les provinces et tribus reproduisent-elles la structure du pouvoir central. L'imbrication de la centralité avec le caractère segmentaire de la société ne se passe pas sans créer des tensions au sein du système traditionnel. Comme l'écrit Balandier : « *Le débat du segmentaire et du centralisé ne se saisit pas seulement par référence au territoire que l'Etat traditionnel tient sous sa juridiction. Il se situe au sein même de l'organisation étatique, dont il contrarie la tendance unitaire et prend souvent la forme d'une coexistence précaire de structures étatiques et de structures claniques et lignagères. Elles sont, en effet, en rapport d'incompatibilité relative, et, dans certaines circonstances, d'opposition. Leur contraste peut être aisément accentué : agencement segmentaire/agencement hiérarchique, pouvoir à pôles multiples/ pouvoir centralisé, valeurs égalitaires /valeurs aristocratiques, etc.* »[33]. La caractéristique consistace et l'imbrication de la centralité et du segmentaire a pont en la coexistenussé l'anthropologue Southall à considérer ce type d'Etat comme étant un Etat segmentaire[34]. Un tel caractère segmentaire fait que ce système étatique soit porteur de conflits intrinsèques. C'est l'anthropologue Max Gluckman qui, en étudiant les monarchies africaines, précise que « *les Etats africains portent en eux-mêmes un processus de rébellion constante, mais non de révolution* »[35]. Toutefois, ces rébellions acquièrent un caractère répétitif ; elles ne renversent pas le système mais le renouvellent et le perpétuent.

---

[32] Georges, Balandier, Anthropologie politique. *Op. cit.* p.157

[33] *Ibid.* p. 165

[34] A. Southall. *Alur society*. Cambridge.1956

[35] Max Gluckman: *Order and Rebellion in Tribal Africa*. London, 1963. Cité par Balandier. Anthropologie politique. *Op.cit.* p.174. Voir aussi: Max Gluckman (Editor): *Essays on the Ritual of Social Relations*. Manchester University Press, 1962.

La troisième caractéristique évoquée par Balandier se rapporte à la rationalité de l'Etat traditionnel. Si ce dernier ne répond pas aux critères de rationalité dans le sens établi par Max Weber, à savoir une centralité, une administration compétente dont le fonctionnement obéit à la règlementation ainsi qu'une organisation collective régie par des lois ; il demeure qu'il comporte un autre type de rationalité où l'administration se base sur le statutaire et des relations de dépendance personnelle. La personnalisation des rapports sociaux et le caractère personnel du pouvoir régissent les rapports politiques.

L'Etat traditionnel, ne pourrait donc être comparé ou opposé à un Etat moderne tel que le décrit la sociologie politique. Il dispose de caractéristiques d'un Etat doté de sa propre rationalité, animé d'un dynamisme qui lui permet d'exercer la domination sur la société et capable de faire usage de stratégies qui maintiennent l'équilibre et lui assurent la continuité.

La littérature anthropologique jette un éclairage théorique sur les différentes formes étatiques et, par conséquent, nous aide à comprendre le processus de fonctionnement de l'Etat traditionnel marocain. Les études de Max Gluckman sur l'ordre et la rébellion (*Order and Rebellion*) nous aident à corriger la théorie coloniale sur l'anarchie tribale *(siba)*. Celle-ci, faut-il le rappeler, revient à montrer la faiblesse de l'Etat à assurer la sécurité sur tout son territoire et justifier l'intervention coloniale. Or cette ''anarchie'' est une anarchie organisée, comme le soutient Ernest Gellner ; les chefs de tribus se rebellent pour se manifester et interpeller le pouvoir central en vue d'acquérir du pouvoir local. ''L'anarchie organisée'' (*siba*) fut un mécanisme de compétition autour du pouvoir local.

Comment pourrait-on justifier un détour par l'histoire dans l'analyse d'un processus de démocratisation qui se passe au présent ?

Dans le débat sur le fonctionnement de l'Etat, certains écrits ; des journaux dits indépendants ; ainsi que le discours de tendances politiques de l'extrême gauche pointent souvent le caractère traditionnel du système politique, et portent leurs critiques sur son ambivalence et sur l'existence de pratiques politiques, héritées du passé, qui continuent de se produire, même de nos jours. Des notions telles que *makhzénisation* ou *néo-makhzen*[36], dérivées d'une appellation historique se rapportant à l'organisation de l'Etat traditionnel précolonial (*makhzen*) et associées à une connotation négative, sont des notions véhiculées par la critique entreprise dans certains médias pour désigner à la fois la sphère des détenteurs de pouvoir, considérés comme perpétuant une manière traditionnelle de gouverner et de gérer les affaires publiques, et les pratiques politiques ; manière perçue comme éloignée de la rationalité et de la modernité politiques.

Cette critique suppose que le fonctionnement de l'Etat a été marqué par de la continuité sans grand changement. Le détour par l'histoire permet dès lors de rapporter la notion de *makhzen* à son contexte historique et sémantique.

On pourra ainsi examiner cette forme d'Etat et suivre le cheminement du sens qui lui est attribué, et par le passé et aujourd'hui. Plusieurs ouvrages ont été consacrés à l'Etat marocain et à son fonctionnement par la littérature coloniale, par des anthropologues et sociologues anglo-saxons qui ont étudié la société marocaine après l'indépendance, ainsi que par des chercheurs marocains[37]. L'attrait exercé par l'appareil de l'Etat marocain traditionnel, le *makhzen,* en l'occurrence la monarchie, sur les chercheurs, provient de sa particularité par rapport aux monarchies du Moyen-Orient et des pays occidentaux.

En déchiffrant les documents et les archives historiques[38], on se rend compte de la difficulté de délimiter sociologiquement les contours du phénomène appelé *makhzen*, qui est tantôt présenté comme un appareil central, comportant un certain nombre de

---

[36] Le *makhzen* est le terme utilisé pour désigner l'Etat marocain traditionnel précolonial.

[37] Voir : Edmond Doutté : *Le sultanat marocain*. Paris, 1909. Robert Montagne : *Les Berbères et le Makhzen*. Paris, 1930. John Waterbury : *Le commandeur des croyants*. Paris, PUF, 1975. Abdallah Laroui : *Les origines sociales et culturelles du nationalisme marocain* (1830-1912). Paris, Maspéro, 1974. Rémy Leveau : *Le fellah marocain défenseur du trône*. Paris, Presses de Sciences Po, 1976. Mohamed Tozy. *Monarchie et islam politique au Maroc*, Presses de Sciences PO, 1999. Pierre Vermeren : *Le Maroc en transition*. La Découverte, Paris, 2001

[38] Voir le travail entrepris par l'auteur et publié en arabe: Rahma Bourqia : *Addawla wa-sulta wal mojtamaa*. (Etat, pouvoir et société). Dar Attaliâa, Beyrout, 1991

postes et de fonctions, tantôt comme l'entourage et la cour du sultan, comme un organe de fonctionnement administratif et militaire, ou encore comme un système global de fonctionnement politique de la société. Dans le système traditionnel, nous avons affaire au *makhzen*, constitué d'une constellation de groupes, de fonctions et de positions autour du sultan. Le *makhzen* n'est autre que l'Etat marocain avant la période coloniale, l'appareil central de l'Etat traditionnel et toute la constellation de groupes qui le composent.

Dans son ouvrage *Les origines sociales et culturelles du nationalisme marocain* [39], Abdallah Laroui, et sans donner une définition de la notion, décrit le contenu du *makhzen*, de la société du 19e siècle, en dressant un tableau de ce qu'il appelle les ordres. Il l'identifie à deux éléments essentiels, à savoir l'armée et la bureaucratie. L'armée est constituée de plusieurs composantes : les tribus *Nayba*, les tribus *Guich*, l'armée des *Abid Boukhari*, et la bureaucratie avec les différentes fonctions : les cabinets *(dawawin)*, les secrétaires *(kutab)*, et l'inspection des finances *(oumanaa)*. L'ouvrage montre que cette bureaucratie était en train d'évoluer au 19e siècle vers une forme organisée tout en préservant les aspects antérieurs. Cette nouvelle forme de bureaucratie, en mutation au 19e siècle, était représentée par des gouverneurs forts comme un Ben Sliman de Fès ; un Barguach de Rabat ; un Khatib de Tétouan ; etc. Les inspecteurs des finances (*oumanaa*) ont, à leur tour, introduit une certaine « rationalisation » de l'administration fiscale. Ils ont produit des livrets de comptes qui sont aujourd'hui conservés dans les archives. Déjà au 19e siècle, s'est donc amorcé le changement de l'organisation administrative du makhzen à travers l'introduction d'un nouveau mode d'organisation, sans pour autant qu'une rupture avec le principe d'organisation passé se produise.

Le makhzen désigne ainsi l'appareil de l'Etat central : la cour du sultan *(dar al makhzen)*, les ministres (*ouzara)*, les secrétaires des cabinets (*kutab dawawin*) et, par extension, les relais de l'autorité centrale au niveau local : les gouverneurs *(woulat)* et les *qaids*. Il

[39] Abdellah Laroui, *Les origines sociales et culturelles du nationalisme marocain. Op.cit.*

s'agit d'un appareil administratif extensible au niveau local et au sein duquel le sultan est le pivot central.

Quelques ouvrages d'histoire nous renseignent sur le fonctionnement de l'administration de l'époque. On pourrait en citer deux. Le premier, en deux volumes, de Abdelhay Ketani,[40] ''*Les ordres administratifs*'' (*Taratib al idaraiya*), écrit au début du 20e siècle dans lequel l'auteur tente d'apporter un éclairage sur la période fondatrice de l'histoire de la société marocaine, période qui a connu la première forme d'organisation pour administrer la société. Il remonte à la période du prophète Mohamed pour montrer que l'organisation administrative existait déjà avec ses stratifications et ordres (*taratib* et *noudhoum)* durant la période fondatrice de la société musulmane.

Le deuxième ouvrage est celui d'Abderrahman Ibn Zaidan : *Al izzou wa sawla fi maalimi noudhoumi addawla* (La gloire et le pouvoir à travers l'organisation de l'Etat), consacré aux différents niveaux de l'organisation de l'Etat, incarnée par la cour du sultan qui est l'espace central de cet Etat. Il est à noter que, en arabe, le terme *dawla* veut dire Etat mais aussi dynastie[41]. Le livre porte donc sur l'organisation interne de l'administration, de la cour du sultan et sur son agenda selon les jours de la semaine, sur le protocole adopté lors de la réception par le sultan des ambassadeurs et sur la manière de recevoir les *qaids,* les notables de descendance du prophète *(chorfas),* les dons des dignitaires ainsi que sur le rituel de l'allégeance.

Bien que différents, ces deux livres renseignent sur l'administration du makhzen de l'époque. Rédigés à la fin du 19e siècle et au début du vingtième, ils partagent une prise de conscience des historiographes de l'époque de la nécessité de montrer que la société musulmane marocaine disposait bien d'une administration propre. Cette prise de conscience prend corps évidemment en parallèle avec la menace coloniale. L'historiographe voit déjà se superposer une autre forme d'administration et d'organisation à celle, en place, du *makhzen*.

---

[40] Mohamed Al Hassani Idrissi Al Ketani : *Taraatib idarya*. Fès, 1346 de l'Hégire (1927).

[41] Aberrahman Ibn Zaidan : *Al izzou wa sawla fi maalimi noudhoumi addawla.* (''La gloire et le pouvoir''). Matbaa malakya, 1961

Ce *makhzen* apparaît donc comme une organisation englobant toutes les composantes : le sultan, la cour, l'administration et le mode de fonctionnement. Le terme *makhzen*, dérivé du verbe *khazana*, qu'on pourrait traduire par stocker, thésauriser et entreposer, signifie littéralement emmagasiner, et évoque le grenier ; l'entrepôt ; et le réservoir de stockage qui sert à conserver les vivres et les biens[42]. La métaphore du *makhzen* thésauriseur et entrepôt, renvoie au champ conceptuel de l'économie politique, à savoir, l'accumulation des biens et leur capitalisation sur les plans symbolique, spirituel, politique et économique.

Comment s'exerce l'hégémonie de l'Etat traditionnel (*makhzen*) sur la société ?

Le *makhzen*, centré autour du sultan, exerçait d'abord une hégémonie symbolique[43]. L'acte d'allégeance (la *baya*) a été largement évoqué dans la littérature historique en tant qu'acte contractuel entre le sultan et ses sujets. Il est fondé sur la descendance du prophète de l'islam, à savoir le *chérifisme.* Le lien qui lie le sultan à ses sujets est considéré comme sacré. Certes, le sultan partage la descendance chérifienne avec les autres descendants du Prophète *(chorfa*), mais il s'en distingue par le fait qu'il est le commandeur des croyants et le détenteur de la légitimité religieuse. Dans leur article sur la tribu Tazarwalt et son rapport avec les sultans du 19e siècle[44], Paul Pascon et Mohamed Naji mentionnent le fait que Husayn ben Hachem, de cette tribu, s'adressait à Sidi Mohamed Ben Abderrahmane et à Hassan 1er comme étant des souverains de la communauté musulmane, et se considérait lui-même comme un sujet du sultan. En réponse aux lettres du sultan, utilisant la formule ''notre aimé béni'' *(mouhibana al arda*), les chefs des confréries religieuses répondaient, en s'adressant au sultan, par la formule ''notre seigneur'' *(mawlana*). Le statut de chérif du sultan est au-dessus de

---

[42] Ibn Mandour. *Lisan al –Arab*. L'entrée: Khazana. Vol. 13, p.139.

[43]Rahma Bourqia : " L'Etat et la gestion du symbolique". *In* : R.Bourqia et N.Hopkins (éds.), *Le Maghreb. Les mécanismes d'articulation.* Dar al-Kalam, 1991.

[44] Paul Pascon et Mohamed Naji : « Les rapports du Makhzen avec ses marges au XIXe siècle. Le cas de la maison d'Illigh ». In *Etats, Territoires et Terroirs au Maghreb.* Editions du CNRS, 1985, pp.91-110.

celui des autres par le fait qu'il est le sultan et le guide de la communauté de par le statut de la commanderie des croyants.

En dehors de la *baya,* qui est un acte solennel d'allégeance, la relation souverain/sujet est bien établie et est maintenue par un pacte contractuel et moral avec un échange de services : l'allégeance contre la protection symbolique, et par extension le consensus de la communauté. La relation est aussi soutenue, au sein de la société de l'époque, par une culture qui accorde à l'autorité religieuse une place de choix. Le principe religieux est l'élément le plus important qui lie la majorité des Marocains les uns aux autres, et à la communauté des musulmans.

L'hégémonie s'exerce aussi à travers l'économique. Le *makhzen* impose les impôts et dispose de la légitimité de recourir et d'avoir recours aux expéditions *(harka),* pour assurer leur collecte en vue d'approvisionner les caisses de l'Etat. Toutefois, sans recourir à la violence, le makhzen entame un dialogue constant avec les tribus afin de maîtriser et de faire fonctionner l'opération de la collecte des impôts, par l'intermédiaire des chefs de tribus (*qaids)*, des confréries religieuses *(zawaya*) et par un système administratif représenté par les collecteurs d'impôts (*oumanaa*). Le recours à d'autres moyens coercitifs n'est point exclu, ainsi en est-il de l'aide que pourrait fournir une tribu pour obliger une autre à verser l'impôt, ou à neutraliser une tribu voisine contestataire pour l'amener à payer son dû. Le *makhzen*, à travers plusieurs procédés, tente d'avoir une hégémonie sur l'économique. Et le fait qu'une tribu ou une confrérie soit partie prenante du processus d'intermédiation donne lieu à récompense, sous forme d'octroi d'avantages économiques : cession d'un local, autorisation de l'achat d'une denrée, allocation de terres, exploitation de mines, ou promulgation d'un décret *(dahir*) de reconnaissance du rang et du statut, ce qui garantit à la tribu ou à la confrérie concernées le respect (*dahir tawqir wal ihtiram)*[45].

Au niveau politique, le *makhzen* maintient les règles de l'échange politique. Les tribus, ou encore les confréries religieuses (*zawaya*), ont leur propre fonctionnement interne, sous forme de conseils

[45] Rahma Bourqia. *Addawla wa-sulta wal mojtama.* (Etat, pouvoir et société). Dar Attaliâa ; Beyrout.1991. R.Bourqia and S.G.Miller (eds.). *In the Shadow of the Sultan. Culture, power and politics in Morocco.* Harvard University Press ; 2000.

(jama'a, ait rab'in). Dans leur rapport au *makhzen*, les tribus respectent, en général, les règles de l'échange ; le protocole épistolaire le montre bien. Comme le relèvent plusieurs études, les correspondances entre le sultan et les chefs de tribus ou les chefs (*cheikhs)* des confréries (*zawaya)* ne sont point une affaire privée ou confidentielle. La missive envoyée par le sultan aux représentants locaux (*qaid)* est annoncée et son contenu est connu par le passeur (*reqas)*. A sa réception, elle est souvent lue publiquement ; parfois à la mosquée ou même sur la place du marché (*souk)*. A travers l'échange de correspondances se révèle la distinction qui est faite parmi ceux à qui la missive du sultan est adressée. Lorsque la personne est exceptionnelle, la lettre du sultan s'adresse à elle avec courtoisie, complaisance, voire affection, à travers l'expression « notre ami béni » (*mouhibana al arda) ;* mais quand la missive est adressée aux chefs de tribus (*qaids),* la formule utilisée est celle de ''notre serviteur béni'' (*khadimana al arda*), qui met en relief le rapport de soumission entre le sultan et le *qaid*. La manière de s'adresser au sujet fait la distinction entre « l'ami » et le « serviteur » et établit le rang de chacun en fonction de la grille des valeurs du *makhzen* et de la société[46].

La fonction politique du *makhzen* se manifeste à travers la fonction d'arbitrage du sultan. G. Ayache a développé sa thèse sur la fonction d'arbitrage du *makhzen*, réfutant par là même celle développée par la théorie coloniale[47] sur ce *makhzen* et l'insoumission des tribus *(siba)*. De par son pouvoir symbolique, religieux et politique, le sultan, pivot central du makhzen, est pourvu de la capacité d'arbitrer les conflits intertribaux et d'agir comme un principe d'intermédiation et d'équilibre politiques. L'Etat marocain s'est perpétué, à travers les vicissitudes de l'histoire, avec ses périodes de tensions et des conflits intertribaux, en assurant la fonction d'arbitrage et d'intermédiation[48] qui

---

[46] Voir : Paul Pascon et Mohamed Naji. « Les rapports du *makhzen* avec ses marges au XIXe siècle. Le cas de la maison d'Illigh ». In : *Etats, Territoires et Terroirs au Maghreb*. Editions du CNRS, 1985.

[47] Germain Ayache. « La fonction d'arbitrage du *makhzen* ». In *Actes de Durham*, BESM, N°138-139, 1979, pp.5-21. Germain Ayache. *Etudes d'histoire marocaine*. SMER, Rabat, 1979.

[48] Dans la société traditionnelle marocaine la fonction d'intermédiation est accordée à certains groupes, tels que les descendants du prophète (*chorfa*).

constituent des facteurs d'un équilibre toujours menacé mais paradoxalement maintenu. Médiation, protection, alliance et allégeance aux personnes occupant une position élevée dans la hiérarchie sociale organisent et codifient les relations sociales et politiques. Le rôle joué par les descendants du prophète (*chorfa)* et des confréries religieuses (*zawaya)*, ainsi que celui des pactes d'alliances, constituent le niveau sociétal de l'intermédiation, et la supériorité de la fonction d'arbitrage du sultan au sommet de l'Etat en constitue le niveau politique supérieur.

La notion de *makhzen* renvoie ainsi à l'Etat marocain précolonial et à son mode de fonctionnement. Durant la période coloniale, on assiste à un glissement de sens de cette notion qui allait désormais désigner essentiellement une forme d'administration et de gouvernement héritée de cet Etat traditionnel. C'est dire que sans chercher à le faire disparaître, on évoque le changement à introduire dans la perspective de lui substituer un Etat plus moderne[49].

De l'histoire récente de l'administration marocaine, composante importante du *makhzen*, on retient trois étapes importantes : la période précoloniale, connue sous le nom de l'administration *makhzen ;* la période coloniale durant laquelle le protectorat a superposé à l'administration *makhzen* une forme d'administration française ; et la période de l'indépendance pendant laquelle l'administration marocaine tente de se moderniser et d'instaurer un Etat.

Ceci dit, le fait d'évoquer la *makhzénisation* de la culture politique signifie que l'on pense à la perpétuation du makhzen pour la période actuelle, et que l'on occulte les grandes mutations que l'Etat marocain et la sphère du politique ont connues depuis l'avènement de l'indépendance. Bien que relevant d'un anachronisme, l'usage d'un tel terme fonctionne dans le discours critique comme une expression résiduelle où se cristallise tout ce qui entrave la marche de la culture politique vers la rationalité et la légalité au sens wébérien du terme.

---

[49] Telles étaient la volonté et la mission du protectorat français et de Lyautey au Maroc, à savoir préserver l'Etat traditionnel en lui juxtaposant une administration coloniale.

2. *Le makhzen : l'aventure du sens*

Le *makhzen* précolonial, rappelons le, constituait bien un type d'Etat où la centralité avait son propre mode de fonctionnement politique à travers des relais, des chefs de tribus et des chefs de confréries, ainsi qu'à travers des échanges qui faisaient remonter les informations et les impôts des tribus vers le centre. Il reposait aussi sur une légitimité culturelle et symbolique.

Or, examiner le fonctionnement de l'Etat actuel à travers le prisme de l'histoire du *makhzen*, fait courir le risque d'appliquer arbitrairement une lecture de l'Etat traditionnel à l'Etat présent, ce qui pourrait ne pas être dépourvu de présupposés ou de jugements de valeur. De nos jours, le terme *makhzen* prend dans le discours journalistique une connotation dépréciative et négative. Il renvoie à une administration archaïque, à des relations interpersonnelles n'obéissant pas à la loi et aux règles du droit, et s'éloignant de la rationalité politiquement démocratique. Dès lors, comment appréhender les continuités ou les ruptures au niveau du fonctionnement du politique et de l'Etat depuis le siècle dernier, en les soumettant à une conceptualisation théorique ?

Placé dans son contexte historique, le *makhzen* n'est autre que l'Etat traditionnel marocain. Mais l'examen du contenu de la notion, telle qu'utilisée aujourd'hui, renvoie à une difficulté inhérente à l'ambiguïté de son usage. Elle se présente, d'un côté, sous un angle positif au niveau du discours de sens commun et de l'imaginaire populaire, comme symbolisant la justice et la présence souhaité de l'Etat dans la vie publique. D'un autre côté, le *makhzen*, ou ''*néo makhzen*'', sont des termes évoqués dans la critique et la polémique politiques pour signifier un système politique, une sorte de relique, qui continue d'entacher et d'interférer dans le fonctionnement de l'Etat moderne, entravant du coup la bonne marche vers un Etat de droit.

Par ailleurs, la critique évoquant un retour de la ''*makhzénisation''*, ou au ''*néo-makhzen* '', toujours par référence à l'Etat traditionnel, pointe en fait la compétition et l'opportunisme d'une élite agissant pour se rapprocher du cercle du pouvoir, et dénonce une forme de gouvernance appartenant au passé. La notion de *makhzen*, vivifiée et réédifiée pour signifier ''l'administration de la cour'', ou encore celle du *néo-makhzen*[50], que l'on retrouve dans le discours journalistique, dans celui des tendances politiques gauchisantes ainsi que dans celui de certains écrits journalistiques étrangers[51], est utilisée comme une arme critique visant le cercle du pouvoir et ses acteurs, ainsi qu'une forme de personnalisation, à la traditionnelle, de ce pouvoir et de ses modes de fonctionnement.

On doit donc se poser la question suivante : le renouveau de la notion de *makhzen* a-t-il un fondement sociologique ? Il y a toute une littérature relevant de l'anthropologie et de la science politique appliquée aux Etats non occidentaux qui a pris le relais de tels discours pour analyser certains systèmes politiques des sociétés non occidentales, tout en s'inspirant de l'anthropologie politique classique et en se référant à la sociologie de Max Weber. Concernant le système politique marocain, plusieurs thèses traversent les travaux qui ont porté sur la période de l'après indépendance ; si elles mettent chacune l'accent sur un aspect de ce système, elles n'en convergent pas moins toutes pour relever sa particularité.

La première est celle de l'Etat segmentaire. Elle étend la théorie du segmentaire– initialement développée par Ernest Gellner[52] pour analyser le système des tribus de l'Atlas – au système politique global. Waterbury en fera son argument d'analyse dans son ouvrage « *Le commandeur des croyants* ». Le multipartisme selon cette théorie est l'expression d'une continuité de la structure du système tribal. Les relations entre les entités politiques obéissent au jeu des fusions et des scissions qui caractérisait les relations tribales. Parti politique, confrérie religieuse et tribu s'apparentent en termes de relations internes, dans la mesure où le rapport au chef du parti est semblable à celui qui régit la relation entre le chef et les membres d'une tribu.

---

[50] Le terme apparaît dans l'article de Abdaslam Benkaddour : « The *Neo Makhzen* and the Berbers ». *In* : Ernest Gellner and Charles Micaud (eds.). *Arabs and Berbers. From tribe to nation in north Africa.* Duckworth, 1973.

[51]Voir. Nicolas Beau et Catherine Gracet : *Quand le Maroc sera islamiste.* La découverte, Paris, 2006. pp.36 ; 39 ; 40 et suivantes.

[52] Ernest Gellner a appliqué aux tribus de l'Atlas, et par extension aux tribus du Maroc, la théorie segmentaire développée par Evans Pritchard sur les tribus Nuer au Soudan.

Dans la lignée de cette théorie, on retrouve celle de l'Etat patrimonial. Concept wébérien développé au sujet d'une forme d'Etat traditionnel, l'Etat patrimonial se base sur un système politique où les rapports personnels l'emportent sur les rapports régis par la légalité. Weber établit une distinction entre l'Etat légal et l'Etat patrimonial. Dans ce dernier, les rapports de parenté s'étendent à l'ensemble du système politique. Celui-ci est ainsi construit à l'image de la structure familiale patriarcale. Max Weber, dans son analyse des typologies de domination et de légitimité, tente de catégoriser les systèmes sultaniques. Il écrit : *« on appellera domination patrimoniale toute domination orientée principalement dans le sens de la tradition, mais exercée en vertu d'un droit personnel absolu ; sultanique, une domination patrimoniale qui, dans la manière dont elle est administrée, se meut principalement dans la sphère de l'arbitraire non lié à la tradition »*[53]. Il est évident que ce que décrit Weber est toujours un idéal type. Le fonctionnement de ce type d'Etat dans la réalité historique prend d'autres formes. Pour décrire le système marocain, Waterbury, utilisant des données recueillies sur le terrain marocain, puisa ses arguments dans cette thèse du patrimonialisme. Le concept développé par Max Weber sera renouvelé par Shmuel Eisenstadt à travers le concept de néo-patrimonialisme ; ce dernier est utilisé pour analyser les systèmes politiques dans lesquels le patrimonialisme traditionnel coexiste avec un Etat moderne, avec tout ce qu'un tel système comporte comme tensions[54]. Le néo-patrimonialisme désigne aussi une structure politique et administrative où il y a des ''patrons'' qui utilisent les ressources de l'Etat pour s'assurer la loyauté personnelle des clients et des amis. Les relations politiques intégratives au sein de ce système correspondent aux relations patron/client.

Dans le cadre de l'intérêt qu'ils ont porté au système politique marocain, les chercheurs français ont développé la thèse du

---

[53] Max Weber : *Economie et Société /1. Les catégories de la sociologie.* Plon, 1971 (Le texte initial a été rédigé en allemand en 1956). ,

[54] Shmuel N. Eisenstadt and Luis Roniger: *Patrons, Clients and Friends: Interpersonal Relations and the Structure of Trust in Society.* Cambridge University Press, 1984

système des notables, que Rémy Leveau[55] a étayée en faisant l'analyse de ce système tel qu'il se présentait durant les années 60 et 70. C'est une thèse qui, s'inscrivant dans l'empirie, propose une étude de ce système en se basant sur l'observation de terrain des élections des années soixante du vingtième siècle, et sur des données auxquelles Rémy Leveau a pu accéder de par la fonction qu'il occupait comme conseiller au ministère de l'Intérieur marocain entre 1960 et 1965. Il met l'accent sur le phénomène des notabilités qui maîtrisent le jeu politique dans le monde rural. Ledit phénomène prolonge à ses yeux le système passé par le fait de la politique de l'administration coloniale qui « *s'est assuré le contrôle du « Maroc utile », en laissant les notables exploiter le monde rural traditionnel.* »[56] C'est en nouant une alliance avec les forces traditionnelles, les notables, que la monarchie a pu se prémunir contre les soubresauts d'une classe moyenne urbaine montante et à « *s'émanciper du mouvement national* ». Ce qui a freiné, selon Rémy Leveau, la modernisation du pays.

Malgré leur apport au débat théorique et conceptuel et à la compréhension de certains aspects du système politique marocain durant les premières années de l'indépendance, pendant lesquelles l'Etat moderne cherchait à se construire, la capacité explicative de ces thèses des évolutions récentes et des changements que le système politique marocain a connus depuis a des limites.

Analysant la monarchie marocaine, durant la période de Hassan II, et cherchant à suivre les traces du système traditionnel dans le système politique de la période, Mohamed Tozy, dans son ouvrage « *Monarchie et islam politique au Maroc* »[57], met en évidence les tensions qui entravent les transformations radicales. Ces tensions se focalisent sur l'enracinement autoritaire, de la monarchie et de la classe politique, une culture de cour réinventée et la centralité de la religion. En se référant aux données et aux événements politiques, Tozy accorde une importance à la continuité avec « *de petites brèches ouvertes* » dans ce qu'il appelle « *la culture du*

---

[55] Rémy Leveau. *Le fellah marocain défenseur du trône*. Presses de la Fondation des Sciences Politiques, 1976

[56] *Ibid.*, p.7

[57] Mohamed Tozy : *Monarchie et Islam au Maroc*. Paris, Presses de Sciences Po, 1999.

makhzen »[58]. Néanmoins, les évolutions récentes du système politique, avec ses diverses composantes, monarchie, partis politiques et les nouveaux acteurs– ceux des médias et d'une société civile active sur la scène politique – en rapport avec le processus de démocratisation appellent une réflexion.

Le terme *makhzen* fait partie aujourd'hui de l'arsenal terminologique utilisé dans la polémique et dans la critique du système politique en place ; il est présenté comme l'antipode de l'Etat moderne et de la démocratie. Mais à quelle réalité renvoie cette critique ?

Depuis l'avènement de l'alternance en 1998, et à défaut d'une opposition forte, le discours journalistique, se substituant à un discours d'opposition, puise les ingrédients de sa critique dans le réservoir des pratiques traditionnelles de l'Etat, et la focalise sur les détenteurs du pouvoir. La notion de *makhzen*, détachée de son contexte, acquiert un sens nouveau, critique, qui pointe tous les phénomènes, les relations, et les pratiques qui entravent encore le développement vers un Etat de droit et vers le parachèvement de la transition démocratique. En brandissant le vocable *makhzen* comme une expression dénonciatrice du dysfonctionnement de l'administration, on rappelle les dérives et les menaces qui guettent le processus de démocratisation.

Mais réduire le fonctionnement de l'Etat aux dérives de l'administration, c'est occulter tout le processus de la construction de l'Etat. La grande rupture avec le passé se rapporte d'abord à la terminologie politique, reflet des changements institutionnels, et à la dénomination des institutions. La grande transformation enclenchée par l'indépendance du pays a engagé la société marocaine dans un nouveau processus politique. Au sommet de l'Etat, la nouvelle nomenclature voudrait qu'il y ait un Roi et non un *Sultan* et un Etat *(dawla)* et non pas un makhzen. La mise en place d'institutions telles que la constitution, le parlement, le multipartisme, la mise en oeuvre du processus démocratique, la révision de la constitution, la volonté politique de renforcer les institutions et les mesures prises en matière de droits de l'homme, les droits des femmes, etc., ont placé l'Etat dans l'orbite des

---

58 *Ibid.*, p.282

ruptures avec le passé et dans la trajectoire de la grande transformation.

Il est évident que, sociologiquement, les ruptures ou « *les grandes transformations* », selon l'expression de Karl Polanyi[59], ne sont pas dépourvues d'éléments de continuité. Quelques éléments de l'ancien système pourraient toujours se laisser glisser dans le nouveau pour produire de nouvelles configurations de phénomènes. Ainsi, actuellement, les formes d'organisation et de relations sociales traditionnelles glissent vers d'autres fonctions et acquièrent d'autres significations. Ces phénomènes sont la médiation, les relations tribales, l'importance des allégeances aux personnes détentrices de pouvoir, avec tout ce que cela comporte comme valorisation des relations personnelles et des obligations morales qui lient les dominés aux détenteurs de pouvoir, pas toujours canonisées par les droits coutumiers mais seulement par codes culturels. Tout ceci pourrait exister avec des relations qui s'inscrivent dans une logique du droit et de la loi.

Par ailleurs, les phénomènes qui ralentissent le processus de construction d'une société du droit et de la loi, pourraient être identifiés sociologiquement. Ils appartiennent au registre des phénomènes de la pathologie sociale, qui sont liés au fonctionnement de l'administration et de l'Etat. Il s'agit du clientélisme, de la corruption, de l'intermédiation, du népotisme et du favoritisme, utilisés pour accéder aux services de l'Etat et aux droits et qui entravent la marche de l'Etat de droit. C'est au niveau de l'administration que l'on retrouve le phénomène de la petite corruption, lequel touche le citoyen dans sa relation quotidienne avec les services de cette administration. Aussi subalternes soient-ils, certains commis de l'administration transforment les postes qu'ils occupent en source de rente ; une source souterraine et supplémentaire de revenu.

Il est évident que ces phénomènes – de pathologie sociale – pourraient exister dans toutes les sociétés. Néanmoins, dans la société marocaine, où la démocratie est en construction, ils

---

[59] Karl Polanyi : *La Grande transformation : aux origines politiques et économiques de notre temps*, trad. Catherine Malamoud et Maurice Angeno, préface de louis Dument. Bibliothèque des sciences humaines, Gallimard, Paris, 420 pages, 1983

prennent une coloration culturelle qui fait revivre, de manière détournée, les relations et les pratiques traditionnelles. Ainsi, l'importance accordée par la société traditionnelle à la parenté et aux relations tribales se transforme-t-elle en clientélisme ou en favoritisme bénéficiant aux proches d'un individu lorsque celui-ci occupe une position sociale élevée.

Les enquêtes montrent que l'on continue de recourir à la corruption pour accéder aux services de l'Etat. Sur les répondants à l'enquête afro-baromètre portant sur la démocratie, 50,5% d'entre eux considèrent que la corruption est le problème majeur dans le pays ; il est placé par eux avant les problèmes économiques (30,7%)[60].

La terminologie de la corruption et du clientélisme dans le langage vernaculaire marocain est prolifique. On utilise rarement la dénomination propre pour désigner le phénomène, à savoir corruption *(rachwa),* qui existe pourtant dans cette langue. On en parle en ayant recours aux allégories. Les termes utilisés sont sucrerie/confiserie (*hlawa*) ; café (*qahwa*) ; la tournante (*tadwira)* ; bénédiction *(baraka*) ; bruitage (*tqarqiba*, allusion au bruit des sous), autant d'expressions qui positivent le sens des pratiques corruptives, comme si le discours sur la corruption neutralisait et atténuait sa connotation négative, pour la domestiquer et pour qu'elle fasse partie des pratiques courantes.

Le clientélisme, le népotisme et le recours aux intermédiaires dans la vie publique et dans le rapport à l'administration et à l'Etat sont des facteurs qui entretiennent donc des relations de servitude et de soumission à l'égard de ceux qui détiennent le pouvoir et administrent les services de l'Etat, et qui entravent par conséquent la construction d'un Etat de droit, voire le processus même de démocratisation. Lors d'une enquête menée en 2005, et à la question : « Pensez vous que pour avoir un poste dans l'administration, il faut avoir un piston ? », 66,3% des enquêtés répondent par l'affirmative.[61]

Le clientélisme, en ce qu'il est utilisation abusive des services de l'Etat par ceux qui les ont en charge pour élargir leur réseau de clientèle, n'échappe pas à son tour à une terminologie allusive. Des

---

[60] Enquête : Afro-baromètre de la démocratie 2006

[61] Enquête : Culture politique. 2005

termes métaphoriques tels que ''la cuillère'' (*mgharfa*) ; pilier (*rkiza*) ; ''l'entrée'' (*doukhla*) ; ''la main longue'' (*yad twila*) ; ''le soutien'' (*sanad) ;* épaules *(ktaf),* font partie du lexique utilisé pour rendre compte de l'utilisation du relationnel, des intermédiaires et du clientélisme.

La corruption, le clientélisme, le népotisme et le piston sont des phénomènes et pratiques à l'œuvre dans les espaces souterrains de la vie sociale. En général, la corruption opère dans la relation entre les citoyens et ceux qui occupent des fonctions les plaçant dans des positions de pourvoyeurs de services ou de veilleurs sur l'application de la loi. La corruption n'est qu'une transaction et un troc du service ou de l'application de la loi contre une contrepartie, en espèce ou en nature. Le clientélisme[62] opère lui, dans une relation inégale, entre celui qui détient le pouvoir d'un rang social ou d'une hiérarchie administrative et utilise ce pouvoir et le transforme en favoritisme pour accroitre des clients tout en les plaçant dans des positions d'alliés redevables. La logique du népotisme fait que la personne qui détient un pouvoir que lui confère sa position délimite le champ des faveurs au profit des amis, des parents et des alliés, en échange de services tels qu'une intervention pour obtenir une faveur, une promotion ou un emploi, sans tenir compte des normes et des lois qui régissent l'accès aux postes, à l'emploi ou encore aux services de l'Etat. Le clientélisme, sorte de patronage qui établit une relation entre un patron et des clients, est un mécanisme fonctionnant souvent au moment de la préparation des campagnes électorales. Certains hommes politiques, en quête de reconnaissance politique ou d'élargissement de leur assise populaire y ont recours pour gagner et accroitre le nombre de clients et d'alliés.

Bien qu'il existe une réglementation, avec des dispositifs et des modalités légaux pour organiser les concours d'accès à la fonction publique, on constate bien que l'idée de recourir à une intermédiation/piston est bien ancrée dans les mentalités. Ce recours aux intermédiaires continue d'être considéré par les gens comme une pratique reconnue et généralisée.

---

[62] Voir Eisenstadt Shmuel N. and Roniger Luis: *Patrons, Clients and Friends: Interpersonal Relations and the Structure of Trust in Society.* Cambridge University Press, 1984.

Il est certes difficile d'évaluer l'ampleur de ces phénomènes et de faire la part des choses entre ce qui est de l'ordre de la perception des gens et la réalité de la pratique. Il n'empêche qu'une telle perception mine la confiance dans l'administration et a pour effet la persistance de la suspicion à l'égard des services dispensés par l'Etat, et ce quand bien même la pratique de la corruption et le recours au piston ne soient pas des phénomènes généralisés.

Au plus haut sommet de l'Etat, le Roi, dans son discours du 20 août 2008, a bien évoqué la corruption, en ce qu'elle est un phénomène néfaste à tous les niveaux de la société, et nommé un ancien défenseur des droits de l'homme à la tête d'une instance créée pour la combattre. Le phénomène de la corruption qui assaille de manière quasi généralisée l'Etat de droit est ainsi reconnu, et on cherche à en limiter l'ampleur.

Toute lutte contre un tel phénomène est une entreprise difficile, car concernant le citoyen dans son rapport à l'administration et faisant face au besoin qu'il a de recourir à elle au quotidien. Etant une pratique souterraine, difficilement perceptible et se faisant avec une complicité forcée du citoyen qui la nourrit et la subit en même temps, la corruption résiste.

On voit bien comment les rapports de parenté et d'appartenance tribale ainsi que les relations d'alliance, qui appartenaient à une structure sociale traditionnelle, se retrouvent transfigurés dans le cadre de l'évolution contemporaine de la société. Cette dernière a érigé, durant les trois décennies qui suivirent l'indépendance du pays, l'Etat providence en pourvoyeur de services, opérant à travers ses commis administratifs qui vont utiliser de tels services dans des transactions intéressées qui altérèrent l'idée du droit et du bien public.

Depuis l'indépendance, la construction de l'Etat n'a pas été sans entrainer dans son sillage des changements dans les rapports des citoyens à cet Etat. La mise en place, pendant les premières décennies de l'indépendance, d'une administration pour pourvoir aux besoins des citoyens en services de base ne s'est pas faite sans une grande centralisation. La volonté modernisatrice de l'Etat, encadrée par la théorie de la modernisation en vogue durant les années 60 et 70, a fait des notables et des représentants locaux de l'Etat, véritable relai de l'administration centrale, un passage obligé pour accéder aux services dispensés par l'Etat. L'Etat providence va s'appuyer ainsi sur les notables locaux et produire ses commis, munis d'un pouvoir qu'ils exercent sur les citoyens au quotidien en imposant une logique de l'échange : l'accès aux services, l'obtention du certificat de naissance, de l'attestation d'état civil, du certificat de résidence, etc., se font contre une rémunération.

Actuellement, et sans se soustraire au rôle premier qu'il doit jouer dans le développement, l'Etat tend, avec la politique et des mesures de traiter la question des droits de l'homme, l'ouverture des grands chantiers de développement structurels, tels que les plans sectoriels ou encore l'Initiative Nationale de Développement Humain lancée par le Roi en 2003, à devenir un Etat développeur-catalyseur. Ceci advient dans un contexte marqué par le processus de démocratisation en cours où les valeurs en termes de droits se fraient leur chemin, sans pour autant s'articuler entièrement avec les valeurs en termes de responsabilité et de transparence. Un tel processus crée de la tension au cœur même de la mutation.

Chapitre 3. La démocratisation : tensions et mutations

La démocratisation engage la société dans une nouvelle construction sociale et culturelle en vue de l'instauration d'un nouvel ordre de « *l'éthos de responsabilité* »[63]. La démocratisation doit être comprise comme un processus complexe et se passant sur la longue durée ; elle doit également être perçue comme une dynamique ouverte aux constructions sociales et culturelles. Parce que donnant lieu à des mutations et un passage des valeurs d'autoritarisme et de dépendance à des valeurs de démocratie et de responsabilité, ce processus ne se passe pas sans tensions. Aussi pourrait-on se demander, dans le cas marocain, comment s'opère ce changement vers le processus de démocratisation. Quelles sont les nouvelles valeurs mises en avant et qui pourraient contribuer à cette construction sociale et culturelle de démocratisation ? Quels sont les défis auxquels se heurte ce processus ?

1. L'Etat en mouvement

La monarchie constitue le pivot du système politique marocain et le maître d'œuvre de l'orientation politique. Introduit-elle dès lors des réformes génératrices de nouvelles valeurs contribuant à ce processus de démocratisation ?

Il faudrait d'abord constater que la monarchie, avec un enracinement dans l'histoire, s'inscrit à chaque époque dans l'historicité, et se soumet aux impératifs du changement avec des adaptations à son temps et au contexte. La légitimité de la monarchie est acquise au sein de la société ; elle représente un pilier de l'unité de la nation marocaine et une institution au dessus des conflits politiques[64].

---

[63] Voir Laurence Whitehead: *Democratization: theory and experience.* Oxford University Press, 2002, p. 17.

[64] Au moment de la finalisation de cet ouvrage, un fondateur du parti politique 'Authenticité et Modernité', suscite les réactions des autres formations politiques pour avoir cultivé l'ambigüité d'être à la fois le porteur d'une nouvelle formation

Ernest Cassirer dit que « *la réalité est dans le langage*». Depuis l'avènement du Roi Mohammed VI, on assiste à un changement dans le langage véhiculé par les discours du monarque. Ces derniers sont pensés et conçus pour être, non pas des produits de la rhétorique, mais un support pour un programme politique et un projet pour une société marocaine qui, sans abandonner le terrain de la tradition, doit être en phase avec son temps. La monarchie initie donc un changement au niveau du discours politique pour une nouvelle production de sens. Ces discours produisent une terminologie qui s'inscrit dans les valeurs communément partagées sur le nouveau concept d'autorité et de justice sociale et de solidarité. En propulsant, à travers les mots, les actions et les mesures, la solidarité sociale, l'aide aux démunis, l'appel à la citoyenneté, le nouveau concept d'autorité, la transparence, la lutte contre la corruption, la réconciliation avec le passé, le Roi procède, par le sommet, à un remaniement et à un renouveau du discours.

Le réalisme et le pragmatisme nuancent ce discours et le placent dans son contexte, en conformité avec la réalité de la société marocaine. Le Roi a bien dit que « *nous ne détenons pas la baguette magique par laquelle nous prétendons résoudre tous ces problèmes* »[65] ; il s'agit là d'une intention et d'une volonté politiques affichées pour accélérer le changement et réaliser une rupture au niveau du discours qui encadre le processus de changement de la société marocaine.

L'arsenal symbolique est actualisé et renouvelé. Aujourd'hui, on pourrait se référer à deux registres pour identifier les espaces dans lesquels opère le processus de légitimation de la monarchie : celui du religieux et celui du développement et de l'universalité des valeurs.

La religion continue d'être une source importante de légitimité, surtout dans une conjoncture marquée par la montée des intégrismes. Toutefois, cette légitimité connait des changements et se renforce par d'autres types de légitimité qui correspondent à une demande sociale et culturelle.

---

politique et ''l'ami du Roi''. C'est dire que la communauté politique rappelle que le Roi est au-dessus des appartenances et des conflits politiques.

[65] Discours du Roi Mohammed VI du 20 août 1999.

L'acte d'allégeance (*bay'a*), lors de l'intronisation du Roi Mohammed VI, s'est fait selon le rituel traditionnel, mais avec une touche contemporaine. Le texte, écrit dans un style ancestral, fait évidemment référence au religieux. Les signataires du texte d'allégeance, les nouveaux « *ahlu al hali wa al aqdi* » sont les dignitaires de l'Etat, les ministres, les militaires, les représentants des partis politiques et des chambres des représentants. Il est à noter que, pour la première fois dans l'histoire de la monarchie, deux femmes (les deux ministres du gouvernement d'alternance) signent le texte d'allégeance. Il s'agit là d'un changement dans ce rituel ancestral, un signe d'ouverture concernant la question du statut des femmes et de leur place dans un moment politique fondateur.

La légitimité religieuse se renforce par le réajustement des affaires religieuses en vue de préserver la sphère du religieux des conflits politiques et pour neutraliser les groupes qui tentent d'utiliser la religion à des fins politiques. Le pouvoir de redéploiement des symboles et de reconfiguration du champ religieux, signes de pérennité de la monarchie, est préservé, sans pour autant être le seul registre de légitimation. Les registres du développement sont également mis en œuvre pour répondre aux attentes de la société.

C'est sur le terrain du développement que le Roi œuvre pour que la monarchie soit une institution qui conçoit et initie les grands chantiers. Les grandes réalisations à travers les grands projets, tels que celui du Port de Tanger Med, ou celui de Bouregreg, ou encore les chantiers touristiques, relèvent de la volonté d'accélérer le rythme du développement. L'action visant à la réduction de la pauvreté se fait via le lancement de l'Initiative Nationale du Développement Humain et de la politique du logement qui se fixe pour objectif d'avoir des villes sans bidonvilles.

L'universalisme des valeurs constitue un autre registre de cette légitimation. On entend par universalisme des valeurs l'adoption de valeurs devenues universelles, telles que les valeurs des droits des hommes et des femmes, des personnes handicapées, des enfants, de l'Etat de droit, de la démocratie, de la liberté d'expression, etc.[66] Ce registre est souvent considéré comme étant celui de la modernité.

Le pouvoir monarchique renforce l'adhésion à ces valeurs et les met en œuvre dans la consolidation d'une nouvelle ère pour le Maroc. L'adhésion à ces valeurs a été affirmée par le nouveau règne dès le premier discours du trône. Elle fut réaffirmée et soutenue pratiquement par tous les discours qui ont suivi. Le discours du 31 juillet 2001 prône un projet sociétal démocratique où la question de l'identité est redéfinie. L'amazighité y est intégrée et le programme politique y afférant délimité. Cette adhésion a aussi été démontrée à travers la prise de certaines décisions politiques. La libération de deux figures emblématiques de la contestation de la monarchie, juste après l'intronisation du Roi (Abraham Serfaty, opposant communiste, et Abdessalam Yassine, opposant islamiste), est une reconnaissance du principe d'opposition et l'ouverture d'une ère de libéralisation du champ politique.

En avançant dans ses discours le nouveau concept d'autorité, le monarque en appelle aux gestionnaires de la chose publique pour contribuer à l'édification de l'Etat de droit, auquel sont soumis tous les citoyens, y compris sa propre personne. Dans un entretien accordé à un journaliste du journal *Asharq Al Awsat*[67], il déclare, en réponse à une question sur les limites fixées aux journalistes, que ces limites sont celles du droit, de l'application de ce droit et sa protection. Il ajoute que lui-même a des droits comme tout autre citoyen.

2. *Tradition et modernité : la dynamique des tensions*

La légitimité religieuse participe d'une tradition historique, le développement et l'universalisme des valeurs renouvellent l'essence de la légitimité de la monarchie et de l'Etat. La monarchie cristallise ainsi une nouvelle culture où se juxtaposent

[66] Au moment de la rédaction de cet ouvrage, le Roi Mohammed VI a annoncé le 10 décembre 2008 la levée des réserves émises par le Maroc, en 1993, sur la Convention sur l'élimination de toutes les formes de discrimination à l'égard des femmes.

[67] Entretien repris par le journal *Al Itihad Al Ichtiraqi*, n° 6558, 25 juillet 2001.

dimension historique et modernité ; on a affaire à une nouvelle configuration symbolique qui place la religion et la tradition dans la modernité et la démocratie. Cette configuration, souvent réduite au couple tradition/modernité, est bien sûr porteuse de tensions. Il s'agit de savoir dans quelle situation de telles tensions se manifestent dans la culture politique.

Si la modernité désigne, comme l'écrit Anthony Giddens, « *des modes de vie ou d'organisation sociale apparus en Europe vers le dix-septième siècle, et qui progressivement ont exercé une influence plus ou moins planétaire* »[68], les sociologues ont attribué cette modernité à différents éléments constitutifs : l'industrialisation pour Durkheim, le capitalisme pour Marx, la rationalisation pour Weber, le dynamisme de la raison et la délocalisation pour Anthony Giddens et l'émergence du sujet pour Alain Touraine. Les sociétés modernes comportent tous ces éléments qui convergent pour faire que la modernité soit « *multifonctionnelle au niveau de ses institutions* »[69]. Pour Anthony Giddens deux traits caractérisent les institutions modernes : leur dynamisme et leur délocalisation, ce sont les traits de leur universalité. La séparation entre l'espace et le temps favorise le dynamisme de la modernité et permet un « *pilotage rationnel de la vie sociale* »[70] en discontinuité avec la tradition.

Essayer aujourd'hui de savoir si un système politique est traditionnel ou moderne et de comprendre le mode de fonctionnement de la coexistence du traditionnel et du moderne, n'est nullement une reprise de la thèse de la dualité, tombée en désuétude, et qui prône la coexistence de deux modes de fonctionnement social et politique. Il s'agit d'examiner l'interaction entre le moderne et le traditionnel sur un plan sociologique ainsi que la dynamique complexe où concourent la traditionalisation, la réinvention de la tradition et la modernisation[71].

---

[68] Anthony Giddens : *Les conséquences de la modernité.* L'Harmattan, Paris, 1994, p.11

[69] *Ibid.*, p.21

[70] *Ibid.*, p. 27

[71] Sur le plan historique et philosophique, les auteurs marocains qui ont contribué au débat sur la modernité et la tradition sont Abdellah Laroui et Mohamed Sabila.

L'analyse du rapport de la tradition à la modernité dans la société marocaine montre que ce rapport obéit à deux logiques différenciées. La première est **la logique d'hybridation** qui est celle de l'intégration entre la tradition et la modernité, avec partage des fonctions et des registres, mais avec des codes d'usage pour chaque registre.

Dans la vie sociale, cette hybridation se manifeste par la fonctionnalité de la tradition et de la modernité, avec une répartition des fonctions entre les deux en matière vestimentaire, d'ameublement des maisons, d'architecture, d'alimentation, etc. A ce niveau, lorsqu'il s'agit du mode vestimentaire, l'ameublement des demeures ou de l'architecture, ou encore l'alimentation, on se réfère au langage vernaculaire pour désigner la tradition et la modernité. Les termes utilisés sont *beldi (*tradition*)* et *roumi (*modernité*)*[72].

S'agissant du mode vestimentaire, par exemple, le port du costume pour se rendre au travail, pour un homme, s'inscrit dans le registre du champ et la fonction du travail, alors que le même homme se vêtit d'une *djellaba* pour aller prier dans une mosquée. Chaque registre a son code vestimentaire et la symbolique qu'il dégage. Une femme, occupant un poste dans une multinationale et s'habillant au quotidien avec des habits modernes, porterait un caftan pour se rendre à un mariage, dans la mesure où le registre de la cérémonie l'impose et exclut le mode vestimentaire moderne. En général, les femmes marocaines ne portent pas de robes de soirée à l'européenne lors des cérémonies de mariage, mais des habits traditionnels que le code du cérémonial exige.

Il est évident que dans cette hybridation, la tradition subit la loi du changement. L'intervention de l'industrie de la fabrication ainsi que la mode et ses promoteurs y apportent des éléments nouveaux et font que la tradition est réinventée. Ceci brouille la frontière entre la tradition et la modernité. Ainsi cette tradition, comme

---

Voir Abdellah Laroui : *L'Idéologie arabe contemporaine`*. La Découverte, 1967. Mohamed Sabila : *Madarat al Hadatha*. Rabat, 1987, et *Al Hadatha wa ma baada hadatha*. Casablanca, 2001

[72] Référence électronique. Hassan Rachik : « *Roumi* et *beldi* », *Égypte/Monde arabe*, Première série, 30-31 | 1997, [En ligne], mis en ligne le 08 juillet 2008. URL : http://ema.revues.org/index1656.html. Consulté le 14 août 2009.

l'écrit Giddens « *ne tire son identité que de la réflexivité du moderne* », et « *la réflexivité de la vie sociale moderne, c'est l'examen de la révision constante des pratiques sociales, à la lumière des informations nouvelles concernant les pratiques mêmes, ce qui altère aussi constitutivement leur caractère* »[73]. Les modifications et les révisions constituent le moyen pour la tradition de s'intégrer dans la modernité.

Les modes vestimentaires spécifiques s'étendent aussi à la vie politique au travers d'une hybridation qui assure à chaque mode sa fonctionnalité. Le costume moderne (*'lbas asri*) est de mise dans la vie politique courante, alors que lors de certaines cérémonies officielles, telles que l'ouverture de la session du parlement ou la cérémonie de l'allégeance *(wala'),* le port de la *djellaba* traditionnelle (*lbas taqlidi*) pour les hommes et les femmes est exigé. Les moments forts de la vie politique impliquent un rappel à la tradition, signe d'une spécificité et d'une identité qui distingue les Marocains des autres. Il s'agit là d'un marqueur culturel. La logique de l'hybridation est ainsi un processus dans lequel le moderne et le traditionnel participent de la logique de la fonctionnalité de chacun d'entre eux et de la dynamique d'ensemble des changements.

Tradition et modernité ne font pas partie uniquement des systèmes des codes de la vie sociale, mais aussi de la vie politique. Toutefois, lorsqu'on passe du domaine de la vie sociale à celui du domaine politique, la terminologie change. Les notions utilisées sont non plus celles du *beldi* et du *roumi* mais celles de *'assala* (tradition ou authenticité) et *mou'assara* (modernité)[74]; une terminologie empruntée à l'arabe classique pour désigner cet assemblage entre les aspects de la tradition, par référence à la spécificité de la société marocaine, et ceux de la modernité, entendue comme un impératif de l'époque actuelle.

Au niveau politique, la tradition et la modernité se trouvent liées par une **deuxième logique** qui est celle **de l'assemblage.** Celui-ci devient contradictoire et porteur de tensions lorsqu'il porte sur les

---

[73] Anthony Giddens. *Les conséquences de la modernité*. Paris, L'Harmattan,1994, p.45

[74] Comme signalé plus haut, un parti nouvellement créé (en 2009) porte l'appellation authenticité et modernité.

valeurs politiques contradictoires qui restreignent la dynamique mutationnelle. Il y a tension entre tradition et modernité lorsque la ligne de démarcation se trouve brouillée entre les valeurs dites traditionnelles, d'autorité et de soumission, et les valeurs modernes, dites de démocratie, de participation, de liberté et de droit. La participation et la culture démocratique d'égalité et de liberté sont des valeurs modernes en contradiction avec les valeurs traditionnelles de l'arbitraire du pouvoir et de l'autoritarisme. Il y a tension lorsque les valeurs qui constituent le noyau dur des valeurs fondatrices des sociétés modernes, à savoir la liberté d'expression, l'égalité, la responsabilité, et la citoyenneté se trouvent assemblée avec les valeurs d'autorité, de soumission. Au Maroc, le moment le plus crucial où cette tension est apparue au grand jour fut celui du débat houleux sur le code de la famille et du statut de la femme, entre ceux qui voulaient préserver un code porteur de la valeur traditionnelle de relation de soumission entre l'homme et la femme, et ceux qui revendiquaient un autre code qui instaurerait la valeur de l'égalité entre eux. Le débat sur la liberté d'expression des journalistes est un autre domaine qui a fait apparaitre des tensions, le pouvoir ne s'accommodant pas encore de l'indépendance du journalisme et le journalisme n'assumant pas encore la responsabilité de la liberté d'expression.

Pourtant la tradition a toute sa place dans une société moderne, lorsqu'elle s'inscrit dans les valeurs fondatrices de cette dernière[75]. En occident, l'avènement de la démocratie a été associé à la souveraineté populaire ; qui évoluera, par la suite, vers la souveraineté du sujet. Ce dernier dispose, alors, des droits civiques, économiques et culturels qui lui assurent le droit à la liberté d'expression et de contestation. Le raccourci pris par le processus de démocratisation dans un pays comme le Maroc fait coïncider ce processus avec cette émergence du sujet. Alain Touraine, dans sa critique de la modernité, considère que cette dernière s'est construite sur le règne de la raison qui a triomphé de la tradition des sociétés pré-modernes. Mais de nos jours, au regard de la revendication de ceux qui portent la tradition, et qui défendent leur culture à laquelle ils s'identifient, penser pouvoir asseoir la

---

[75] Pan Wei. « Les valeurs fondatrices des sociétés contemporaines ». *Diogène*.. 2008/1, N°221, pp73-99.

modernité sur la seule raison apparaît arbitraire. La modernité aujourd'hui appelle à l'écoute du sujet acteur dans sa lutte pour sa liberté, et pour faire valoir son histoire et sa mémoire. Ainsi, l'émergence du sujet avec la modernité fait place à la tradition et la culture. Néanmoins, si la tradition et la culture représentent des expressions du sujet de la société moderne, elles n'en demeurent pas moins soumises aux valeurs fondatrices des sociétés modernes. Lorsque la culture est porteuse de valeurs de soumission et d'autoritarisme, elle entre dans un rapport tendu avec les valeurs démocratiques. Le dépassement de la logique d'assemblage des valeurs contradictoires, créatrice de tensions n'a lieu que lorsque la tradition ne rentre pas en contradiction avec les valeurs dérivées de la démocratie et de la modernité. [76]

Il faudrait souligner le fait que les valeurs universelles de la modernité ne se réduisent pas aux seules liberté, égalité, citoyenneté et aux droits ; elles sont aussi responsabilité. La liberté s'accouple avec la responsabilité. Comme l'écrit Alain Touraine : « *Si le pouvoir doit être limité, il faut aussi que les acteurs sociaux se sentent responsables de leur propre liberté, reconnaissent la valeur et les droits de la personne humaine, ne définissent pas les autres et eux-mêmes seulement par la collectivité où ils sont nés, ou par leurs intérêts. Pas de démocratie solide sans cette responsabilité que les milieux éducatifs, en particulier la famille et l'école, mais aussi le peer-group font naître et disparaître* »[77].

La tradition trouve ainsi pleinement sa place dans la modernité lorsqu'elle se soumet aux valeurs fondatrices des sociétés

---

[76] Alain Touraine écrit sur la définition de la démocratie : «*La démocratie est avant tout le régime politique qui permet aux acteurs sociaux de se former et d'agir librement. Ses principes constitutifs sont ceux qui commandent l'existence des acteurs sociaux eux-mêmes. Il n'y a d'acteurs sociaux que si se combinent la conscience intériorisée de droits personnels et collectifs, la reconnaissance de la pluralité des intérêts et des idées, en particulier des conflits entre dominants et dominés, et enfin la responsabilité de chacun à l'égard d'orientations culturelles communes. Ce qui se traduit, dans l'ordre des institutions politiques, par trois principes : la reconnaissance des droits fondamentaux, que le pouvoir doit respecter ; la représentativité sociale des dirigeants et de leur politique ; la conscience de citoyenneté, d'appartenance à une collectivité fondée sur les droits* ». Voir Alain Touraine : *Critique de la modernité.* Paris, Fayard, 1992, p.418

[77] *Ibid.*, p.421

modernes qui préservent aux acteurs la liberté avec la responsabilité.

3. L'alternance et la culture politique

Comment penser, au niveau politique, la phase que traverse le Maroc aujourd'hui ? Qu'est ce qui caractérise le processus démocratique au Maroc et quel contenu donner à ce processus ? Quel rôle jouerait la culture politique dans le processus de dépassement de la transition démocratique ?

Si les transitions sont des phases de bifurcation, d'hésitation et d'incertitude sur une trajectoire historique, elles ne constituent nullement des périodes de chaos. Les transitions pourraient porter en elles–mêmes les éléments de leur propre dépassement par la mise en œuvre d'une intégration des valeurs politiques et démocratiques.

Sans revenir sur les discussions théoriques relatives au concept de transition, on pourrait se référer au phénomène de l'alternance politique, enclenché en 1998 par le Roi Hassan II[78], et qui avait pour objectif d'entamer une rotation politique, en alternance, pour diriger les affaires du gouvernement. Le Maroc a connu ce changement dans le paysage politique, appelé alternance, avec l'avènement d'un gouvernement dont le Premier Ministre appartenait à un parti politique qui était auparavant dans l'opposition. Il est considéré comme un tournant important dans l'histoire politique récente du royaume. Ce fait est le produit d'une évolution progressive de la culture politique, déterminée par la rencontre historique de trois dynamiques : une volonté politique du Roi, détenteur encore de tous les pouvoirs, qui a favorisé et initié l'alternance ; une société en attente de grands changements ; et une mondialisation qui a imposé la valeur universelle du principe démocratique comme base de la culture politique.

Depuis son amorçage, le processus de démocratisation a traversé une période de stagnation due au manque de consensus, parmi les partis politiques, autour notamment des procédures électorales. Avec l'alternance, ce processus allait connaître un rebondissement,

---

[78] Abderrahmane Youssoufi est désigné par le roi Hassan II, en février 1998, au poste de Premier Ministre.

grâce à une volonté politique amorcée par le roi Hassan II à la fin de son règne qui allait lui donner un nouveau souffle.

En fait, le référendum de 1996 a ouvert une première étape dans ce processus, dans la mesure où *« l'adhésion de la quasi-totalité des partis du mouvement national au projet constitutionnel soumis au référendum populaire le 13 septembre 1996 constitue une première dans l'histoire politique et constitutionnelle du Maroc »*[79]. A la veille des élections communales et législatives, le processus de démocratisation, renforcé par la volonté politique qui marque un tournant dans l'histoire récente, est relancé. Des mesures ont été instaurées avant les élections communales et législatives pour garantir une compétition électorale loyale. Des garde-fous ont été placés et des mesures institutionnelles ont été prises pour marquer une sorte de rupture avec le passé et annoncer une ère nouvelle dans l'histoire politique du pays. Les reformes constitutionnelles et les mesures institutionnelles constituèrent le prélude nécessaire devant garantir le passage à l'alternance et amorcer un changement du paysage politique.

Mais pour que le système politique soit régulé selon le principe de l'alternance, les forces politiques devaient se réorganiser et restructurer leurs interventions dans le champ politique sous forme de blocs politiques. Deux blocs de partis se sont constitués, du moins tel qu'annoncé au niveau du discours : le *wifaq* et la *kutla*. Les partis situés en dehors de ces deux blocs se sont considérés comme appartenant au centre.

La première mise à l'épreuve de la volonté affichée au niveau du discours d'agir en tant que blocs politiques fut l'établissement de listes communes des candidats aux élections. Ainsi, le bloc des partis de la *kutla* a dû faire face à la difficulté de constituer une seule liste électorale commune. Après plusieurs tractations, qui se sont soldées par un échec, il a été décidé que chaque parti fasse cavalier seul.

Les résultats du scrutin, au lendemain des élections législatives de 1997, ont reflété une carte politique avec une diversité d'entités politiques. Autrement-dit, la mise en œuvre d'une alternance des

---

[79] Rkia El Mossadeq : *La réforme constitutionnelle et les illusions consensuelles.* 1998, p. 15

grands blocs, ou pôles politiques, rencontre des difficultés sur le terrain de la réalité politique. Aussi, le jeu de consensus politique va-t-il conduire à une sorte de simulacre d'alternance, une alternance forcée. Pour réorganiser ce consensus, le leadership est accordé au parti *Al Itihad Ichtiraki.* Il est évident qu'il s'agit d'une alternance symbolique. Et dans le contexte de la culture marocaine, les symboles sont importants. La nomination du Premier ministre, appartenant à un parti politique de gauche, symbolise l'alternance et participe à la production d'un sens fort pour connoter cette alternance. Toutefois, la cohabitation de plusieurs tendances politiques au sein du gouvernement est un constat qui appelle à plusieurs lectures.

Une première lecture, littérale, serait que la carte politique, telle qu'elle s'est dégagée à partir des résultats du scrutin, a permis la mise en place d'une alternance dans le cadre de laquelle un parti de gauche détient le leadership. Cette même lecture verrait dans la symbolique du leadership une vraie alternance.

Une deuxième lecture interpréterait cette alternance, où la cohabitation au sein du même gouvernement de partis qui étaient hier opposés, comme une forme de consensus autour d'un programme politique. On pourrait envisager que l'alternance, en ce qu'elle est une rotation des pôles politiques autour du pouvoir, soit une pratique qui est entrée dans les mœurs politiques. La validité d'une telle lecture sera testée dans la pratique politique de cette cohabitation et dans l'exercice du pouvoir de décision lors des périodes postérieures. En 2002, au lendemain des élections législatives, la compétition autour du leadership entre les deux principaux partis alliés dans le cadre de la *koutla* (l'*Itihad Ishtiraki et* l'*Istiqlal*) a été telle qu'en fin de compte le poste de Premier ministre est revenu à un technocrate (qui n'était affilié à aucune de ces deux formations politiques) et que l'alternance fut freinée.

Une troisième lecture d'ordre sociologique consisterait à faire une analyse de l'alternance à la lumière du substrat social et culturel ; ce qui conduirait à la considérer comme un microcosme social, ou comme une expression de la structure de la société marocaine, et un reflet de la culture politique dominante qui colore et encadre la pratique politique.

Toutes ces lectures se valent et chacune d'entre elles met l'accent sur un ou plusieurs aspects de l'alternance, en ce qu'elle est un phénomène politique. Néanmoins, la troisième lecture mérite un plus grand développement. Il s'agit, certes, d'une alternance qui n'a pas fait basculer les opinions politiques dans un pôle au détriment des autres, les partis qui se sont coalisés ne participant pas d'une tendance politique homogène. Le regroupement s'est formé par consensus autour de la personnalité charismatique du Premier Ministre Abderrahman El-Youssoufi, ancien opposant au pouvoir. Mais la remontée à la surface d'une certaine culture politique va révéler la fragilité de l'alternance.

Depuis les années 60 du vingtième siècle, la pratique politique a grandement changé au Maroc, ce qui s'est traduit dans une certaine maturité de cette pratique. Néanmoins, à chaque étape notoire du processus de confrontation politique électorale, le substrat sociologique rejaillit.

Le caractère segmentaire de la pratique politique ainsi que la segmentation ont été étudiés dans plusieurs écrits portant sur le champ politique marocain. La segmentation est un concept anthropologique qui a été utilisé par les anthropologues pour théoriser le système tribal qui se base sur le principe de la coalition, à un niveau de scission et de segmentation ou à un autre[80]. Sans exagérer le parallèle entre le système tribal et le système politique, il faudrait néanmoins relever les processus de fragmentation qui traversent le champ politique marocain et les entités qui le composent, à savoir les partis politiques. Les exemples de cette fragmentation, depuis l'indépendance, abondent. On peut prendre comme exemple les partis classiques : le parti de *l'Istiqlal* a donné naissance à *l'Union Nationale des Forces Populaires*, puis, à la suite d'une scission au sein de ce dernier, à l'*Al Itihad al Ichtiraki* (*Union Socialiste des Forces Populaires*) ainsi qu'à d'autres formations politiques. *Le Mouvement Populaire* a donné naissance à « d'autres mouvements » (partis) ; le PPS à un autre parti : le FFS ; et l'OADP au FDS ; etc. Les partis des autres blocs n'échappent pas eux non plus à ce sort. On assiste à travers

---

[80] Ernest Gellener: *Saints of Atlas*. Chicago University Press, 1969. John Waterbury. *Le commandeur des croyants, la monarchie marocaine et son élite*. Paris, PUF,1975.

l'évolution historique récente du champ politique marocain à une fragmentation de ce champ et non pas à sa polarisation[81]. La question du leadership de ces entités politiques est au cœur de cette segmentation.

Cette fragmentation du champ politique a pour corollaire celle de la culture politique. Dans cette culture, l'allégeance aux hommes interfère avec l'allégeance aux idées et aux programmes politiques. En outre, les relations interpersonnelles, où la personnalité des acteurs est un facteur qui a tout son poids, l'emportent parfois sur le mérite, les prouesses et la compétence politiques. La dynamique politique de l'émergence de leaders tourne autour de la personnification.

Comment, dans ces conditions, le système politique renouvelle-t-il ses leaders ? Par quels mécanismes se forme le leadership ? Sur quel type de légitimité s'appuie le leadership ? La structure interne des partis politiques bloque-t-elle le renouvellement du leadership ?

Tout semble indiquer qu'on ait affaire à un système politique qui ne renouvelle pas ses élites à travers les structures internes aux partis, mais à travers la segmentation et le multipartisme. Autrement-dit, pour renouveler le leadership, il faudrait créer une nouvelle entité politique, ce qui limite la constitution des grands blocs politiques. On touche là aux limites sociologiques structurelles de l'alternance.

En examinant les profils des leaders des partis politiques, on pourrait les classer en trois types selon le genre de légitimité sur laquelle ils ont basé leur ascension politique :

- Une *légitimité d'héritage*, basée sur le passé et sur l'héritage nationaliste. Ce cas se présente avec les leaders des partis issus du mouvement nationaliste tels que le parti de l'*Istiqlal* ou *Al Itihad al Ichtiraqi*. Le leader maintient son leadership à travers la gestion du capital nationaliste et militant. C'est un modèle dont la durée de vie

[81] Au moment de la rédaction de cet ouvrage, un appel au regroupement a émané d'un mouvement naissant, fondé en 2008 : *Le Mouvement pour tous les Démocrates*. Cet appel aurait pour objectif la polarisation du champ politique. Il est prématuré d'analyser la réactivité de ce champ à cet appel, somme toute très récent.

est limitée dans le temps historique. La génération née après l'indépendance ne saurait adhérer aux arguments d'une telle légitimité.

- Une *légitimité basée sur l'expertise politique*. Le leadership issu de cette légitimité repose sur la reconnaissance des qualités politiques particulières de la personne et sur sa compétence dans le champ politique. Ce type de légitimité est source de tensions dans plusieurs partis, où les militants contestent le leadership en ne lui reconnaissant pas la compétence politique.

- Une *légitimité d'opportunité* de la situation. Elle est basée sur l'acte fondateur de l'entité politique. Par exemple, le fait de mener une scission, acte de révolte contre un ordre établi au sein du parti, est un acte qui, en soi, constitue une forme de légitimité permettant d'assurer le leadership au sein d'une nouvelle entité politique. Dans cette catégorie, on retrouve tous les leaders qui ont mené des scissions au sein de leurs anciens partis pour en créer d'autres. La légitimité d'opportunité consiste en ce que la personne se retrouve dans une situation qui lui donne accès au leadership ou parvient elle-même à créer cette situation. Dans cette catégorie, on pourrait ranger le leadership islamiste, lequel relève aussi de l'opportunité de la montée de l'islamisme dans un monde où on assiste à l'effondrement des idéologies mobilisatrices, telles que le nationalisme, le tiers-mondisme ou le marxisme.

Ces types de leadership traversent toutes les tendances politiques. Il arrive qu'un type donné soit plus prégnant au sein d'une tendance politique plutôt que dans une autre. Toutefois, on pourrait discerner les processus de fonctionnement de ces types dans la pratique et la culture politiques.

Le troisième type de légitimité est de plus en plus présent dans la culture politique marocaine, dans la mesure où il constitue le mécanisme à travers lequel se renouvellent et se multiplient, sur la scène politique, et le leadership et les entités politiques, eu égard au recul de la légitimité nationaliste.

La théorie politique montre qu'il y a des sociétés qui fonctionnent par consensus politique et d'autres qui le font selon la logique de la confrontation d'idées. S'agissant du Maroc, on pourrait dire que cette confrontation d'idées a une allure fragmentaire et segmentaire, où les alliances se font et se défont, et pourraient donner naissance à ce que le discours politique qualifie d'alliances *''contre nature ''* pouvant rassembler et rapprocher des partis politiques ne partageant pas nécessairement ni la même idéologie ni le même programme politique.

Il est à noter que le champ politique n'est pas uniquement traversé, comme le soulignent Eickelman et Piscatori, par une négociation constante autour des normes et du discours qui lient la communauté[82] ou l'entité politique, mais aussi par des forces politiques qui négocient le partage du leadership. C'est ce jeu et cette négociation continuelle autour du leadership politique qui fait constamment multiplier les leaders et les entités politiques ; parfois même au sein d'un même parti, ce qui limite la polarisation du champ politique. Ainsi, l'alternance ne devient pas une alternance structurelle produite par l'effet de polarisation du champ politique, mais une alternance alternative, consensuelle[83] et conjoncturelle[84]. D'où sa fragilité historique.

Par ailleurs, l'alternance se fonde sur des compromis politiques, appelés par le leadership de l'*Union Socialiste des Forces Populaires*, « la méthodologie démocratique », qui consistent à accorder au parti classé premier lors des élections le poste de Premier Ministre. Cette méthodologie n'a aucun fondement légal, d'où sa faiblesse et sa fragilité, qui font que chaque compétition entre acteurs politiques prend une allure de conflit d'intérêts. Les compromis sur lesquels se fonde l'alternance se trouvent écartés et rompus, ce qui appelle un recours à l'arbitrage légal, autrement dit, à certains articles de la Constitution, notamment l'article 24, qui accorde au Roi le pouvoir de choisir un premier ministre sans affiliation politique. Cet état de fait crée un débat sur le dispositif politique à mettre en place pour accélérer le rythme du processus

---

[82] Dale Eickelman and James Piscatori: *Muslim Politics.* Princeton, Princeton University Press, 1996, p.7.

[83] Voir Rkia El Mossadeq : *Les Labyrinthes de l'alternance : rupture ou continuité.* Casablanca, Imprimerie Najah El Jadida, 1998.

[84] Ce type d'alternance ouvre peut être la voie à ce que les politologues appellent le corporatisme, ou la fragmentation politique, constitué par plusieurs groupes dont les intérêts divergent, et intégré dans l'appareil de l'Etat. Voir Alan Cawson: *Corporatism and Political Theory.* Basil Blackwell, 1986. Howard J. Wiarda: *Corporatism and Comparative Politics. The Other Great « Ism »*, M .E. Shape, Armonk. New York, London, 1997.

de la transition. Ce qui pousse les partis de gauche, tout comme les partis à idéologie islamiste, à plaider pour une réforme de la Constitution. Aujourd'hui, la légitimité de la monarchie n'est point contestée par la majorité des acteurs politiques. Les éléments majeurs du débat politique caractérisant cette transition démocratique, soulevés parfois à l'occasion de la saison électorale, tournent autour du partage du pouvoir et de l'indépendance de la justice, dans le cadre d'un Etat de droit.

Malgré l'évolution progressive d'une démocratisation électorale qui se manifeste à travers les lois et les procédures électorales, ainsi qu' à travers la volonté politique affichée pour garantir des élections libres, le projet du mode de socialisation politique est toujours tributaire des tensions nées des changements ; la fragmentation excessive des partis politiques et la personnification (ou le culte des personnes et des notabilités), entravent l'émergence d'un nouveau leadership politique porteur d'un projet de société démocratique. Ce qui rend complexe la marche vers une mutation profonde.

4. *Les défis d'une démocratisation*

Cette tendance au changement des paradigmes et des valeurs qui constituent la base du processus de démocratisation s'accompagne, par ailleurs, de phénomènes, de pratiques et d'effets propres à une démocratisation inachevée.

La démocratisation libère la parole et ouvre la voie aux revendications, devenant dans certains cas des contestations qui, démocratiquement légitimes, peuvent ne pas toujours respecter le principe de responsabilité. Ces contestations se nourrissent des tensions d'un processus démocratique en construction. On pourrait dire que les défis de la démocratisation sont la démocratisation elle-même et son corollaire la libéralisation.

Le processus de démocratisation coexiste avec les défis que pose un activisme, favorisé par un climat de libéralisation et porté par certaines organisations politiques qui revendiquent un plus grand élargissement de l'espace d'expression pour imposer leur vision de l'ordre politique, et par la contestation et les manifestations organisées dans l'espace public. Dans cette tendance, on retrouve une diversité d'organisations et de mouvements. Certains œuvrent dans le cadre de la légalité politique, tels que l'extrémisme de gauche et le mouvement radical des droits de l'homme, d'autres agissent dans un cadre de non-conformité au cadre officiel de la reconnaissance légale, tels que le mouvement ''Justice et Bienfaisance'' (*'al adl wal Ihsan)* ou encore les groupes de l'extrémisme amazigh. A ceci s'ajoutent les mouvements de réseaux (*tansiqiyat)* dérivés de l'alter-mondialisme, dont l'action est centrée sur la dénonciation de la cherté de la vie et des effets de la globalisation, ainsi que les différents groupes sociaux, tels que les diplômés chômeurs qui organisent des *sit in* devant le parlement.

Divergents de par les revendications, les finalités, ayant des agendas différenciés et véhiculant des messages divers, ces mouvements ont pour dénominateur commun le fait qu'ils dénoncent, au travers de leur action et leurs revendications, le jeu politique pour lui substituer le leur. Néanmoins on pourrait les distinguer selon le type de registre de leurs revendications.

Le premier groupe réunit les mouvements et organisations dont l'action vient en réaction à la crise sociale tels les réseaux (*tansiqiyat*) et les diplômés chômeurs. Le climat social dans le pays appelle au changement au niveau de la gestion des affaires publiques. La crise du chômage qui sévit parmi une certaine jeunesse ne trouvant pas sa place sur le marché de l'emploi, les déficiences du système d'éducation, un marché de l'emploi limité, les disparités entre les milieux urbain et rural, etc., rendent la demande sociale de changement de plus en plus insistante. Un certain désenchantement, accompagné de frustrations, s'installe parmi une frange importante de la population qui est jeune. Une certaine jeunesse est habitée par le désir d'émigrer à l'étranger[85]. Cette émigration est pour elle un fantasme d'espoir, de sécurité de revenu et de mobilité sociale. A cela, il faudrait ajouter un changement au niveau de la psychologie du marocain et de son attitude par rapport à sa situation et à son destin. Le marocain, jadis, lorsqu'il avait un sentiment de frustration, se contentait de

---

[85] Lors d'une étude effectuée auprès des étudiants, 59,8% des répondants ont manifesté le désir d'émigrer à l'étranger. Voir Bourqia Rahma, Mokhtar El Harras et Driss Bensaid : *Jeunesse estudiantine marocaine : valeurs et stratégies.* Faculté des Lettres et des Sciences Humaines, Rabat, 1995.

remettre son sort entre les mains de Dieu en disant « *nous sommes reconnaissants à Dieu* » (*al hamdou liallah)*, et par conséquent ne sombre pas dans le désespoir. Aujourd'hui, il sait identifier ses problèmes, examiner sa situation et orienter sa critique vers les gestionnaires de la chose publique, et vers les détenteurs des canaux de distribution des privilèges et des services.

Par ailleurs, le désintérêt pour l'action politique et le manque de confiance dans les acteurs politiques, ont conduit la majorité des jeunes à adopter une posture passive, alors qu'une minorité se fait remarquer par son activisme religieux[86]. Cette dernière s'active politiquement et en appelle à l'action politique sur la base d'un référentiel islamiste, alors que la première pratique, d'une manière souterraine et silencieuse, ce que James Scott appelle « *l'art de la résistance* »[87].

L'accès progressif des couches sociales défavorisées à l'éducation s'accompagne du développement d'un sentiment de frustration chez les jeunes éduqués et leurs familles eu regard au manque d'emploi des diplômés. Ainsi, le citoyen éduqué, de plus en plus conscient de ses droits, moins conscient de ses devoirs et obligations (conscience que le système éducatif ne produit pas), mais hanté par le syndrome du chômage, émerge et se démultiplie, donnant lieu à une force sociale qui pousse vers les changements politiques.

Les diplômés chômeurs s'organisent en associations pour revendiquer des emplois dans la fonction publique. Leur activisme s'exprime de manière sporadique sur la place publique où ils organisent des *sit in* et des manifestations devant les édifices publics. Ils font preuve d'une grande ingéniosité dans les modes de protestation pour faire entendre leurs revendications : tenir des *sit in* réguliers devant le parlement et sur la place publique, perturber

---

[86] John P . Entellis écrit : « *la plupart des Marocains sont indifférents à la politique mais pas ignorants de cette politique* », relevant ainsi l'indifférence volontaire de la plupart des Marocains vis-à-vis de la politique, ce qui constitue une sorte de contre culture latente. Voir : John P. Entellis: *Culture and Counterculture in Moroccan Politics.* Westview Press. Boulder, San Francisco; E. London, 1989, p.45

[87] Voir: James Scott: *Domination and the Art of Resistance.* Yale University Press, 1990

avec fracas un concert public en tapant sur des casseroles, procéder à des tentatives de suicide en public, assaillir le siège du parti du Premier ministre, etc. Des leaders s'érigent en représentants des chômeurs et en deviennent les porte-parole.

La plupart de ces chômeurs, munis de leurs diplômes, en général supérieurs (diplômes du troisième cycle et doctorats), n'ayant pas pu accéder dès leur sortie de l'université aux postes de fonctionnaires de l'Etat, revendiquent un emploi dans la fonction publique. Ils forment ainsi une catégorie sociale que Max Weber appelle ''*les intellectuels prolétarisés*''. Convaincus qu'ils ont acquis le plus haut niveau de connaissance, avec une surestimation de leur acquis et de leur savoir, ces diplômés ont recours à la contestation pour faire prévaloir ce qu'ils considèrent être un droit, à savoir : être recrutés directement par l'Etat. Leurs revendications vont même jusqu'à outrepasser les règles et les modalités de sélection en vue du recrutement, en refusant la modalité de passer des concours de sélection pour les postes mis à concurrence. Ces diplômés chômeurs sont confrontés au décalage entre les diplômes qu'ils possèdent et leurs prétentions d'un côté, et les postes qu'offre le marché de l'emploi et les qualifications requises pour les occuper, de l'autre.

Le fait de ne voir dans la protestation des diplômés chômeurs qu'une simple démission de l'Etat et son incapacité à fournir des emplois, ou encore un abus du pouvoir lorsqu'ils sont pourchassés par les forces de l'ordre devant le parlement et sur la place publique, est une vision réductrice du phénomène. Certes, la crise du chômage qui sévit dans la société pour des raisons de croissance économique, de développement et de formation, n'est pas étrangère au phénomène. Toutefois, il faudrait méditer sur la signification de cette protestation, non pas en tant que contestation en soi, mais sur les formes et les valeurs qu'elle véhicule.

Le slogan revendicatif des diplômés chômeurs renvoie à une vision conservatrice de l'Etat et des valeurs qui l'accompagnent. Le message véhiculé à travers la contestation est celui du droit, ''à l'état pur'', à l'emploi, à une non reconnaissance de la qualification, de la compétition, et une non remise en question de leur niveau de compétence et de leur savoir-faire. Ce phénomène, aussi légitimes que puissent être ces revendications, est porteur d'un message qui va à l'encontre des valeurs qui fondent la société démocratique, à savoir le travail et la mise à l'épreuve individuelle ; le mérite ; la compétence ; la compétition et la responsabilisation.

On pourrait dire de ces contestations ce que deux auteurs disent de la révolte paysanne : elle est « *négative et conservatrice. Négative : elle ne propose pas une nouvelle forme du lien social. Conservatrice : elle s'attache à la défense de l'ancien monde. Ce qui la motive, en un sens, c'est la haine de la nouveauté*»[88]. L'ancien monde, par rapport au phénomène des diplômés chômeurs, est celui de l'Etat Providence, pourvoyeur d'emplois et de salaires.

Au niveau d'un autre registre, on retrouve les groupes qui revendiquent un nouvel ordre politique. C'est le cas de certaines associations et mouvements tels que *Justice et Bienfaisance* ; le radicalisme amazigh ; etc. Le processus de démocratisation en construction s'accompagne d'une libéralisation, parfois productrice de particularismes, portés par des groupes minoritaires actifs qui concourent à occuper les espaces publics, se faisant entendre et coexistant avec une majorité rendue silencieuse par l'idéologie du scepticisme et du relativisme ambiants et par une indifférence complice.

Sur le plan idéologique, la radicalité des groupes d'action est porteuse d'une vérité qui se veut au dessus des autres, et dans certains cas vérité unique. Dans ce cas, la démocratisation comporte des paradoxes. D'un côté, elle ouvre la voie à la liberté d'expression comme un impératif de l'ouverture du système politique et, d'un autre côté, elle n'offre pas toujours les moyens pour que la liberté soit fondée sur la responsabilité et d'œuvrer dans le sens de la construction de la démocratie. Ainsi, si le processus démocratique produit l'être démocratique, il pourrait aussi offrir l'espace à l'émergence de l'être non démocratique qui défend, dans un climat démocratique, la vérité unique.

---

[88] Miguel Abensour et Marcel Gauchet. « La présentation : les leçons de la servitude et leur destin ». In Etienne De La Boétie. *Le discours de la servitude volontaire*. Petite Bibliothèque Payot. 1976, p.33

Il va de soi que la multiplication des sources de contestation est fondée sur la philosophie libéralisatrice de la démocratie et s'inscrit dans le droit à la parole et à l'expression de l'identité et des spécificités. Néanmoins, il faudrait noter que dans une transition démocratique, paradoxalement, quelques principes de la démocratie peuvent être détournés de leur sens premier pour devenir des contraintes à cette transition.

5. *La montée du scepticisme*

Deux exemples pourraient illustrer comment des valeurs et des principes fondamentaux de la société démocratique peuvent, quand ils participent du « politiquement et du démocratiquement correct », être déviés de leur sens dans un contexte de transition démocratique. Il s'agit des principes de la critique et de la participation.

La critique à outrance/scepticisme ou le « politiquement correct » :

Dans le contexte du Maroc d'aujourd'hui, le monde politique, les institutions, l'Etat et les acteurs sont objets de critiques de la part de la presse, ce qui est l'expression d'un climat de libéralisation et, relativement, d'un dépassement des tabous qui entouraient le politique. *A priori*, la critique fait partie du processus de libéralisation et de la liberté d'expression. Elle brise les tabous, s'attaque aux hommes et aux femmes du pouvoir, dévoile les malversations et informe, non sans sensationnalisme, sur la fortune des hommes au pouvoir. Toutefois, la surenchère qui s'installe fait que la ligne de démarcation devient floue entre la critique d'un côté et la critique à outrance /scepticisme qui sème le doute sur tout et renforce la défiance, d'un autre côté.

Le scepticisme qui se substitue à la critique fondée et objective, cette sorte d'opportunisme de la pensée, vient remplacer les idéologies populistes et cherche le confort dans la posture d'être une pensée contre tout et tous : la politique, les hommes et les femmes politiques, la société ; etc. Il cherche son auditoire auprès de tous ceux dont les conditions sont une source de frustration et de déception.

Le discours du scepticisme et ses corollaires, la critique outrancière, et dans des cas extrêmes le nihilisme, visent le monde politique et ses acteurs. Il est véhiculé par un certain journalisme qui fait partie, paradoxalement, du « politiquement correct ». Dans une transition où il y a passage d'un autoritarisme qui sanctionne toute parole à une libéralisation où toutes les paroles se valent, l'objectivité et les repères se perdent, et le scepticisme ainsi que le relativisme s'installent et s'imposent.

Raymond Boudon, dans son livre *Renouveler la démocratie*, voit dans le relativisme l'idéologie de notre époque, qui imprègne les milieux intellectuels, médiatiques et politiques, alors que le sens commun génère une rationalité qui ne s'inscrit pas toujours dans ce relativisme. D'après lui, le relativisme est le *« terreau favorable, non seulement à une des relations sociales et politiques, mais à la réapparition des intégrismes et des radicalismes de toutes sortes à laquelle on assiste aujourd'hui. Il nourrit le désarroi intellectuel »*[89]. Il repère dans la production des sciences sociales et la philosophie du XXe siècle ce qui sert de fondement à ce relativisme qui prédomine sur la scène politique. Mais alors, quelle assise a le relativisme dans une société qui n'a pas connu les courants de la pensée postmoderne qui ont théorisé ce relativisme politique ? Encore une fois, c'est en empruntant des raccourcis que le processus de démocratisation subit une parole libérée, détachée des fondements philosophiques et théoriques de cette libération. La démocratisation fait que toutes les valeurs et les paroles se valent et que les particularismes se juxtaposent et les spécificités culturelles se côtoient et se confrontent.

La participation ou le « démocratiquement correct »

Un autre principe démocratique, transposé dans le domaine du développement, est le principe de participation. Dans le cadre de l'Initiative Nationale de Développement Humain, lancée par le Roi en 2003 pour lutter contre la pauvreté et la précarité, les gestionnaires de cette initiative revendiquent l'approche faisant de la participation un moyen de mise en œuvre des projets de développement. Dans un contexte de transition démocratique, cette approche soulève de nombreuses questions. Comment faire participer tous les citoyens et à tous les niveaux sans que cela

---

89 Raymond Boudon : *Renouveler la démocratie : éloge du sens commun*. Odile Jacob, 2006, pp.9-10.

n'entraine la dispersion des points de vues et la divergence des opinions ? Comment faire participer tout le monde sans juxtaposer les intérêts individuels ou de groupes, qui sont parfois contradictoires, alors que le principe de l'intérêt général est le seul principe sur lequel se fonde la participation ? Comment faire participer tous les acteurs sans que cela n'entraîne ni lourdeur ni lenteur dans l'exécution des projets ?

En fait, l'appel à la participation des citoyens à toutes les décisions les concernant est une reconnaissance des voix individuelles et du droit de tout un chacun à la parole. La participation ne remet-elle pas, ainsi, en cause la représentativité des élus et leur fonction consistant à être les porte-parole des citoyens qu'ils représentent ? Lorsqu'on marginalise la représentativité (les élus) au profit d'une participation généralisée, on favorise le particularisme et on retarde la consolidation de la démocratie. Le passage d'une approche centralisatrice à une approche participative ne se passe pas sans entraîner des blocages au niveau des projets de développement, objets de la participation.

La démocratie participative, en ce qu'elle est aujourd'hui en vogue dans la politique moderne, s'aligne sur le « politiquement et démocratiquement correct », et comme l'écrit Raymond Boudon, «*fait appel à une forme dépassée de la démocratie représentative, à une forme moderne ou postmoderne de la démocratie, où chacun aurait le droit à la parole et aurait la capacité d'être entendu. Le tableau idyllique des relations sociales qu'elle évoque ainsi n'est évidemment qu'une fiction*»[90]. L'idée que toutes les paroles se valent, une idéologie des temps modernes, est devenue de l'ordre du « politiquement et démocratiquement correct ». Transposée dans des pays en voie de démocratisation, elle se trouve diluée dans une irresponsabilité généralisée.

En principe, seule une représentation démocratiquement institutionnelle, à travers les élus et les institutions, pourrait garantir la participation de la population aux projets de développement ; autrement, cette participation devient une simple utopie, dans la mesure où il est illusoire de prendre en considération les opinions, les motivations et les intérêts de chaque

---

[90] *Ibid.*, p.11.

individu. Par ailleurs, la représentation démocratique et les organisations politiques qui canalisent les revendications, les opinions et les intérêts collectifs, ne répondent pas toujours à l'impératif de la participation des citoyens.

Comme relevé précédemment, les partis politiques prolifèrent et le syndicalisme se fragmente en entités génératrices d'autres entités avec des intérêts de groupes professionnels représentant les professions et les sans professions. Ainsi, les organisations formelles, qui orchestraient le concert des revendications professionnelles, sont aujourd'hui sous le coup de la fragmentation sous l'effet des intérêts divers et particuliers de chaque groupe. Cette fragmentation est accentuée par les revendications de diverses associations aux intérêts particuliers. C'est là une crise de la médiation entre l'Etat et la société pour cause de crise des médiateurs et de prolifération des centres d'intérêts.

Ainsi, le processus de construction démocratique subit-il déjà les effets pervers de cet éclatement avant même d'être parachevé. La démocratisation favorise, certes, le multipartisme, l'expression de la diversité culturelle, les particularismes, la déconcentration des pouvoirs, la prise de parole par les minorités, la participation, mais elle encourage, en même temps, l'excès de diversité, de fragmentation, de particularismes, en l'absence de mécanismes de médiation, crée des tensions qui ralentissent le rythme de la démocratisation et favorisent l'installation du scepticisme.

Pour corriger les imperfections de la démocratie, les sociétés occidentales ont recours à différents organes de médiation, d'observation et de veille : observatoires, conseils, expertises, centres de recherches et d'études stratégiques, *think tanks*[91], qui constituent ce que les Américains appellent, 'les sons des sifflets' (*Whistle blowers),* une sorte de veille qui génère l'information et prévient les risques pour accommoder la démocratie aux nouvelles exigences. A côté de ces organes, il ya toutes les instances de régulation qui canalisent et limitent les dérives. L'ensemble du dispositif de régulation et de médiation atténue certes les imperfections du processus de démocratisation, mais il n'en

[91] Stephen Boucher et Martine Royo. *Les think tanks. Cerveaux de la guerre des idées.* Préface de Pascal Lamy, Le Félin, 2006.

demeure pas moins que ce sont la culture et les valeurs démocratiques qui fondent le rythme de ce processus, l'accélèrent et l'incrustent dans les comportements et les pratiques.

Chapitre 4. Pluralité des sphères politiques et participation

L'idée de la participation est inhérente au fonctionnement politique d'un système démocratique. Souvent associée à l'acte de voter, elle se dessine dans une certaine littérature des sciences politiques comme un idéaltype, l'électeur y étant doté d'un certain nombre de caractéristiques. Cet électeur, l'Homme Démocratique, possède une personnalité conforme aux valeurs démocratiques, se comporte en conséquence et oriente son action dans le sens de la réalisation de l'idéal démocratique. Il est impliqué dans les affaires de sa cité et porte un intérêt à la chose publique. Il dispose de la capacité d'apprécier et de comprendre les enjeux politiques, d'arrêter des choix et de participer aux débats au sein de sa communauté politique et au sein de la société. Cet idéaltype n'est pas toujours présent dans la réalité concrète, y compris dans les sociétés occidentales démocratiques, et l'est encore moins dans les sociétés en voie de démocratisation. En effet, dans un contexte comme celui de la société marocaine, on ne pourrait réduire la participation à l'acte de voter, et ce en raison de la complexité d'un champ politique en changement, et de par la pluralité des formes et des sphères de participation politique que ce chapitre tente de cerner.

L'examen du niveau de participation politique et de la forme qu'elle prend dans le contexte marocain permet de saisir un des aspects du fonctionnement politique. Il s'agit de chercher à cerner et d'analyser, au niveau des différentes sphères d'activités considérées comme politiques ou d'influence, les décisions à la prise desquelles les citoyens participent. Ces activités vont de l'intérêt porté pour une revendication pouvant aller jusqu'à participer à une manifestation pour la faire valoir, en passant par l'adhésion aux partis politiques et aux associations, par le soutien apporté à un mouvement social, par la participation au vote, aux *sit-in* revendicatifs, et au soutien d'un boycott, par le fait d'exprimer une intention de vote ou encore de signer une pétition.

1. La sphère des partis politiques

A priori, les partis politiques sont les principales entités qui impriment au champ politique sa dynamique. Leur évolution récente, leur fonctionnement interne ainsi que le niveau d'adhésion à ces entités renseignent sur la nature de la sphère la plus conventionnelle et la plus visible de la participation politique.

Les différentes enquêtes effectuées auprès des populations font ressortir un paradoxe. Il y a, d'un côté, le scepticisme manifesté à l'égard des partis politiques et, d'un autre côté, l'importance accordée à la politique. L' « *Enquête Culture Politique* » révèle que seuls 12,9% des répondants estiment que les partis politiques œuvrent pour le bien du peuple. Et l'on constate dans la même enquête que le degré d'implication politique des gens reste bas : 92,3% des enquêtés n'ont jamais assisté à des réunions politiques et 91% d'entre eux n'ont jamais adhéré à un syndicat. Mais d'un autre côté, interrogés sur l'importance de la politique, 53,1% d'entre eux considèrent que la politique est une affaire importante. A la question sur la liberté de leur choix politique, 72,9% répondent qu'ils sont libres de leur choix.

Ce scepticisme affiché à l'égard des partis politiques est un phénomène que l'on retrouve aussi bien dans les pays en voie de développement que dans les pays développés. Néanmoins, les raisons et les facteurs de ce scepticisme pourraient différer d'un contexte à l'autre. Dans le contexte marocain, le scepticisme est favorisé par la complexité du fonctionnement des entités et des acteurs politiques dans une phase de construction du processus démocratique. Le processus de fragmentation, le déficit en socialisation, l'uniformisation des discours, ainsi que l'absence de rotation des élites au sein de ces entités pourraient constituer autant de facteurs favorisant le scepticisme.

Les élections législatives du 7 septembre 2007 ont mis en compétition 33 partis politiques ; phénomène qui suscite des interrogations à propos des facteurs qui favorisent le pluralisme à outrance. Les explications par les rapports politiques au sein des partis, par référence à la logique tribale ou à celle de la confrérie (*zawiya*), ne peuvent pas rendre compte des nouvelles dynamiques du champ politique, des stratégies et des logiques des acteurs politiques, du rôle des populations et des citoyens dans le jeu politique, des différentes manières de faire de la politique, formelle et informelle, ainsi que des différentes formes que revêt la participation politique.

Une lecture linéaire de l'histoire récente du champ politique marocain permet de dégager les invariants et les éléments changeants de la sphère politique et des comportements politiques des acteurs[92]. Ainsi, la fragmentation du champ politique marocain dispose d'un certain ancrage historique[93]. Elle se manifeste à travers la floraison de partis politiques, porteurs d'un potentiel de production d'autres entités politiques. L'évolution des partis s'est accompagnée d'un changement au niveau des paradigmes et en matière de procédés de gestion des flux dans le sens de la cohésion ou des ruptures, des fissions ou des fusions, des idées et des idéologies qui rassemblent et différencient. Si des éléments traditionnels de la segmentation du champ politique continuent d'exister, ils participent dorénavant de nouvelles logiques où prédominent le jeu des acteurs politiques et leur compétition.

Le champ politique est défini comme « un système de positions » où s'activent les composantes de l'élite politique. La notion de champ renvoie ici à la science « *physique où le champ est défini comme une situation dynamique qui relie les forces* »[94], en l'occurrence les forces politiques. Ce champ, centré sur la monarchie, accueille une compétition de l'élite dont l'enjeu est d'y réussir le meilleur positionnement, à savoir gouverner et accéder au cercle du pouvoir.

Depuis l'avènement du gouvernement d'alternance de 1999, le pacte conclu entre la monarchie et les partis politiques en vue de réussir une transition démocratique et des réformes, qui seraient entreprises par le gouvernement, a conduit à un repositionnement des partis et des entités du champ politique. La dynamique de repositionnement prend la forme de conflits qui aiguisent les enjeux, intensifient les fragmentations, favorisent l'inflation du

---

92 Cette lecture n'est pertinente que lorsque le phénomène étudié est observé dans la durée. Elle révèle que la conjoncture colore le moment, actualise parfois le passé et le propulse par la force du présent vers l'avenir.

93 Un article de Abdekader El Benna, publié en 1992, établit une typologie des partis politiques. In : *Société civile au Maroc*, SMER, Rabat 1992.

94 Colas Dominique, *Sociologie politique*. Paris : PUF. 1994, p. 140.

discours et créent des processus de légitimation et de contre légitimation au sein de l'élite politique.

Le clan des partis dits démocratiques, celui de ceux se proclamant libéraux ou de droite, les partis et les mouvances revendiquant l'islamisme, les tendances de droite, le bloc des entités qui composent l'unité de la gauche, sont autant de sensibilités politiques traversées par des clivages[95], des conflits internes et, par conséquent, menacés d'une éventuelle segmentation. Quels sont alors les facteurs qui favorisent la fragmentation de l'élite politique ? S'agit-il d'un blocage interne ou d'une crise de légitimité des partis politiques ?

Au regard de ces dynamiques structurelles et inhérentes au champ politique, on peut s'interroger sur la portée de l'initiative du « *Mouvement pour tous Démocrates* » (MPD), crée en 2008 et rassemblant une élite hétérogène, visant à reconfigurer le champ politique, en brandissant un discours de mobilisation pour redonner espoir aux gens et en introduisant une nouvelle dynamique dans une vie politique somme toute assez calme. Le regroupement et l'intégration de certaines entités politiques se sont produits dans le prolongement de cette initiative : *Al Ahd* ; le *Parti National Démocrate* (PND) ; *l'Alliance Des Libertés* (ADL) ; le *Parti de l'Environnement et du Développement* (PED) ; les *Initiatives Citoyennes pour le Développement* (ICD). Cette opération de regroupement-intégration conduira ces formations politiques à s'auto-dissoudre, et un nouveau parti nommé « *Authenticité et Modernité* » est né. Le mode de recrutement des nouveaux adhérents par le nouveau parti ne se passe pas sans critiques ; le mouvement est parfois taxé de «débaucher » des politiciens appartenant à d'autres formations politiques.

Cette nouvelle formation aurait-elle un effet structurant sur le champ politique ou ne serait-elle qu'un simple produit de la conjoncture ? Une telle intervention dans le champ politique, associée à une personnalité proche du Roi, perçue comme étant « *un ami du Roi* », offre-t-elle un espace et un raccourci permettant

---

[95] Ce champ politique a été pendant des décennies structuré globalement autour de deux clans : les partis dits de gauche et ceux dits de droite. Le clan de la gauche, qui était dans l'opposition, se retrouve au pouvoir avec le gouvernement d'alternance.

l'ascension au sein d'un champ politique où l'essentiel de l'enjeu tourne autour de l'accès au cercle du pouvoir ? Seule l'évolution future de ladite formation sur l'échiquier politique permettra de trancher.

On constate que la pratique politique n'arrive toujours pas à asseoir une culture démocratique au sein des partis, et la question de la démocratie au sein des partis fait débat. Au regard des remises en question qu'elle implique pour l'organisation interne des partis, elle est source de tensions internes. La question de la démocratie interne aux partis politiques est souvent posée par les jeunes et par les femmes qui se voient exclus de leurs instances dirigeantes ; leurs voix sont relayées par la critique journalistique qui se déploie, souvent, à l'occasion de la tenue des congrès des partis politiques. La critique dirigée contre l'organisation interne des partis ne vise pas seulement les partis politiques considérés comme le produit de l'Administration, mais concerne aussi les partis issus du *Mouvement National* tels que l'USFP, le PI, le PPS, ainsi que les formations politiques nées ces dernières années de scissions au sein de ces derniers, tels que le FFD et le PSD par exemple.

La dénonciation du manque de démocratie au sein des partis politiques se focalise sur les questions de la pérennité du pouvoir des instances dirigeantes et de la compétence des leaders. Elle soulève en fait le problème du leadership ; le renouvellement de l'élite politique est bloqué, ce qui empêche l'émergence et la visibilité des jeunes politiques sur le devant de la scène. Il faut attendre le décès du leader pour que le renouvellement du leadership des partis politiques devienne possible ; fait qui dérange une jeunesse politique impatiente, désireuse de se démarquer des ainés et d'affirmer sa différence, convoitant le leadership et aspirant au partage du pouvoir.

Lors de son 6e congrès (tenu en juillet 2008), le Parti de la Justice et du Développement (PJD) a adopté le slogan de la crédibilité et de la moralisation de la vie politique en vue de redonner aux marocains un peu de confiance dans le système électoral. Il a élu, de manière démocratique, son secrétaire général, impulsant ainsi une nouvelle dynamique démocratique au sein du parti.

Les anciens partis politiques, confortés par leur héritage, n'ont toujours pas établi de programme, à long terme, de socialisation politique de leur jeunesse. En général, l'identité du parti est construite sur la base d'une idéologie qui consolide le sentiment d'appartenance des adhérents. Ce sentiment est lui-même la résultante d'un travail de socialisation, soutenu par une organisation et des mécanismes internes aux partis. Le déficit en socialisation politique, que l'on retrouve dans la plupart des partis politiques, ouvre la voie aux revendications du jeunisme politique contre l'âgisme qui prédomine au sein des instances dirigeantes[96]. L'idée de *tashbib,* cette revendication des jeunes, *shabiba,* d'une rotation accélérée de l'élite politique est soutenue dans plusieurs partis. Les jeunes expriment par là leur révolte à l'encontre des aînés, accusés de conformisme, voire même de *makhzénisation,* notion péjorative qui désigne et rappelle les dérives d'un mode traditionnel de gouverner. Cette révolte de la jeunesse partisane reflète une véritable crise du leadership au sein des partis et, en l'occurrence, une crise de la légitimité de l'autorité politique.

La limitation de la rotation des élites au sein des partis fait que l'accès au leadership se fait à travers la scission. La segmentation du champ politique est un mécanisme à travers lequel ses élites se renouvellent. Ainsi, le jeu des relations horizontales, qui règlent le jeu politique entre les différents partis, l'emporte sur les relations verticales que chaque parti entretient avec la société. D'où l'absence des relais avec cette société qui soient en mesure d'élargir la base des adhérents aux partis politiques. Le lien personnel l'emporte sur l'engagement autour d'un programme, des idées ou d'un projet de société.[97] Le système traditionnel des alliances, ainsi que le clientélisme continuent de travailler les rapports entre l'élite et la société.

A priori, les partis politiques, expressions institutionnelles de la démocratie, assurent une offre politique pour répondre à la demande sociale. Mais l'indifférence, ou la défiance, constatée à leur égard est liée à une demande sociale à laquelle l'offre politique ne correspond pas. Cette offre, comme souligné précédemment, est paradoxalement fragmentée sur le plan organisationnel, mais uniforme au niveau du discours.

---

[96] Voir les articles de l'hebdomadaire *Assahifa*, 3 août 2001.

[97] Le regroupement autour de la personne de Fouad Ali El Himma et son mouvement créé en 2008 confirme ce phénomène.

Le désintérêt s'explique aussi par la non convergence entre les intérêts d'acteurs politiques, souvent motivés par l'opportunisme, l'arrivisme et la réalisation d'une ascension sociale individuelle, et de citoyens, motivés par leurs aspirations sociales, par le désir de rehausser leur statut et d'améliorer leur mode de vie et leurs conditions sociales. En outre, la relation entre les partis et les classes ou couches sociales n'est pas toujours attestée. A part les partis issus du mouvement national, la majorité des autres partis ne sont l'émanation ni des classes sociales ni de leurs conflits sociaux.

Lors des périodes électorales et à la veille de chaque remaniement ministériel, le jeu horizontal, entre partis, et même, dans certains cas, entre personnes appartenant au même parti politique, devient un jeu d'adversaires, l'ambition de réaliser un gain l'emportant sur la réponse politique à la demande sociale. La compétition pour le poste de Premier Ministre est toujours ouverte après les élections. On pourrait noter à ce propos, à titre d'illustration, la demande exprimée par le Parti de l'Istiqlal de voir ce poste faire l'objet d'une rotation des partis (bien que ce parti n'ait obtenu que 48 sièges durant les élections de septembre 2002, alors que l'USFP en a eu 50). Cette course au poste, amplifiée par la couverture médiatique qui en a été faite, faisant éclater les contradictions de la *koutla*, s'est terminée par la nomination par le Roi Mohammed VI d'un Premier Ministre dit technocrate, sans affiliation politique, coupant ainsi court à l'ambition des politiques de disposer de ce poste.

Le vide s'installe ainsi autour de l'élite, et son projet politique n'a par conséquent que peu d'échos au sein de la société ; une société préoccupée par le développement, la question de l'emploi, la faiblesse des filets de sécurité destinés aux pauvres et les démunis, etc. Pourrait-on dire que la crise de l'autorité politique soit une crise de légitimation des partis politiques ?

En effet, l'élite politique passe par une phase de transition. Elle n'est plus à l'époque où elle avait à gérer un héritage historique, et où sa légitimité était basée sur son capital national, sur un fond culturel traditionnel ; elle entre dans une autre où elle est appelée à reconstruire une nouvelle légitimité et à mettre en place des processus et des procédés de légitimation. C'est ce à quoi procèdent les partis politiques dans les débats d'idées et les discours véhiculés par leurs journaux Mais ces débats demeurent, toutefois, horizontaux, impliquant les opérateurs politiques sans pour autant traverser toute la société[98].

Les notions de modernité, de démocratie, de socialisme, de libéralisme et d'islamisme, sont des référentiels du champ politique et constituent autant de répertoires d'idées qui servent à différencier les partis et les groupements politiques.

Des partis comme l'*Union Socialiste des Forces Populaires*, le *Parti de l'Istiqlal*, le *Parti du Progrès et du Socialisme*, le *Front des Forces Démocratiques*, le *Parti de la Gauche Socialiste Unifiée*, revendiquent un référentiel démocratique. Ils produisent aussi un discours qui met en valeur leur contribution au processus qui a abouti à ce que connaît actuellement le Maroc en matière de libertés d'expression, de libéralisme, d'ouverture et d'initiation des grandes réformes : celles de l'enseignement ; de la justice, etc. Leur légitimation découle de l'histoire de leurs actions politiques et de leur investissement politique passé. Ce capital est souvent mis en avant, affiché pour rappeler l'histoire récente. Sont ainsi évoquées l'affaire Ben Barka et les souffrances endurées par les militants progressistes dans le passé. Le parti du *Rassemblement National des Indépendants* partage, avec plusieurs autres partis, récemment créés, la nébuleuse appartenance au libéralisme. Les partis issus du *Mouvement Populaire* prêchent un discours général centré sur le développement rural et ''l'amazighité''. Le discours du *Parti de la Justice et du Développement* s'alimente du registre islamiste et prêche pour un projet moralisateur de la société. Les partis de référence marxiste renvoient à un projet de société basé sur le socialisme.

Si par légitimité de l'élite politique on entend la reconnaissance de son rôle au sein de la société, reconnaissance qui ouvre la voie au renforcement de sa base populaire, alors on constate aujourd'hui que cette légitimité de l'élite politique marocaine n'est pas tout à fait acquise. Il est à noter que malgré les différences de référentiels politiques, l'élite politique dans son ensemble tente d'appuyer son action tout comme son discours sur le registre de la légitimité

---

[98] Seul le débat autour du *Plan d'intégration des femmes dans le développement* a atteint les masses de la population.

rationnelle, dans le sens wébérien du terme. L'évocation de la démocratie, le respect de l'Etat de droit, le développement et l'emploi sont des constantes des discours de toutes les entités politiques. Toutefois, les procédés qui sont mis en avant dans les processus de légitimation ne font pas toujours prévaloir le registre rationnel.

Il y aurait un chevauchement des procédés de légitimation, lesquels se réfèrent tantôt aux prouesses et compétences des dirigeants, tantôt à leur capital nationaliste, à leurs prouesses communicationnelles, ou encore aux idéologies en circulation sur le marché des idées.

Les partis issus du mouvement national et de la résistance au colonialisme continuent à faire prévaloir la lutte nationaliste de leurs leaders. Le capital nationaliste de cette catégorie de dirigeants, décédés ou vivants, tels qu'Allal Al Fassi ; Abdallah Ibrahim ; Abderrahim Bouabid ; Abderrahmane Al Youssoufi ; Abdelkrim Al Khatib ; Mahjoubi Aherdane ; etc. continue, à des degrés divers, d'être investi sur le terrain politique. Néanmoins, la jeunesse, qui constitue la majorité de la population marocaine et qui n'a pas connu le colonialisme et la lutte nationaliste, n'est pas toujours séduite par le discours nationaliste. Préoccupée par le problème du chômage, caressant le rêve d'émigrer[99], et aspirant à améliorer son niveau de vie, elle se détourne de tout discours politique.

D'autres partis, créés depuis les années 60, cherchent à se donner une légitimité au moyen d'un discours qui puise ses éléments dans les répertoires des idéologies existantes, à savoir le libéralisme, le socialisme, l'islamisme ou le populisme, sans pour autant traduire ces idéologies en de véritables projets et programmes politiques à même de mobiliser la société et de l'interpeler.

Si le libéralisme devient une idéologie-secours pour des partis nouvellement créés, l'islamisme par contre s'appuie sur un acquis : la religion. Toutefois, on remarque que le parti se référant à l'islamisme cherche à se distinguer, au sein de la mouvance, par sa vigilance et le choix d'un discours qui ne l'assimile pas à l'image

---

[99] R.Bourqia, M. El Harras et D.Bensaid, *Jeunesse estudiantine marocaine. Valeurs et Stratégies*. Faculté des Lettres et des Sciences Humaines, Rabat, 1995.

que projette un intégrisme pur et dur ; image de l'intolérance ou du fondamentalisme intransigeant ou encore celle que se fait de lui une opinion publique internationale et véhiculée par les médias.

Hétérogène, incapable de réussir une polarisation politique structurelle, traversée par des contradictions internes et manquant d'assise sociale solide, l'élite politique est menacée d'une constante fragmentation. A l'opposé, la monarchie, pivot du système politique, préserve sa légitimité tout en renouvelant les procédés de sa légitimation dans le sens d'une plus grande implication dans le développement.

2. *La campagne électorale : un consensus contre le débat*

Les élections législatives offrent l'occasion aux populations de contribuer au champ politique, et rendent compte du degré de leur participation. En observant la campagne électorale du 7 septembre 2007, on constate que les partis politiques en lisse ont mené leurs campagnes selon une logique de consensus tacite, en évitant les affrontements politiques et idéologiques autour des projets de société, et sans qu'il y ait de débats mettant les idées et les projets en compétition. Il s'agit donc d'un consensus mou qui évite que soient posées les questions qui fâchent, telles que le type de société prônée, le rapport de la religion et de la politique, la politique linguistique, les choix économiques, le rapport à l'Occident, le rapport à la globalisation, les idéologies de référence, etc. Les partis ont choisi de s'adresser unilatéralement aux citoyens, de leur présenter leurs programmes et d'éviter le débat entre eux.

En choisissant de ne s'engager ni dans un affrontement politique ni dans une confrontation idéologique, les partis ont voulu éviter de prendre des risques politiques, en affichant clairement des choix politiques qu'ils seraient amenés à abandonner, dans le cadre d'une coalition éventuelle, après les élections.

L'appréhension d'ouvrir des fronts de confrontation, qui hypothèqueraient la construction des alliances futures, serait à la base de l'option pour le consensus. C'est que les divergences idéologiques entre les partis sont difficilement discernables et les alliances ne sont pas toujours établies à l'avance. Le flou du consensus laisse la porte ouverte aux arrangements éventuels et une marge de négociation pour passer des '' alliances contre nature'' pouvant intégrer, après les élections, des partis supposés être idéologiquement éloignés les uns des autres.

Il faudrait dire que le seul moment d'affrontement manifeste, tout au long de ces dernières années, fut celui durant lequel le code de la famille et la situation des femmes ont fait débat et mobilisé deux camps : celui des islamistes et celui des modernistes. Un débat qui a été initié et porté par la société civile féminine et non pas par les partis politiques.

Bien qu'étant différents quant à leurs référentiels idéologiques et à leurs projets de société, quelques partis politiques sont perçus par la majorité des citoyens comme étant uniformes au niveau de leur offre électorale. La logique implicite du consensus fait que, parfois, durant la campagne électorale, on renonce à certains ingrédients qui font l'identité du parti. Tel fut le cas du PJD qui finit par intégrer des femmes non voilées en son sein, ou encore pour éviter les questions qui polarisent les divergences et les confrontations, telles que l'interdiction du commerce du vin.

Le résultat d'un tel consensus tacite est que les électeurs aient reçu, durant la campagne électorale, les discours des partis politiques comme étant un seul discours, faisant miroiter des promesses salvatrices consistant à débarrasser le pays de la pauvreté, à le faire sortir de la crise du chômage et à améliorer les infrastructures dans les domaines de la santé et de l'éducation.

Une telle uniformité produit chez les électeurs scepticisme et passivité. Ceci alimente implicitement l'attitude consistant à considérer que, en tout état de cause, les élections n'auraient que peu d'impact sur la politique générale, et ce quels que soient les partis qui l'emportent, dans la mesure où tous ces partis affichent des programmes similaires et font prévaloir la même démarche. Voter dans ces conditions n'est plus un acte pouvant contribuer à l'avènement d'un projet de société novateur et à la mise en œuvre d'un programme qui bouleverserait la situation sociale des citoyens. Et c'est ce qui expliquerait, en partie, la faible participation aux élections (le taux ayant atteint 37% et est jugé comme étant le plus bas dans l'histoire récente du pays).

A ceci, il faudrait ajouter le rôle prépondérant joué par le Roi sur la scène politique, au point que le citoyen marocain place sa confiance en lui en premier, considéré comme le seul à pouvoir mener et initier les grands chantiers de développement et les grandes réformes. Sa présence sur le terrain au quotidien, lançant des projets concrets, renvoie aux citoyens marocains une image de la politique en exercice, autrement dit, une politique se concrétisant sur le terrain.

D'un autre côté, sur la scène politique, les partis apparaissent fragmentés. Il faudrait en outre rappeler l'effet du pluralisme excessif sur la campagne électorale, et donc les capacités limitées des partis politiques à convaincre les citoyens. La multiplication excessive des formations politiques, couplée au mimétisme et au clonage au niveau des programmes et des discours, affecte la capacité des acteurs politiques des partis à s'imposer comme des leaders de l'opinion publique et comme porteurs d'espoir.

Bien que plusieurs partis reposent sur des idéologies sous jacentes (le PJD se réfère à une idéologie islamiste, l'USFP au socialisme, quelques partis tels le RNI par exemple au libéralisme), d'autres appartenant à la gauche radicale prônent un gauchisme affiché. Peu de partis ont exposé aux citoyens leurs projets politiques et le contenu de leurs idéologies et leurs théories de référence : islamisme ; socialisme ; libéralisme ; et n'ont en pas non plus fait une traduction en termes de grandes orientations économiques et sociales, en termes de projets de société, ou encore montré le rapport qu'il y aurait entre ces projets et le bien être du citoyen.

Faut-il voir dans cet état de fait l'expression d'un système politique fonctionnant par consensus, et préservant et les équilibres et l'approche pragmatiques nécessaires à l'établissement d'alliances pour le partage du pouvoir ?

En tout cas, dans la mesure où la logique de la parenté idéologique ne fonctionne pas toujours dans l'établissement d'alliances en vue de la formation du gouvernement, le programme de ce dernier est lui aussi établi, par consensus, en y intégrant des composantes des programmes des partis coalisés.

3. La participation politique

La mobilisation des citoyens dans le cadre de l'action collective est une manifestation de leur participation politique. Elle atteint son point culminant avec leur participation aux élections. La participation des populations aux affaires politiques est un indicateur des plus importants du dynamisme de la vie politique et du degré d'avancement et d'enracinement du processus démocratique et de la démocratie dans un pays donné.

Quatre niveaux de participation, au moins, sont à distinguer dans le cas marocain :

- celui qui se manifeste à travers l'intérêt que portent les citoyens à la politique en général ;
- celui de l'adhésion institutionnelle à un parti politique ;
- celui qu'illustrent la participation aux élections et l'acte de voter ;
- et enfin le niveau de la participation en dehors du cercle conventionnel de la politique.

3.1. L'intention de vote

La participation indirecte et implicite pourrait être décelée à travers plusieurs faits tels que le taux élevé des personnes inscrites sur les listes électorales et le taux de celles qui retirent leurs cartes électorales en vue de voter, autrement dit, un taux d'intentions de vote. Si l'on prend les élections législatives du 7 septembre 2007, on constate que 80% des électeurs ont retiré leurs cartes d'électeurs avant les élections, la majorité des électeurs exprimant ainsi leur intention de voter.

Les données des enquêtes menées sur le terrain témoignent aussi du fait que les populations enquêtées ne sont pas indifférentes à la chose politique. L'enquête « *culture politique* » susmentionnée montre que, à la question « êtes-vous prêt à voter lors des prochaines élections ? », 74% des interviewés ont répondu qu'il était probable qu'ils votent, ce qui se traduit par un taux élevé d'intentions de vote, confirmé d'ailleurs par le nombre de retraits de cartes d'électeurs.

Dans la même enquête, et comme nous l'avons déjà noté, 52,3% des répondants estiment que la politique occupe une place importante dans la vie des gens et par extension dans la société. Et s'agissant des intentions de vote des personnes en droit de voter, les variations selon le genre, le milieu de résidence, les tranches d'âges et le niveau d'instruction se situent dans une fourchette de 6 à 9 points. Ils sont 71,1% parmi les hommes à exprimer cette intention et 77,1% parmi les femmes ; 71,4% en milieu urbain et 78,7% en milieu rural ; 70,4% au sein de la tranche de 18 à 35 ans contre 77,3% au sein de celle des 36-50 ans et 76,5% dans celle des 51 ans et plus ; 70,3% parmi les personnes qui savent lire et 79,4% parmi celles qui sont analphabètes.

Bien que dans l'ensemble, la majorité exprime son intention de voter, les variations que nous retrouvons d'après l'enquête, et qui se situent dans cette fourchette de 6 à 9 points, reflètent un paradoxe qui va à l'encontre de ce qui est constaté dans les pays occidentaux. Selon l'enquête, l'intention de voter est légèrement plus élevée parmi les femmes, les personnes rurales, les séniors et les personnes analphabètes, alors quelle l'est moins chez les hommes, la population urbaine, les jeunes et les lettrés. Ceci pousse à s'interroger sur le rapport entre ce qui est de l'ordre de l'intention de voter et ce qui est de celui de l'intérêt que l'on porte à la politique.

L'intention de voter est perçue comme une réponse à l'appel à la participation auquel les citoyens adhèrent sans qu'une telle intention ne se traduise nécessairement ni par un engagement politique, ni par une implication ou une adhésion aux cadres institutionnels de la politique.

3.2. La participation par l'adhésion

C'est au niveau de la participation par l'adhésion aux partis que le taux le plus bas de la participation politique est enregistré. Faute de données sur le nombre d'adhérents aux partis et aux syndicats, on peut interroger quelques données de l'enquête ''culture politique'' qui montrent que la majorité des répondants ne se situent pas dans ce type de participation. A la question « participez-vous aux rencontres politiques ? », les enquêtés sont 92,3% à déclarer qu'ils n'y ont jamais participé. De même, 91% des enquêtés n'ont jamais participé aux rencontres syndicales et 80,1% d'entre eux n'ont jamais assisté à des rencontres sociales et culturelles. Les variables genre, lieu de résidence, niveau d'instruction et âge ne renvoient à aucune variation. Ainsi, le déficit en termes d'adhésion aux partis signifie-t-il que nous avons affaire à des formations politiques qui ne s'appuient pas sur une large base partisane traversant toutes les catégories sociales. Cet état de fait reflète le faible encadrement des populations par les entités politiques.

3.3. L'acte de voter

Les élections législatives marocaines du 7 septembre 2007 constituent un phénomène qui mérite d'être analysé, non seulement parce qu'il s'agit d'un phénomène politique, mais aussi en raison de sa dimension sociologique et de l'importance qu'il représente en matière d'analyse de la culture politique et de la participation. Le fait le plus évident qui a attiré l'attention des observateurs, et qui a caractérisé ces élections, fut le taux de participation qui s'est situé à 37% seulement, avec 15 points d'écart par rapport à celui des élections de l'année 2002 qui a été de 52%. Les élections de septembre 2007 ont aussi été marquées par un taux plus élevé de bulletins nuls (19%) que celui enregistré en 2002 (15%). Ce constat soulève plusieurs questions. Pourquoi les Marocains ne se sont-ils pas rendus nombreux aux urnes ? La faible participation devrait-elle être entendue comme l'expression d'une sanction collective infligée au système politique ? Reflète-t-elle une indifférence à l'égard de l'acte de voter ? Comment expliquer et interpréter ce phénomène ? Pourquoi l'abstentionnisme est-il encore plus accentué dans les villes qu'en milieu rural ? Pourquoi, sur les villes marocaines, une ville comme Casablanca, capitale économique du pays, enregistre-t-elle le taux le plus bas de participation ?

Le passage d'une situation qui a caractérisé les trois dernières décennies, avec un électorat en majorité participationniste malgré lui, à celle où cet électorat est en majorité délibérément abstentionniste, soulève plusieurs questions sur les facteurs explicatifs de la faible participation aux élections de 2007. Et ce d'autant plus que l'Administration a exprimé, avant même la tenue des élections, sa volonté d'observer une position neutre par rapports aux formations politiques en compétition et de prendre des mesures coercitives à l'encontre des contrevenants pouvant aller jusqu'aux poursuites judiciaires.

Pour pouvoir cerner ce faible niveau de participation, il faudrait distinguer plusieurs types de comportements électoraux qui, en fin de compte, conduisent leurs auteurs à s'exclure de l'opération de vote.

Il y a la position consistant à ne pas se rendre aux urnes et il y a l'acte qui consiste à mettre un bulletin nul dans l'urne. Il s'agit là de deux postures, qui sont déterminées par différents facteurs et qui ont par conséquent différentes significations.

Le faible taux de participation, ou ce qui est communément appelé dans les sciences politiques abstention[100], est un phénomène qui commence à prendre de l'ampleur dans les systèmes démocratiques. C'est ce qui a amené certains pays occidentaux à agir pour faire de l'acte de voter un devoir et une obligation, et de rendre l'abstention, lors des élections, passible de poursuites judiciaires. La Belgique, par exemple, enregistre le taux d'abstention le plus bas en Europe (environ 9% pour les élections européennes de 2004, alors que la moyenne de l'Union Européenne était de 44%). Des pays comme le Luxembourg, les Pays-Bas, l'Italie, le Danemark, la Grèce ou encore l'Autriche ont opté pour un système rendant le vote obligatoire. Certains analystes interprètent l'abstentionnisme comme l'expression de la confiance placée par les citoyens dans le système politique. Néanmoins, l'abstention pourrait prendre plusieurs formes et rendre compte de plusieurs phénomènes. Il y a l'abstention qui est l'expression *d'une sorte d'indifférence électorale*, s'expliquant par un faible niveau de culture politique. La politique est perçue comme n'étant pas du ressort du citoyen ordinaire ; ce dernier devant laisser les autres choisir à sa place. Par ailleurs, le lien entre l'élection d'un candidat et l'impact du choix de l'électeur sur la politique nationale et locale n'est pas établi. La candidature pour briguer un siège au parlement est, en général, perçue comme une course à la promotion personnelle et à l'ascension sociale ; une fois l'objectif atteint, le candidat prend ses distances avec la population. Dans ce cas, le

[100] Voir Céline Braconnier et Jean –Yves Dormagen : *La démocratie de l'abstention*. Gallimard, 2007.

citoyen n'a pas conscience de son pouvoir et de sa capacité à contribuer, par sa participation aux élections, à la construction de la souveraineté du peuple et du pouvoir du collectif. Pour des raisons sociologiques, c'est ce type d'abstention qui a pesé lourd sur les élections de 2007.

L'attitude abstentionniste pourrait s'expliquer par **une indifférence** basée sur une idée communément partagée par les citoyens consistant à se dire que, en tout état de cause, qu'il s'agisse des grandes orientations ou de la pratique à l'échelle locale, la politique se fait en dehors de leur volonté. Interrogés lors de l'enquête ''culture politique'' sur le rôle des citoyens dans ce domaine, les enquêtés ont donné des réponses significatives. A la question : « pensez-vous que les citoyens ont une influence sur la politique du pays et à l'échelle locale ? », 23% d'entre eux seulement ont répondu que les citoyens ont une telle influence à l'échelle du pays, et 21% la situent à l'échelle locale. Par conséquent, la majorité des répondants estiment que les citoyens n'influencent ni la politique nationale, ni la politique locale.

Il y a aussi *l'abstention volontaire* qui, en soi, représente un acte politique. Dans ce cas, elle est soit la réponse à l'appel au boycott lancé par un parti politique, soit l'expression d'une méfiance à l'égard des entités politiques, qui se généralise dans l'opinion publique et se transforme en un mouvement abstentionniste. En général, cette position est affichée de manière récurrente par des courants radicaux (organisations communistes et islamistes extrémistes) ; position somme toute conforme à leur rejet du système politique dans le cadre duquel ils exercent. Dans le cas marocain, une telle position a été exprimée par le parti *Anahj Dimoqrati* et le courant islamiste *Al Adl wal Ihsane*. Elle n'a pas pesé au point de déterminer le niveau d'abstention, dans la mesure où elle n'a pas été suivie sur le terrain, lors de la campagne électorale, d'un mouvement de mobilisation des populations.

Il y a également l'abstention sanction que les citoyens expriment à travers le refus d'aller voter. Cette posture vise à sanctionner son propre parti quand ce n'est pas le système électoral dans son ensemble. Le recul du parti *Al Ittihad Al Ichtiraki* lors des élections législatives de 2007 pourrait trouver son explication dans une posture similaire de ses membres.

L'abstention peut, en outre, prendre la forme d'un vote blanc. En se rendant aux urnes pour déposer un bulletin nul (19% au niveau national)[101], les électeurs adoptent une démarche qui, en soi, exprime une position politique. C'est une démarche qui traduit une conscience politique et une volonté de participation et l'expression d'une insatisfaction vis-à-vis de l'offre politique. Le taux le plus élevé de bulletins nuls a été enregistré parmi les électeurs urbains. De l'ordre de 28% pour l'ensemble de Casablanca, il atteint dans certaines préfectures de cette même ville 32% à El Fida Mers Sultan, voire même 36% à Anfa.[102]

De cet ensemble de raisons de l'abstention et du faible taux de participation enregistré lors des élections législatives susmentionnées, et que l'on retrouve dans des combinaisons diverses, c'est l'indifférence qui semble avoir prévalu, dans le prolongement de la logique du pluralisme à outrance qui uniformise le champ politique et qui n'offre point au citoyen de produits différenciés et mobilisateurs à même de traduire l'intention de vote en participation électorale.

Par ailleurs, les élections de septembre 2007 ont révélé des variations significatives quant au taux de participation selon le milieu de résidence. Il s'agit là d'une donne qui mérite d'être explicitée et analysée, eu égard à un contexte marqué par des changements qui ont touché les modes de vie des populations urbaines et rurales, et au regard des perceptions et des aspirations des populations. Etant de 37% au niveau national, le taux de participation a enregistré 30% en milieu urbain et 43% en milieu rural. Casablanca enregistre le taux de participation le plus bas (27%) et un taux relativement élevé de bulletins nuls, de l'ordre de 28%.

Deux facteurs pourraient expliquer le taux de participation relativement élevé de la population rurale par rapport à celui de la population urbaine. Le premier se rapporte à l'histoire récente des élections aux Maroc, et au mode d'encadrement de la population qui a prévalu lors des élections passées. Dans le milieu rural, une tradition de mobilisation des gens, avec encadrement des autorités

---

[101] Résultats des élections législatives de septembre 2007. Données du Ministère de l'Intérieur.

[102] *Ibid.*

locales, a été ancrée et continue à créer chez les personnes rurales « des réflexes » de participation électorale. Durant les trois décennies qui ont suivi l'indépendance du pays, l'appareil administratif du Ministère de l'Intérieur a œuvré, au travers d'un rapport de proximité, à garantir la mobilisation des populations rurales à l'appel de l'administration. Les représentants de l'autorité au niveau local (*mouqadmin* et *quyad)* avaient un droit de regard sur l'accès aux services de l'Etat, tels que l'octroi de certificats d'indigence, de résidence, d'état civil, etc. ; en tant que représentants du Ministère de l'Intérieur, ils avaient le pouvoir d'y faire accéder les populations comme de les en priver. Ils représentaient ainsi l'Etat. La participation massive aux élections était tantôt l'aboutissement de la mobilisation de la population sous l'impulsion de ces autorités, tantôt le fruit d'une transaction implicite, à laquelle les populations adhéraient pour éviter les représailles de ces autorités. Par cette participation aux élections, les populations rurales facilitaient pour elles-mêmes l'accès aux services administratifs. Ainsi était garantie la forte participation par le passé.

Il faut dire qu'une telle politique d'encadrement a été étendue aux campagnes de vaccination au Maroc et contribua à leur succès, au point de faire du Maroc l'un des pays où la vaccination a pu être quasiment généralisée.

Il va de soi que lorsque la contrainte pour assurer la mobilisation des gens fait place à une nouvelle approche qui parie sur le volontarisme des populations et sur leur libre choix, le taux de participation aux élections tend à diminuer. Mais la tradition du recours à ladite contrainte crée une certaine dynamique qui se poursuit quand bien même on ait changé de démarche. Une telle dynamique est investie par les notabilités, qui se portent candidates aux élections et qui prennent le relais des responsables locaux tout en recourant à d'autres moyens de mobilisation de ces populations. Bien que d'autres dynamiques et d'autres logiques favorables à une plus grande participation aux élections en milieu rural entrent en jeu, c'est cette dynamique, relativement plus prégnante dans ce milieu, qui aurait le plus pesé sur le choix de l'électorat rural.

Le deuxième facteur explicatif est lié aux rapports qu'entretiennent les ruraux avec l'Etat ainsi qu'à ce qu'ils attendent de lui. En général, en milieu rural, la politique est associée à l'Etat. Les ruraux s'inscrivent dans une dynamique collective visant à se rapprocher de lui en vue d'avoir accès aux services de base, dont on sait par ailleurs le déficit. L'acte de voter pourrait être considéré dans cette perspective comme une participation pour la survie. C'est un acte dicté par l'aspiration à bénéficier des services de l'Etat et à plus de développement.

D'autres facteurs sociologiques interviennent pour relativement différencier les populations rurales des populations urbaines. Ainsi, bien qu'une bonne partie de la population rurale se situe dans la tranche la plus pauvre, le vécu de la pauvreté en milieu rural est plus nuancé par rapport au milieu urbain. La culture fataliste que l'on retrouve chez les ruraux n'a plus sa place chez les urbains. En milieu urbain, les frustrations des couches défavorisées et la difficulté qu'elles trouvent à vivre dans une ville qui offre tout et rien, prennent le dessus en produisant ressentiment, désaffection et scepticisme. Si les ruraux aspirent à bénéficier de services répondant à leurs besoins de base, les urbains, qu'ils appartiennent à des couches défavorisées, moyennes ou à l'élite, nourrissent des aspirations à l'ascension sociale et cultivent l'insatisfaction, laquelle peut se traduire dans une faible participation électorale, voire une abstention.

4. *Le marketing politique*

L'observation de la communication politique durant la campagne électorale de septembre 2007, et les données collectées[103] à son sujet, permettent de relever que cette communication s'est faite fondamentalement par le biais des canaux classiques. Ces canaux consistent en des messages télévisés adressés aux électeurs par les leaders politiques, des rassemblements et un contact direct avec la population. Toutefois, il y a de la part des formations politiques un recours aux canaux modernes tels que les sites web, les forums de discussion et les SMS. En matière de marketing politique, quelques partis, notamment les plus anciens, ont utilisé des supports modernes de communication comme les spots publicitaires avec

[103] La campagne électorale a été suivie par quinze observateurs chargés de la collecte des données et des observations.

des chansons, les sites web pour diffuser de l'information, ainsi que les forums de discussion et SMS. Toujours dans un souci de marketing politique, des partis ont mis en avant ceux parmi leurs cadres qui ont la compétence communicationnelle nécessaire pour transmettre aux citoyens leurs messages. Le support par le biais duquel on peut toucher la grande majorité de la population est la télévision. « *Les partis politiques ont bénéficié de plus de 168 heures d'antenne durant la période allant du 13 juin au 19 août au titre de la précampagne électorale* », affirme un communiqué de la HACA[104]. Durant la campagne électorale, tous les partis politiques ont eu droit à des passages répétés et chronométrés à la télévision, ce qui a permis à tous les partis politiques participant aux élections de s'exprimer devant les citoyens.

L'introduction des techniques modernes de communication a entraîné un changement relatif dans les modes de communiquer par rapport aux campagnes passées. Le mode d'argumentation évolue, en ce sens que certains programmes présentés étaient chiffrés, et que les engagements pris l'ont été sur les chiffres retenus. Toutefois, et bien qu'utilisant la télévision comme média, le mode de communication est demeuré classique et traditionnel. On a assisté, en effet, à un défilé de candidats avec des discours, écrits généralement en arabe classique et lus de façon monotone. La langue amazighe venait en complément du discours principal pour faire passer un message supplémentaire destiné à la population amazighe. A part quelques candidats qui se sont exprimés à la télévision en arabe dialectal *(darija)*, la dominante fut la récitation de textes construits sur le mode écrit de l'arabe classique devant un téléspectateur pour qui les programmes des uns et des autres, qui défilent devant lui, se ressemblent. Ce citoyen téléspectateur récepteur est d'emblée placé dans une position de passivité et n'est point interpelé ni aidé pour être amené à faire son choix électoral parmi une offre diversifiée.

La communication électorale a eu recours à un certain nombre d'idées et de symboles. Et les idées et les symboles acquièrent une signification collective lorsqu'ils sont mis en œuvre pour la mobilisation des citoyens lors d'une campagne de communication

[104] HACA : Haute Autorité de la Communication Audiovisuelle. Organe étatique créé pour réguler l'espace audiovisuel au Maroc.

électorale. Or la mobilisation visant à inciter ces citoyens à l'adhésion, et surtout à la participation, suppose réunies les conditions qui leur soient favorables ainsi que des préalables :

- croyance en l'efficacité de l'action collective à travers le vote massif ;
- prééminence de l'intérêt collectif, les individus devant renoncer à la poursuite de leurs seuls intérêts personnels[105] ;
- existence de symboles ayant une signification collective compréhensible de tous, eu égard à une grille de lecture culturelle et idéologique collective.

Les symboles électoraux des partis, sorte d'identifiants pour le scrutin, constituent un mode adapté pour aider au repérage et à la distinction, par les citoyens, des différentes formations politiques, en raison de l'analphabétisme d'une partie de la population. Ces symboles : animaux, véhicules, plantes et autres objets familiers ont été l'objet de commentaires et de plaisanteries de la part des citoyens. Devant avoir pour fonction d'être des signifiants sans signifiés, utilisés pour différencier les partis, ces symboles électoraux ont fait l'objet, de la part de certains candidats, lors de leur passage à la télévision, d'''un forcing'' pour en extraire un signifié, à tel enseigne que ledit signifié est apparu parfois anecdotique. A titre d'illustrations, on a entendu que : « *le coq est le symbole du réveil* » ; « *la charrue est le symbole du progrès, du développement et de l'abondance* », (c'est ce que déclare un candidat, bien que la charrue appartienne au registre d'un monde rural traditionnel ''non développé''). Plus anecdotique fut l'explication du choix par un parti du dauphin comme symbole électoral : « *parce que celui–ci est un animal énorme mais pas féroce et qu'il aime l'homme. Il en est ainsi pour notre parti* », ou encore l'explication avancée par cet autre candidat qui disait : « *votez pour le phare, il est le symbole de l'avenir et de l'espoir* ». Ainsi, pour certains partis, le signifié proposé à leur symbole devient-il une sorte de substitut au programme politique.

Bien qu'il s'agisse d'élections législatives et non pas communales, le discours sur le local l'emporte sur celui du national dans ce type

---

105 Voir Jacques Lagroye Baston François et Frédéric Sawicki : *Sociologie Politique*. 4ème édition. Presses de Sciences Po et Dalloz, 2002, p. 319.

de marketing politique. Vu la non-concordance entre l'offre de projets et de discours de niveau national et la demande de la population, qui est de l'ordre du local, les candidats adaptent leur discours aux opportunités qu'offrent les situations. La demande des citoyens est locale et tourne autour des besoins locaux : éducation, santé, routes, emploi, etc. Le candidat *(al mourachah)* quant à lui, pour réussir la transaction politique et redresser une perception négative des élus, remodèle son discours et le détourne des questions nationales pour tenir des promesses portant sur le local. Un déplacement s'opère ainsi au niveau du parlementaire qui offre le national pour du local en termes de projets et de promesses.

Sur le terrain, la campagne électorale se fait de plusieurs manières. Les facteurs qui interviennent à ce propos pour différencier les candidats se rapportent à la nature du parti, ancien ou nouveau, au statut socioéconomique du candidat, à la possibilité ou non de mobiliser les militants en vue de la campagne et aux moyens financiers dont dispose chaque candidat. On rencontre ainsi plusieurs modes de mobilisation électorale durant la campagne.

Il y a d'abord la campagne électorale menée par un candidat en s'appuyant sur un groupe de militants. C'est le cas, en général, des candidats affiliés aux anciens partis, qui disposent d'un capital idéologique et historique et qui est mis en avant lors de la campagne électorale. Néanmoins, cette mobilisation des militants n'a pas été générale et massive. La nomination par les partis politiques de candidats devant porter leurs couleurs finit toujours par faire des déçus et engendrer des tensions, voire du ressentiment, qui n'est pas de nature à amener l'ensemble des militants à apporter un soutien enthousiaste aux candidats nommés.

Une autre façon de mener la campagne électorale a été remarquée chez des candidats affiliés aux nouveaux partis ; elle consiste à la faire faire par des salariés recrutés à l'occasion pour cette mission. Ces partis ne sont pas en fait enracinés dans la société et sont pour la plupart inconnus des citoyens et disposent de peu de militants à mobiliser pour mener à bien leur campagne électorale. Les observations faites sur le terrain montrent que la plupart des partis politiques ont eu recours aux femmes analphabètes et aux jeunes chômeurs, qu'ils munissent de casquettes et de tee-shirts portant le symbole électoral du parti, employés en échange d'une rémunération journalière se situant entre 100 et 300 dh. Participer à une campagne électorale aux côtés d'un candidat devient ainsi un service payé et non un acte militant pour un projet.

Ces salariés sont mobilisés, durant la période de la campagne électorale, pour animer et meubler les meetings, circuler dans les rues en scandant des slogans, conçus de manière instantanée, arpenter les quartiers, approcher la population et distribuer les brochures. Leur tâche consiste à encadrer et à animer les marches dans les rues en invitant les femmes, les enfants, les jeunes et les membres de leurs familles à rejoindre les rassemblements et les manifestations organisées pour l'occasion par le candidat. Ils distribuent les brochures portant les symboles du parti du candidat et louent les mérites et les qualités de ce dernier. Parfois, des voitures et des porte-voix leurs servent d'accessoires de campagne.

Dans un contexte marqué par la pauvreté et la vulnérabilité de couches importantes de la population, urbaine et rurale, un rapport transactionnel est vite établi entre le candidat et les salariés de sa campagne. Comme souligné auparavant, ces derniers sont des jeunes chômeurs, des étudiants, des femmes analphabètes, des adolescents, etc., tous à la recherche d'une opportunité d'emploi saisonnier ; la période de la campagne électorale en est une. Il est évident que plus le candidat a de moyens financiers pour mener la campagne électorale, plus il pourra mobiliser de troupes pour l'y assister moyennant rémunération.

La mobilisation par un candidat de tels « salariés de la campagne électorale » ne lui garantit pas toujours leurs propres voix d'électeurs. Les personnes se positionnent selon une stratégie individualiste qui leur rapporte un avantage sous forme de gains pécuniaires. Il peut arriver qu'une frustration, la mauvaise réputation dudit candidat dans sa circonscription, ou encore une promesse non tenue soient la source d'une insatisfaction chez des personnes mobilisées par lui ; ces personnes sont amenées à porter leur vote, le jour de l'élection, sur un autre candidat, rompant ainsi ''le contrat tacite'' qui les lie.

5. *La politique au-delà de son espace : société civile et médias*

La sphère conventionnelle du champ politique ne constitue pas le seul espace d'exercice du politique et d'expression des revendications des citoyens. Elle est concurrencée par d'autres institutions et espaces d'expression qui fonctionnent comme des vecteurs porteurs des demandes de ces citoyens comme espaces d'une autre forme de politique : la société civile et les médias.

Il y a une perception réductrice du rôle des partis politiques, véhiculée parfois par les médias, qui les tient pour des entités non porteuses des revendications des citoyens et de leurs intérêts et cristallisant une adhésion acquise au pouvoir. S'installe même dans les esprits l'idée que les partis politiques ne constituent pas toujours des canaux de changement de la société, et encore moins des espaces mobilisateurs des citoyens autour des grandes réformes. Une telle perception est renforcée par un discours qui survalorise la société civile et l'érige en porte-parole du citoyen et en son interlocuteur privilégié. Un transfert de légitimité à représenter le citoyen s'opère ainsi des partis vers la société civile.

Les institutions conventionnelles ne sont pas toujours le seul lieu d'expression de la politique. On assiste en effet durant les deux dernières décennies à la création d'un nouvel espace politique avec le développement de la société civile, illustré à la fois par une floraison d'associations, la création d'associations des droits de l'homme, des femmes, et l'émergence de celles d'entre elles qui contribuent au débat politique. On assiste au développement d'une sorte de politisation qui se déploie, à travers une participation citoyenne, au-delà des frontières de l'espace conventionnel du politique. La participation à travers des actions et des mobilisations collectives organisées, telles que les *sit in* des diplômés chômeurs, les manifestations spontanées de réseaux associatifs avec des intérêts communs et des revendications sociales et politiques, ou encore le développement d'un mouvement inspiré par l'Alter-mondialisme, constituent des phénomènes à signification politique avec des acteurs propres et d'autres formes de militantisme. Le concept de participation recouvre ainsi la société civile et va au-delà de l'adhésion aux partis et aux syndicats.

Tout se passe comme si ce qui est de l'ordre du non politique et du non gouvernemental, et par le fait même qu'il fasse partie de la société civile, était plus crédible et inspirait confiance ; ce qui ne manque pas d'affaiblir le politique et en altérer l'image. La légitimation de ce qui est de l'ordre du non gouvernemental ainsi que le discrédit qui frappe les partis politiques se construisent progressivement par les discours des leaders d'opinion : acteurs de la société civile et médias qui occupent le terrain, jadis terrain propre du politique, et y marquent leur présence. Dans ce cadre, les espaces associatifs et journalistiques sont devenus de véritables canaux véhiculant des critiques et des polémiques qui interpellent les acteurs politiques.

L'émergence de la société civile[106], résultant de la libéralisation qu'a connue le Maroc ces dernières années, et la multiplication des canaux médiatiques, surtout les journaux, ont contribué à créer des espaces et des supports d'expression de l'opinion publique et ont, par conséquent, participé à la production de nouvelles manières ou procédés d'évaluation, de critique et d'appréciation du politique. Plusieurs associations, celles qui défendent les droits de l'Homme, les droits des femmes, des associations à caractère islamiste, celles qui se présentent comme des forums de discussion et de réflexion sur le politique, telles que les associations « *Alternatives* » ou « *Abderrahim Bouabid* », etc., participent aux débats et font de la politique sans passer par les canaux conventionnels de l'action politique, à savoir les partis. A travers les débats d'idées auxquels elles participent, ces associations reflètent, d'une certaine manière, une opinion publique. Ceci ne se passe pas sans créer une dichotomie au niveau des perceptions des citoyens, entre les acteurs politiques, engagés dans la course pour s'assurer une place au parlement ou dans la commune, et les acteurs de la société civile qui œuvrent sur le terrain de la défense des intérêts collectifs, perceptions qui pourraient ne pas correspondre à la réalité. Or le fonctionnement de la société civile n'échappe pas pour sa part à la reproduction des défaillances du champ politique et au déficit en valeurs qui fondent l'action collective démocratique, à savoir les

---

[106] Thierry Desrues and Eduardo Moyano: "Social Change and Political Transition in Morocco". *Mediterranean Politics*. Volume 6, N° 1, printemps 2001, pp. 21-47.

valeurs de responsabilité, le fait d'être comptable de son action, et la primauté de l'intérêt collectif.

Actuellement, le journalisme agit comme un moyen qui contribue à la restructuration et à la reconstruction du champ politique. Plusieurs sujets sont abordés : l'Etat, les réformes, la gestion des affaires publiques, l'affaire Ben Barka, les enlèvements politiques, les malversations, etc. L'écriture journalistique s'érige au sein de l'espace politique parfois en voix de l'opposition au pouvoir. Mais l'écriture journalistique indépendante est-elle uniforme ? Mis à part les journaux partisans, porte-parole des partis concernés, les journaux indépendants développent plusieurs niveaux d'opposition qui sont autant de lignes éditoriales pouvant différencier ces journaux. Parfois, des positions contradictoires s'affichent dans le même journal.

Il existe un *journalisme de dénonciation* qui, en se basant sur des informations et sur des données d'enquêtes journalistiques, pointe les malversations, les irrégularités, les détournements, les abus de pouvoir, les délits d'initiés et la corruption. Ce type de dénonciation s'étend aujourd'hui au monde du web, avec le développement de sites Internet qui traquent les corrompus pris en flagrant délit. Tel est le cas, par exemple, des gendarmes corrompus traqués par un internaute qu'on a surnommé *''le chasseur de Targuist''* dans la région d'Al Hoceima. Celui-ci met sur le net des images vidéo de gendarmes en train de recevoir des pots de vin dans l'exercice de leur fonction, et qui érigent des fois des barrages sur les routes de manière illégale. Ce journalisme agit en tant que mécanisme de dénonciation dans le champ politique.

Il existe aussi un *journalisme briseur de tabous,* qui met en évidence et revient sur des sujets qui, jusqu'à une époque récente, étaient occultés. Ce journalisme pointe des phénomènes que la société cache : prostitution, homosexualité, viol, inceste, drogue, etc. Lorsqu'il est bien documenté, il est informatif et permet à la société de regarder en face et de près ses propres maux.

Un autre type de journalisme peut être qualifié de journalisme de l'*impertinence.* Il s'attaque aux décideurs et focalise son activité sur ceux qui occupent des postes de pouvoir. Il les traque, non seulement lorsqu'ils commettent des actions à même de leur valoir des critiques, mais souvent juste pour en faire des sujets à sensation, car il ''est bon'' de s'en prendre à eux pour les rendre responsables des problèmes de la société. Une malversation, somme toute minime, commise par un instituteur dans un coin reculé du pays et c'est la photo du Ministre de l'Enseignement qui est affichée dans le journal, comme pour l'en rendre responsable, occultant par la même occasion la responsabilité de toute la hiérarchie et des responsabilités des premières lignes : l'instituteur lui même, le directeur de l'école, le délégué de l'enseignement au niveau local et le directeur de l'académie au niveau régional. Il s'agit d'un journalisme de facilité qui cible, non sans cynisme et dans un style polémique, les acteurs, les leaders politiques et les ministres, pris pour une matière journalistique à consommer. La caractéristique de ce genre de journalisme est qu'il est porté par quelques journalistes de renommée. La logique de l'impertinence participe d'une logique de pouvoir. Le journalisme impertinent s'attaque aux faiblesses des hommes disposant de pouvoir, moyen de les affaiblir, et le journaliste acquiert ainsi un pouvoir et change les rapports de forces dans son rapport aux détenteurs de pouvoir.

Un autre type de journalisme pourrait être qualifié de journalisme de *commérage*. Il prolonge ce que la société produit comme dénigrements, médisances et rumeurs. Il est représenté par des journaux sans grandes compétences professionnelles qui puisent leurs matériaux dans les racontars, la rumeur étant associée parfois au mensonge.

L'examen des supports journalistiques agissant comme vecteurs de la critique et de la critique excessive visant le politique doit aussi considérer les sites Internet. *You Yube* est ainsi devenu un site au service de personnes qui, à tort ou à raison, guettent, fixent et dénoncent les dérives des individus et des groupes. Il pourrait servir de moyen utilisé pour des règlements de comptes et un nouvel espace de l'opposition politique.

Ce site comporte une série de séquences vidéo sur les manifestations et les affrontements entre les forces de l'ordre et les citoyens. Les manifestations de Sidi Ifni au sud du Maroc, en mai et août 2008, ont été largement couvertes par ces séquences vidéo. Deux aspects dans ces séquences méritent d'être soulignés : l'un relève de l'information et l'autre de la scénarisation des événements.

Sur le plan informationnel, certains faits sont rapportés. L'exemple le plus apparent est celui de la bastonnade d'un jeune poursuivi dans une ruelle de la ville de Sidi Ifni par quatre membres des forces de l'ordre. L'image reproduit une posture violente de ces forces qui ne cherchaient pas uniquement à le rattraper et à le neutraliser, mais visiblement à le corriger avec violence, à coup de pieds et de bâtons. Il est clair que l'image traduit une dérive des forces de l'ordre qui se substituent à la justice. En effet, cette séquence d'information a été relayée les jours qui ont suivi les événements de Sidi Ifni par certains quotidiens marocains (*voir notamment les éditions du 25 août 2008*). Ceci déclencha un mouvement de solidarité avec les « victimes » et stimula la réaction des associations des droits de l'homme, qui finiront par dénoncer cette violence et même demander l'ouverture d'une enquête en déclarant vouloir porter l'affaire devant les tribunaux. Dans une lettre adressée au ministre de la Justice, l'une d'entre elles écrit : « *La violence contre les manifestants est incompréhensible. La forme de cette violence commise par les forces de l'ordre porte atteinte à l'image que le Maroc donne de la transition démocratique* »[107]. La même lettre ajoute : « *les images de la séquence de violence et de l'agression et toutes les images qui ont défilé sur le site depuis que les manifestations ont commencé dans cette ville du sud embarrassent le Maroc devant l'opinion internationale* ». Voilà une séquence vidéo sur *You Tube* qui dévoile la violence, une information qui va alimenter à son tour les journaux marocains et qui apporte aux associations des droits de l'homme une preuve de la violence commise.

Les manifestations de Sidi Ifni seraient aussi, sur ce site, scénarisées au moyen d'un montage qui en oriente la signification, l'éloignant même de celle qu'elles pourraient avoir, lorsqu'on les place dans leur contexte. D'autres séquences sur Sidi Ifni, diffusées sur You Tube, présentent des fragments d'information ; certains pourraient renvoyer à des faits réels, comme ceux de ces jeunes manifestants que les forces de l'ordre ont fait sortir de leurs domiciles et battus, ou ceux les montrant entrain de défoncer des portes de certaines maisons. Mais ces fragments sont dans la plupart des cas soigneusement détachés de la trame des faits pour

[107] Voir le quotidien *Assabah*. 25 Août 2008, p.3

servir le message de ceux qui les ont placés sur *You Tube.* Par exemple, une séquence tente d'établir un parallèle entre les affrontements entre les forces de l'ordre et les jeunes qui ont mené la révolte et le conflit israélo-palestinien. Dans ce clip, l'une des chansons les plus connues de Marcel Khalifa, « *Droit et tête haute je marche, une branche d'olivier dans ma main et un cercueil sur mon épaule, et moi je marche, je marche...* »[108], souvent scandée par les jeunes en soutien à la cause palestinienne, accompagne des images disséquées, montées et scénarisées pour établir ce parallèle, pour dire que *You Tube* est là pour dénoncer et montrer la répression d'un régime semblable à celle des Israéliens contre les Palestiniens. Le clip est mis sur ce support avec l'intention, non d'informer, mais bien plutôt de dénoncer une partie (le pouvoir), sans que le récepteur du message puisse saisir le contexte du conflit, les raisons de ces affrontements ou ce qui a motivé ces jeunes à se révolter, ou encore comprendre quelles sont les parties réellement prenantes de ce conflit. Pour ridiculiser les hommes d'Etat, un autre clip établit un parallèle entre le Premier Ministre marocain, qui a nié au début l'existence de ces émeutes de Sidi Ifni, mais qui a fini par en reconnaître l'intensité par la suite, et *Sahaf*, ce ministre irakien de l'intérieur qui, au moment de l'intervention américaine en Irak, annonçait qu'il maitrisait la situation. Si les chaînes de télévisions nationales sont soumises aux exigences du politique, qui se traduisent par un filtrage de ce que le téléspectateur peut voir et ce qu'il ne doit pas voir, les télévisions étrangères, telles qu' *Al Jazeera*, qui produit une séquence d'information sur le Maghreb, échappent au champ de la censure locale. Bien qu'elle informe, celle-ci soumet, à son tour, cette information à sa ligne éditoriale tout en alignant les images qu'elle fait circuler pour une recherche du sensationnel. Comme l'écrit Raymond Boudon : « *...l'attention privilégiée qu'accordent obligatoirement les médias à l'instant présent et au court terme et le fait qu'ils se focalisent sur le sensationnel éveillant normalement dans l'esprit de leur public et particulièrement, à l'heure actuelle, des téléspectateurs l'impression que la vie sociale et politique est avant tout chaotique et pétrie de conflits d'intérêt et de valeurs. Par delà la sincérité et le désir d'objectivité des journalistes, la*

[108] Traduction de l'auteur.

presse ne peut pas ne pas privilégier l'exceptionnel et le sensationnel par rapport au normal et engendrer par la suite des représentations déformées du réel »[109]. *Al Jazeera* ne se contente pas de montrer des images, elle a recours à des intellectuels, devenus les habitués de la chaîne, pour les commenter. Autrement dit, pour donner plus d'éclat au sensationnel, on fait appel à des personnalités, souvent les mêmes, porteuses d'une pensée opposée au pouvoir, et porte-parole de cette pensée, pour commenter dans l'immédiateté les faits et les images. Ainsi, le fait sensationnel, extrait de la complexité de la réalité sociale, est légitimé par une connaissance immédiate venue représenter cette réalité.

Ces types de journalisme et de médias d'information ainsi que les modes de scénarisation des évènements participent des changements en cours dont l'une des illustrations est la prise de parole et sa libéralisation, orchestrées par les leaders d'opinion, acteurs des médias et du Net. Il est à remarquer que la typologie du journalisme dressée ici n'est pas toujours clairement perçue par le citoyen ordinaire, consommateur, pour qui toutes les paroles et leurs supports se valent.

Au Maroc, l'arrivée au gouvernement et au pouvoir de partis, restés pendant des décennies dans l'opposition avant l'avènement de l'expérience de l'alternance, a entrainé un vide en termes d'opposition ; vide que les partis dits de droite, non habitués à jouer le rôle de l'opposition, ne sont pas arrivés à combler. Dans ce contexte, le journalisme dit indépendant, bien que ne constituant pas un ensemble homogène, tente d'y remédier par la critique du gouvernement, parfois même de manière polémique, et produit ainsi un espace d'opposition. Il est paradoxal de constater que la critique la plus virulente des actions du gouvernement ne provient pas des journaux politiques de droite, mais de ceux dits indépendants.

Ce journalisme fonctionne ainsi comme une force politique d'opposition. Il légitime l'action des uns, critique et dénonce celle des autre, décrédibilise un camp ou soutient un autre. Il devient une sorte d'accompagnateur et de meneur d'opinions contradictoires,

[109] Raymond Boudon : *Renouveler la démocratie. Eloge du sens commun.* Odile Jacob. 2006, p.55.

voire leur faiseur. Il contribue à soutenir ou à perturber les processus de légitimation d'une élite politique à court d'arguments mobilisateurs de l'opinion publique. Dans la mise en œuvre des procédés de légitimation, les supports médiatiques sont incontournables. Les médias transposent sur la scène publique les enjeux, propulsent les débats et vivifient les tensions. A titre d'exemple, lors des débats houleux autour du « Plan d'Intégration de la Femme dans le Développement » en 2003, les journaux ont joué un rôle de stimulant des tensions politiques en relançant le débat, sans relâche, durant presque une année, et en soutenant la surenchère entre les protagonistes. Par ailleurs, au cœur du débat sur les droits de l'homme et sur la manière d'assainir l'héritage du passé, les journaux offrent leurs colonnes aux révélations successives sur les abus et les dérives des tortionnaires d'un passé caractérisé par l'autoritarisme.

Dans ce climat, le journalisme devient une sorte de producteur et de faiseur de l'opinion publique. Il traduit les courants d'idées et les questions, aussi contradictoires soient-elles, que se posent les journalistes et les marocains. Dès lors que la critique des personnalités politiques et des grands commis de l'Etat n'est plus un tabou politique, la satisfaction de la soif de s'exprimer librement et le désir de se positionner sur le terrain d'un journalisme dont le professionnalisme et l'éthique sont en construction, débouchent parfois sur certaines dérives et sur des règlements de comptes personnels ou politiques. Toutefois, l'écriture journalistique détentrice de l'arme de la polémique et de la critique suit les acteurs politiques, les surveille, dévoile chez certains d'entre eux des dérapages, et devient un moyen de veille à l'affut des actions et des acteurs du champ politique.

6. L'acteur citoyen

Les populations et les citoyens constituent une composante importante de la dynamique du champ politique. Pour le citoyen, l'information sur les acteurs et le fonctionnement du politique, ainsi que la connaissance des enjeux, constituent une forme et un prélude à son implication et à sa participation politiques ; il faudrait connaître pour participer. La problématique de la compréhension du politique par les citoyens et celle de la connaissance qui influe sur la nature de la participation sont des éléments à interroger dans le contexte marocain.

Quelques constats à méditer

En général, on considère que les catégories sociales ne sont pas toutes au même niveau de compréhension et de connaissance du politique. Comme le soulignent certaines analyses : « *on conçoit donc aisément que les catégories sociales les plus aptes à accéder à une compréhension du politique et les plus portées à la participation soient souvent celles qui détiennent ou ont acquis des instruments d'évaluation complexes de leur position dans la société ; acquisition qui peut résulter d'une éducation et d'une formation prolongées, mais aussi d'une expérience concrète faisant l'objet d'une interprétation politique que l'individu fait sienne.* »[110] Le processus d'information des citoyens selon les données de l'enquête ''culture politique'' montre que le citoyen est informé sur la politique essentiellement par les médias.

Les campagnes électorales enregistrent le plus haut degré d'intérêt du citoyen au politique et le moment le plus opportun pour la circulation des idées et des informations sur le politique. Il importe de noter à cet égard, que les échéances électorales du 7 septembre 2007 au Maroc ont été marquées, pour la première fois, par l'institutionnalisation d'une période préélectorale, qui a permis aux formations politiques d'accéder aux médias audiovisuels publics. Les partis politiques ont bénéficié, lors de cette période, d'un total de 170 heures de temps d'antenne, utilisées par 580 intervenants au cours des journaux d'information télévisés et des émissions politiques dédiées aux élections. Le but en était de favoriser ainsi une meilleure communication au profit du citoyen[111]. La télévision demeure le média le plus important dans le processus d'information sur le politique pour une population dont la majorité est sans instruction. En effet, les données sur la répartition des électeurs par niveaux d'instruction montrent que 57% d'entre eux sont sans instruction, 19% disposent d'un niveau primaire, 17%

---

[110] Jacques Lagroye ; Baston François ; Frédéric Sawicki. *Sociologie Politique.* (4ème éd.). Presses de Sciences Po et Dalloz, 2002, p. 312.

[111] Information rapportée par l'agence de presse la MAP (Maghreb Arabe Presse).

d'un niveau secondaire et 7% d'un niveau supérieur[112]. A part la saison politique que constitue la période électorale, et qui offre une matière télévisée aux téléspectateurs, l'information sur la politique en temps ordinaire se réduit aux activités royales, avec peu d'émissions de débats qui interpellent le citoyen.

Lors de l'enquête ''culture politique'', les répondants ont été interrogés sur leur degré de confiance dans les chaînes de télévision marocaines (la première chaîne (TVM) et la 2ème (2M)) comme institutions, et pour le service qu'elles offrent. Ils sont 33,5% et 41,7% des répondants à avoir confiance à des degrés élevés, respectivement dans la première et la deuxième, 40,6% et 34,8% respectivement à répondre par ''très peu ou peu confiant'', 14,6% et 9,3% « pas du tout confiant » et 11,4% et 13,2% des répondants sont sans opinion ou ne savent pas. Il ressort de ces données que, malgré une légère variation entre les deux chaînes, le produit de la télévision nationale n'est pas considéré comme fiable pour une majorité de citoyens et, par extension, ne peut être un véritable véhicule d'une culture politique pour eux.

Le degré de connaissance qu'a le citoyen des acteurs et des personnalités politiques est un indicateur du niveau d'information sur ces acteurs de la politique. L'enquête 'culture politique' révèle quelques données à ce propos, avec une hiérarchie dans cette connaissance. Il a été demandé aux enquêtés de citer les noms d'un certain nombre de personnalités. Par rapport à chacune d'entre elles, les réponses ont été de trois types : celui des réponses correctes, le nom de la personnalité étant correctement cité, celui des réponses fausses, et enfin celui regroupant les réponses de ceux qui ne savent pas.

On pourrait distinguer quatre catégories de personnalités parmi celles dont il est demandé aux enquêtés de citer le nom :

- Personnalités politiques nationales : Premier Ministre ; Président du Parlement ; Ministre des Affaires Etrangères ; et Ministre des Finances.

[112] Information du Ministère de l'Intérieur du Maroc après les élections du 7 septembre 2007.

- Personnalités politiques régionales : gouverneur ; parlementaire de la région ; président de la commune et candidat aux élections.
- Personnalité politique internationale : Secrétaire Général des Nations Unies.
- Personnalité sportive (entraîneur de l'équipe nationale de football), introduite pour la comparaison.

Pour la première catégorie, seul le Premier Ministre, qui était M. Jettou au moment de l'enquête, enregistre un degré de connaissance majoritaire de la part des répondants. Un tiers seulement de ceux-ci connaissent les noms des ministres des Affaires Etrangères et des Finances, en charge de ministères importants, et moins d'un quart d'entre eux citent le nom du Président du Parlement. La connaissance que les gens ont des membres du gouvernement est en général tributaire des activités de ces derniers, de leur activisme et de leur manière de s'exposer aux médias. A part celui du Premier Ministre, les noms des autres ministres ne sont pas connus de la part de la majorité des répondants.

Pour ce qui est de la deuxième catégorie, on y distingue le représentant de l'autorité locale, le gouverneur et les élus. Concernant les élus, plus on s'approche de la localité, plus le degré de connaissance est élevé : on connait le président de la commune et le candidat aux élections communales plus que le parlementaire. Notons que 86% des répondants ne connaissent pas le nom du gouverneur de leur préfecture.

Concernant la troisième catégorie, on pourrait s'attendre à trouver que le Ministre des Affaires Etrangères et celui des Finances soient plus connus que le Secrétaire Général des Nations Unies de la part des répondants. Les résultats montrent le contraire, dans la mesure où 42,5% des enquêtés ont cité le nom de ce dernier ; 33,6% celui du Ministre des Finances et 33,3% celui des Affaires Etrangères. L'accès des marocains aux télévisions satellitaires n'est point étranger à l'effet de l'information sur l'international.

Pour la troisième catégorie, le nom de l'entraineur de l'équipe nationale se dégage nettement de la majorité des réponses justes (69,1%). Il dépasse légèrement le taux relatif au Premier Ministre (65,5%). La médiatisation du sport et les débats sur l'entraineur de l'équipe nationale de football ne sont pas étrangers au fait que les enquêtés soient informés sur une figure du monde du sport.

De ce constat, il ressort qu'une minorité connait le nom du président du parlement. Il en va de même pour celui qui représente la région du répondant au parlement. Ce déficit de la connaissance des élus nationaux a pour corollaire le déficit en termes d'intérêt et de participation directe à l'activité politique conventionnelle.

Dans une autre enquête[113], menée en 2006, il a été demandé aux enquêtés de nommer les partis politiques qu'ils connaissaient. Les résultats furent significatifs : 77,8% d'entre eux n'en ont nommé aucun, alors que 22,2% seulement se sont répartis pour nommer une dizaine de partis. Le fait que la majorité des enquêtés ne sachent pas nommer un parti politique reflète une méconnaissance des partis par les citoyens ; méconnaissance qui ne pourrait pas favoriser la participation politique.

La plupart des citoyens n'ont pas une perception positive de la politique conventionnelle. Plusieurs facteurs l'expliquent : les partis ne sont pas toujours sensibles aux soucis de la vie quotidienne des gens ni proches d'eux ; le foisonnement des formations dont les programmes se ressemblent plus ou moins ; la croyance en l'incapacité des citoyens eux-mêmes à influencer la politique ; le peu d'intérêt que portent les élus aux problèmes de la population ; etc.

A la question : « Est-ce que les partis politiques œuvrent pour le bien du peuple ? », il y a 7,1% des enquêtés seulement répondent positivement ; 17,5% répondent plus ou moins ; 52,1% répondent par la négative et 22,2% sont sans opinion ou ne savent pas. Lorsque la question cible les élus pour lesquels ils ont voté, 60% des répondants trouvent que ces personnes ne s'intéressent pas au citoyen ordinaire. A la question : ''Les responsables prennent-ils en compte l'avis des citoyens ordinaires ?'', seuls 8,6% des

---

[113] *Arab democracy barometer* et *Afro-barometer*. Enquêtes conçues en 2005 par "Institute for Social Research of the University of Michigan". Voir:: www.afrobarometer.org . Les données utilisées ici sont celles relatives à l'enquête menée sur le Maroc en 2006

enquêtés répondent par oui, contre 60,2% qui répondent par la négative.

La désaffection à l'égard des élus n'est pas sans effet sur l'appréciation qu'a le citoyen de son propre rôle au niveau politique, dans la mesure où les deux questions sur l'influence du citoyen, respectivement, sur la politique du pays et de la région, révèlent que la majorité des enquêtés ne perçoivent pas l'effet du rôle que doit jouer le citoyen à ces niveaux. En effet, 56,4% des enquêtés estiment que les citoyens n'ont aucune influence sur la politique du pays et 60,9% trouvent que les gens ont peu ou pas du tout d'influence sur la politique locale régionale.

L'information et la connaissance alimentent, par conséquent, la culture politique du citoyen et constituent des préalables pour que ce citoyen ne soit pas réduit à un simple consommateur de l'offre politique, mais qu'il devienne un acteur actif du champ politique.

7. *Faire de la politique autrement*

On ne pourrait faire une sociologie de la participation au sein de la société marocaine sans examiner d'autres sphères de la pratique politique et ses dédales, pratique se manifestant dans des phénomènes tels que les manifestations ; les révoltes revendicatives ; les *sit in* devant le parlement et les édifices publics ; etc. Autant de manifestations vécues comme de véritables modes de revendication politique.

De nombreux phénomènes meublent régulièrement la chronique journalistique et pourraient éventuellement préoccuper les politiques. On y retrouve une panoplie d'événements qui se succèdent durant une seule et même année. A titre d'exemple, l'année 2007-2008 fut marquée par des évènements comme ceux de *Ksar el Kabîr* qui a connu le soulèvement d'une partie remarquable de la population pour manifester, avec violence, contre ce qui a été considéré comme ''un mariage homosexuel''. Il y a eu aussi la révolte de la population de la ville de *Séfrou* contre l'augmentation du coût de la vie et les manifestations des habitants de *Sidi Ifni*, renforcées par la tribu des *Ait Baamrane*, pour revendiquer un accès aux richesses maritimes de la région. Tous ces évènements ont été marqués par des affrontements entre la population et les forces de l'ordre. Il est à remarquer que si l'on s'en tient uniquement à ces trois soulèvements, on est renvoyé à des registres revendicatifs différents, qui sont tantôt d'ordre moral, tantôt d'ordre social ou économique.

Par ailleurs, les *sit in* des diplômés chômeurs devant le parlement font partie du paysage quotidien d'une ville comme Rabat. Au sein des universités, des tendances politiques souterraines se manifestent par l'agitation tout en ambitionnant de s'approprier l'espace universitaire et de le transformer en un terrain de conflit politique. Les acteurs de ces soubresauts revendicatifs, qu'ils soient issus de toute une population, d'une ville, d'une tribu, d'une catégorie de citoyens (comme les diplômés chômeurs) ou encore d'une catégorie socioprofessionnelle, telle que les chauffeurs de taxis qui bloquent la circulation dans une ville, empruntent tous un raccourci pour mener une pratique politique instantanée.

Des facteurs expliquent ce recours aux raccourcis de la politique ?

Le premier facteur se rapporte à une caractéristique inhérente à la politique conventionnelle. C'est que la politique porte en elle-même la marque d'un ''élitisme'', dans la mesure où seule une élite est en charge des affaires politiques, et que le reste de la masse se trouve dans une situation de spectateurs subissant ce qui allait résulter de l'action politique. Cette élite maîtrise le jeu politique et en délimite le territoire, et du coup, les jeunes, les diplômés chômeurs, les femmes, et les citoyens ordinaires tout court se retrouvent écartés de ce jeu. Comme souligné par certains auteurs : « *certains groupes sont écartés de la participation par leur incapacité à peser sur les décisions – incapacité tenant à leur position sociale – et le sentiment très fort qu'ils en ont* »[114]. Dans plusieurs cas, les professionnels de la politique détiennent une place dans le jeu politique comme s'il s'agissait d'un capital social transmis au moyen de règles de l'héritage et de la parenté. Les parents qui ont toujours eu une position sur l'échiquier politique lèguent cette position à leurs enfants. Les exemples où ressources économiques et positions politiques se croisent abondent. La possession d'un capital socio-économico-politique favorise la

[114] Jacques Lagroye avec Baston François et Frédéric Sawicki. *Sociologie Politique*. *Op.cit.*, p. 341.

propension de quelques groupes à disposer de ce capital relationnel et à acquérir « compétence et maîtrise » en matière de jeu politique.

Les femmes se perçoivent, elles-mêmes, comme n'ayant pas la compétence d'exercer la politique. La division du travail selon le genre entre espace public et espace privé, quoique brouillée actuellement par l'entrée des femmes en politique, continue de miner le rapport des femmes à la politique. Sans l'introduction du principe de la liste nationale pour les femmes lors des élections législatives, le taux de représentation des femmes au parlement n'aurait pas pu atteindre les 11% actuels.

Lorsque les femmes sont écartées du jeu politique, elles ne le sont pas nécessairement du fait d'une volonté malveillante qui viserait absolument à les en écarter, mais en raison de leur position sociale et du principe de ''professionnalisation'' politique qui implique une maîtrise de ses méandres, telles que le recours à la démagogie ; l'opportunisme ; l'ambition du pouvoir ; etc. Dans le contexte marocain, on a souvent entendu dire de la bouche des femmes et des pauvres que ''on n'y comprend rien à la politique'' *(makanfehmouch fi siyasa).* Tout se passe comme si la construction de l'ordre politique devait écarter la majorité qui se retrouve en dehors du jeu politique et de la participation à son fonctionnement. Dire des élus qu'ils sont ''les représentants du peuple'' *(nouwab al oumma*), c'est évoquer une clause de style du dispositif démocratique qui ne renvoie pas nécessairement à une réalité effective perçue par les citoyens.

Si on s'interroge aujourd'hui sur le mode de construction du lien social, c'est que la fonction intégrative des partis politiques ne fonctionne pas pleinement, pour laisser la place à une décomposition du politique, qui se recrée sous d'autres formes et dans d'autres espaces. Cette nouvelle forme de mouvement social réconforte l'individu au sein du groupe porteur de la revendication.

Le deuxième facteur se rapporte au processus d'individuation qui traverse la société ainsi qu'à la libéralisation de la parole, ce qui est favorable à la revendication. L'émergence de l'individu, relativement libéré, ouvre la voie à une nouvelle forme de participation, qui prend un caractère informel ou instantané.

La politique classique, qui tient l'intérêt général et collectif de la nation pour une finalité ultime, est aujourd'hui confrontée à une fragmentation des intérêts collectifs différenciés et ayant des revendications spécifiques : ceux des jeunes, des femmes, des enfants, des handicapés, des couches moyennes, des pauvres, des élites, des opérateurs économiques, etc. ; et des différents niveaux de droits : civils, politiques, sociaux, économiques ou culturels. Les inquiétudes engendrées par une globalisation rampante, l'incertitude du lendemain, l'urgence des besoins économiques et sociaux, tout aussi bien que la recherche des intérêts individuels et collectifs, engagent les individus et les groupes dans une compétition pour l'accès au bien être, compétition souvent biaisée par l'opportunisme et l'arrivisme ambiants.

On constate que le climat de libéralisation favorise l'expression aux niveaux individuel et collectif. A travers les manifestations publiques, le citoyen émerge en tant que membre d'un collectif, affirmant son droit, développant ses propres demandes et exprimant ses revendications. Il évite de les formuler par le biais des canaux des partis, favorisant l'action politique directe dans le cadre d'organisations instantanées et éphémères, qui les accueillent et les véhiculent, et sur lesquelles se greffent les organisations souterraines ou dormantes de la politique, lesquelles, en quête de reconnaissance, saisissent de telles occasions pour rejaillir à la surface.

La partis politiques développent un discours qui parle au nom des citoyens, des pauvres, des femmes, des jeunes, des ruraux, des amazighs, etc., et confectionnent des programmes où toutes ces catégories doivent se retrouver. Aujourd'hui, différents groupes prennent la parole pour parler d'eux-mêmes et s'exprimer directement en leurs noms sans intermédiation. Dans cet élan, les revendications se bousculent, dans une sorte de cohue, devant un système politique et un Etat peu préparés à gérer la libération des paroles, des idées, des actions et des mouvements. Et les exemples les plus frappants abondent.

L'émergence, chez les citoyens, de la conscience des droits universels légitime les revendications. Les individus, même lorsqu'ils défendent les intérêts de leurs groupes, inscrivent ces intérêts dans les droits universels : les droits à l'éducation, à la santé, à l'emploi, aux infrastructures de base, à la liberté, à l'égalité, à la justice, au respect de la dignité humaine, à la culture et au développement.

Cette conscience n'est pas totalement assumée dans la mesure où n'est pas acquis le sens que donne Alain Touraine à « *la conscience du sujet* » lorsqu'il écrit : « *Il est impossible de décrire a priori, en termes généraux, les conditions qui favorisent l'émergence, dans un individu ou dans un groupe, de la conscience d'être sujet. Les modèles proposés par l'éducation, c'est-à-dire les attentes manifestées par ceux qui encouragent ou non un jeune à se prendre lui-même comme but de son action, à se rechercher lui-même, ont une grande importance* »[115]. Le sujet se forme par un effet où se combinent « *l'engagement dans la vie active avec le mouvement de retour sur soi* »[116]. C'est précisément cette réflexivité de l'individu qui n'est pas tout à fait acquise dans cette nouvelle forme de politique portée par les individus et les groupes professionnels et autres, qui font prévaloir un discours des droits, légitime en soi, sur le discours des obligations qui, lui, implique que l'on porte aussi son regard sur soi-même et sur sa responsabilité en tant qu'acteur social.

---

[115] Alain Touraine. *Le nouveau paradigme. Pour comprendre le monde d'aujourd'hui*. Fayard, 2005, p. 182.

[116] *Ibid.*, p. 182

Chapitre 5 : Confiance et culture politique

On ne pourrait examiner toutes les facettes de la culture et des valeurs politiques dans le contexte de la société marocaine sans lier cette culture à la confiance ou à la défiance envers le politique.

Bien qu'il soit difficile de la considérer comme un phénomène social réel qui agit au sein des relations humaines, ou une valeur portée par les perceptions, la confiance est tenue par plusieurs études pour être un élément de la cohésion sociale et de cohérence de la culture politique. Comment se manifeste alors la confiance ? A quoi reconnaît-on une société de confiance par comparaison avec celle de méfiance ? Que nous disent les données des enquêtes sur la confiance et la culture politique dans le contexte marocain ? Quelle relation y aurait-il entre la démocratie, le développement et la confiance ?

Le présent chapitre tente de répondre à ces questions, en se basant sur la littérature sociologique relative à la confiance et sur les données des enquêtes menées sur la culture politique au Maroc. Il s'agit de faire ressortir les tendances les plus importantes et tenter de conceptualiser ces données dans le cadre de l'évolution que connaît la société marocaine.

1. *Société de défiance et société de confiance : un détour théorique*

Le thème de la confiance[117] a fait l'objet ces dernières décennies d'un regain d'intérêt dans la littérature sociologique et économique. Depuis les années 90, on assiste à une floraison de travaux et un engouement pour le thème de la confiance, qui est abordé sous différents angles, dans son rapport aux systèmes social, politique, ou économique.[118] Plusieurs travaux tentent d'établir le lien entre l'ordre social et l'ordre culturel. D'autres

---

[117] La confiance, étymologiquement parlant, est une foi partagée.

[118] Vincent Mangematin et Christian Thuderoz (Dirs.). *Des mondes de confiance. Un concept à l'épreuve de la réalité sociale.* CNRS Editions 2003. p.11

explorent et examinent le lien entre le marché ou la prospérité économique et la confiance[119]. D'autres encore présentent des analyses au niveau de l'individu à travers l'apprentissage et renvoient à un aspect psychologique de la confiance[120]. Le thème de la confiance se trouve ainsi au carrefour d'intérêts de différentes disciplines : l'économie, la sociologie, l'anthropologie, la psychologie et l'histoire.

1.1. Confiance/défiance : comment les définir ?

La littérature théorique, qui a abordé la question de la confiance et son antipode, la défiance, les évoque et les analyse non seulement dans le contexte des sociétés en voie de développement, où on suppose que les facteurs culturels interviennent dans les relations sociales et économiques, mais aussi dans des sociétés développées, dans les sphères de l'économie et des entreprises.[121] Ainsi, la problématique de la confiance se pose même dans des contextes où la loi, les institutions, les règles et la rationalité économique fonctionnent.

Généralement, la confiance fait partie du lexique des relations interpersonnelles. La confiance est une attitude basée sur des croyances et des sentiments qui entraînent des dispositions et des attentes. Sur le plan personnel, lorsqu'on fait confiance à quelqu'un, on s'attend en retour à ce qu'il fasse du bien et entreprenne des actions positives. Lorsqu'on fait confiance, on place son propre bien être entre les mains des autres. Par conséquent, la confiance crée des interactions interpersonnelles positives entre les individus et instaure une relation de complicité entre celui qui accorde sa confiance et celui qui la reçoit. Mais accorder sa confiance à quelqu'un c'est courir un risque et se rendre vulnérable, dans la mesure où il n'y a pas de garantie que

---

[119] *Ibid.*

[120] Maxime Sheets-Johnstone : « Sur la nature de la confiance ». *In* : Albert Ogien et Louis Quéré, (Dirs.). *Les moments de la confiance. Connaissance, affects et engagements*. Economica. 2006, pp 23-42. Voir aussi dans le même ouvrage, Bart Nooteboom. « *Apprendre à faire confiance* », pp.63-88

[121] Francis Bidault ; Pierre-Yves Gomez ; Gilles Marion. (Dirs.). *Confiance ; entreprise et société. Mélanges en l'honneur de Roger Delay Termoz*. Editions ESKA, 1995.

l'autre réponde aux attentes placées en lui. Mais cette prise de risque est toutefois calculée, dans la mesure où le point de départ est que l'autre mérite notre confiance[122].

La sociologie classique, héritière du legs marxiste et fonctionnaliste, et dominée par les paradigmes de la différenciation ou de l'intégration, s'est plus intéressée aux relations d'exclusion ou d'inclusion dans le fonctionnement des relations sociales, et s'est moins focalisée sur la confiance et la défiance. La théorie rationaliste, à son tour, en mettant l'accent sur les procédures écrites, sur les droits et les institutions, distinctes et distanciées par rapport aux individus dans un système social, a négligé le rôle que joue la confiance dans le fonctionnement de ce système.

Pourquoi ce regain d'intérêt pour la confiance dans les sociétés contemporaines ?

Vincent Mangematin et Chiristian Thuderoz estiment que la confiance est devenue un « *item fondamental, structurant (par sa présence et son absence) nos sociétés modernes* »[123]. L'évolution des sociétés d'aujourd'hui s'accompagne de phénomènes qui font que la méfiance s'installe. Parmi ces phénomènes on retrouve :

- La complexité et l'incertitude sociales appellent l'existence de principes régulateurs des relations sociales ; la confiance en est un.
- Les sociétés d'aujourd'hui dégagent des forces et des mouvements qui échappent aux règles et aux procédures ; la confiance devient un élément dynamique d'équilibre.
- La globalisation, la migration et la mobilité des personnes ont conduit à l'extraction des individus à leur localisme et à leur espace d'origine, ce qui a créé un climat de défiance et diminué la confiance.
- L'affichage identitaire et la peur de l'altérité introduisent la défiance, où « l'Autre » devient une menace et une source de méfiance.

---

[122] Voir le livre intéressant de Trudy Govier. *Social Trust and Human Communities*. Mc Gill –Queen's University Press, Montreal and Kingston, London. 1997, p. 4

[123] Vincent Mangematin et Chiristian Thuderoz, *Des mondes de confiance, Op.cit.*, p. 25.

- La multiplicité des prises de paroles au nom des particularités, ethniques ou religieuses, a introduit des déplacements des normes. Le rapport à la norme est remis en question et suspend la confiance.
- Avec la crise des mécanismes qui favorisent le lien social, on assiste à une dépolitisation et à un désenchantement vis-à-vis de l'ordre politique et social, ceci se traduit par une défiance à l'égard du politique.

Tous ces phénomènes de défiance et de confiance, auxquels ont conduit les changements sociaux et culturels des sociétés contemporaines, favorisent l'intérêt accordé par les sociologues et les économistes à la confiance, sous ses différents aspects.

Certains auteurs[124] parlent de l'apprentissage de la confiance qui commence dès la petite enfance. Maxime Sheets-Johnstone écrit : « *les expériences affectives de celui qui apprend constituées de bien être, de confort, de gêne et d'inconfort... possédant le pouvoir d'engendrer et, finalement de déterminer un sens de la confiance et de la méfiance...* »[125]. Il y a ainsi une continuité « *conçue comme un mouvement allant d'une confiance psychologique essentiellement centrée sur soi et de nature tactilo-kinesthésique vers une confiance sociologique orientée vers autrui plus générale et plus féconde* »[126]. Il s'agit de l'apprentissage d'une attitude à avoir vis-à-vis d'autrui ; elle peut être une attitude de confort ou de gêne, créant ainsi la disposition à la confiance ou à la méfiance. C'est ce qui fait de la confiance ou de la méfiance une affaire de socialisation, dans la mesure où on apprend à faire confiance aux autres ou à ne pas le faire. Ceci soulève la question de l'impact de l'environnement familial, et par extension, de l'environnement culturel, sur le degré de confiance et de défiance au sein de la société.

Au-delà du processus d'apprentissage de la confiance, il est intéressant d'examiner les manifestations sociologiques de la confiance ou de la méfiance. Plusieurs écrits s'accordent à

---

124 Maxime Sheets-Johnstone. « Sur la nature de la confiance ». *In* : Albert Ogien et Louis Guéré (Dirs.). *Les moments de la confiance. Connaissance, affects et engagements. Op.cit.*, pp. 23-41.

125 *Ibid.*, p. 25.

126 *Ibid*,. p. 25.

considérer la confiance comme un phénomène qui contribue à installer un sentiment de sécurité interpersonnel. Les économistes la considèrent comme réduisant « *les coûts des transactions liées à la recherche d'informations et aux contrôles réciproques que devrait provoquer l'incomplétude des contrats, quand ce n'est pas la crainte de la tromperie* »[127]. Si la question de la confiance est objet d'investigation par les économistes, c'est parce que, dans le domaine économique, l'évolution des sociétés modernes a fait reculer l'idée taylorienne selon laquelle la rationalité du système suffirait à elle seule à assurer la maximisation de la production. D'autres la considèrent comme contribuant à installer un sentiment de sécurité interpersonnel.

La confiance, et son antipode la méfiance, ne peuvent être catégorisées comme des faits sociaux observables, et se refusent à être cernées par des investigations empiriques. Phénomènes complexes et diffus dans les relations humaines, elles se situent au niveau de la perception et de l'affect qu'impactent les actions et les attitudes. La confiance est cette sorte de foi en l'autre, ou dans les institutions, qui repose sur des raisons objectives et subjectives. Ces raisons sont basées sur des informations qui favorisent la formation d'un jugement ou d'une appréciation ainsi que sur les expériences que les individus en font dans leur rapport aux autres et aux institutions. La confiance se donne et se mérite. Les facteurs qui déterminent le fait de la mériter favorisent le fait de l'accorder[128].

Il est certain que malgré les lois, les règlements, les procédures, les normes et les codes qui régulent les relations en société et dans les transactions, la confiance continue à être considérée comme une composante du bon fonctionnement des relations humaines et du rapport entre les individus et les institutions.

1.2. De la famille à la nation

La confiance n'opère pas uniquement au niveau des relations interpersonnelles mais s'étend au rapport qu'ont les gens avec le

---

[127] Albert Ogien et Louis Guéré (Dirs.) *Les moments de la confiance. Connaissance, affects et engagements. Op.cit.*,p. 1.

[128] *Ibid.*, p. 4.

système sociétal et avec ses composantes : institutions, système politique, justice, administration, école, etc. C'est ainsi qu'on pourrait distinguer entre la confiance interpersonnelle, qui fonctionne entre les individus et s'étend à la communauté, et la confiance par rapport aux institutions.

Fukuyama nous livre cette définition de la confiance : « *La confiance est l'attente qui naît au sein d'une communauté d'un comportement régulier, honnête et coopératif, fondé sur des normes communément partagées de la part des autres membres de cette communauté. Les normes peuvent concerner des questions de « valeurs » profondes, comme la nature de Dieu ou de la justice, mais elle englobent également des étalons professionnels et des codes de conduite* »[129]. Ainsi, Fukuyama place-t-il la confiance au centre de la prospérité économique ; elle devient elle-même capital social. Ce dernier est défini comme « *un actif qui naît de la prédominance de la confiance dans une société ou dans certaines parties de celle-ci. Il peut s'incarner dans la famille, le groupe social le plus petit et le plus fondamental, aussi bien que dans le plus grand de tous, la nation, comme dans tous les autres corps intermédiaires. Le capital social diffère des autres formes de capital humain en ce qu'il est habituellement créé et transmis par des mécanismes culturels comme la religion, la tradition ou des habitudes historiques* »[130]. Il établit une distinction entre des sociétés orientées vers la collectivité, avec une confiance sociale généralisée où les individus subordonnent leurs intérêts à la nation ou aux associations et structures communautaires, et des sociétés familialistes qui subordonnent leur intérêt essentiellement à la famille ou à d'autres formes de parenté, clans ou tribus.

Néanmoins, la différence entre pays avancés et pays en voie de développement, laquelle place la confiance au cœur de la nation dans le cas des premiers et au centre de la famille dans celui des seconds, a besoin d'être nuancée en raison des changements que traversent les sociétés en voie de développement. Dans les sociétés des pays moins avancés, la valeur de la famille coexiste avec la désarticulation de cette famille chez une part non négligeable de la

---

[129] Francis Fukuyama : *La confiance et la puissance. Vertus sociales et prospérité économique*. Plon, 1997, p.36

[130] *Ibid.*, p. 36

population, et ce sous l'effet des déficits sociaux, de la précarité et de la pauvreté. Il en résulte que le transfert de la confiance pourrait parfois prendre la direction des groupes marginaux : extrémistes religieux, groupes de délinquants, etc., qui créent des communautés régies par des valeurs quasi-familiales. Par un effet d'endoctrinement, le jeune prend ses distances vis-à-vis de sa famille pour embrasser l'idéologie du groupe dont il fait une nouvelle famille.[131]

D'autres chercheurs, sans se ranger derrière la distinction que fait Fukuyama à partir d'une perspective économique, distinguent les sociétés de confiance des sociétés où le niveau de confiance est bas (*low trust societies*) ou encore celles de la défiance. Une distinction qui correspond, en général, aux sociétés avancées et celles en voie de développement.

En général, les sociétés en voie de développement, en raison de leurs niveaux de développement et de la persistance des déficits sociaux et économiques, se caractérisent par un niveau inférieur de confiance. Dans ces sociétés, l'inégalité devant les ressources crée une compétition pour ces ressources, dans un environnement social et politique où les règles du jeu de cette compétition ne sont pas toujours définies et connues à l'avance par tous les acteurs. On a souvent considéré que le degré élevé de méfiance était le propre des sociétés en voie de développement de par l'existence de ce qu'un auteur appelle « *les présuppositions d'arrière plan* »[132], à savoir, l'incertitude, l'aléa social, l'aléa dans le rapport à l'administration ainsi que la difficulté d'accès au service public qui dépend du commis de l'Etat et non pas du droit ou de la loi.

Les déficits sociaux des sociétés les moins avancées que sont la pauvreté, l'analphabétisme, la difficulté pour une tranche importante de la population d'accéder aux ressources et la crise du chômage constituent les éléments d'un contexte qui ne favorise pas les rapports de confiance. Westacott et Williams supposent que la défiance a lieu dans un milieu de rareté et de stratification sociale

---

[131] Avec moins de teneur, ces phénomènes pourraient exister aussi dans des pays avancés.

[132] Maxime Sheets-Johnstone. « Sur la nature de la confiance ». *In* : Albert Ogien et Louis Guéré (Dirs.). *Les moments de la confiance. Connaissance, affects et engagements. Op.cit.*, p.23.

rigide[133]. Les sociétés où règnent l'incertitude et le risque sont plus disposées à être des sociétés de défiance.

Fukuyama soutient l'idée que plus la société atteint un niveau élevé de développement, plus la confiance est transférée de la famille vers la nation. Dans les pays avancés, la confiance s'étend à la nation et aux groupes intermédiaires qui défendent l'intérêt de l'individu. Dans les pays en voie de développement, la famille demeure l'institution qui inspire le plus confiance. La famille s'étend aussi à la sphère économique à travers les entreprises familiales.

1.3. Décentralisation, développement et confiance

La confiance a aussi un rapport avec le type de système politique. Intervenant de manière positive dans les relations sociales, la confiance fonctionne comme un principe de cohésion sociale. Certains auteurs considèrent que « *sans la confiance, l'équilibre et l'interaction ne peuvent être maintenus que par l'autorité et la violence* »[134]. La confiance est considérée comme un lubrificateur du système social. La société de confiance réduit l'autorité et le recours à la violence, alors que la société de défiance est maintenue par la force de l'autorité ; ce qui fait que cette société de défiance est le corollaire d'un système autoritaire.

Il est évident que dans un système autoritaire, l'exercice de l'autorité ne se fait pas sans une centralisation du pouvoir entre les mains de l'Etat ou d'un groupe. Cette centralisation laisse peu d'initiatives à la communauté locale pour agir collectivement. En décrivant les gens de Montegrano du sud de l'Italie, Trudy Govier écrit : « *The prevaling assumption was that political power was elsewhere. Extreme centralization had contributed to the ethos of suspicion because these people had little or no experience of doing anything together. The people of Montegrano appeared to have no conception of the community interest or public good and would*

---

[133] Westacott George H. and Lawrence Williams. "Interpersonal trust and modern attitudes in Peru". *International Journal of Contemporary Society*, 13, 1976, pp. 117-137.

[134] Voir Vincent Mangematin et Chiristian Thuderoz. *Des mondes de confiance* , Op.cit. p.9

take no initiative to make even minor improvements in their village"[135]. La forte centralisation limite l'initiative locale et génère la défiance, réduisant ainsi l'engagement dans la collectivité et favorisant le repli de l'individu sur la famille. Par contre, la décentralisation crée un contexte et un cadre favorables à l'action collective autour de l'intérêt commun. Ce dernier, à son tour, engendre parmi les membres de la communauté le besoin de créer le lien et la volonté de défendre cet intérêt, ce qui augmente le niveau de la confiance sociale.

Dans un système à forte centralisation, le lien entre le niveau familial et l'Etat n'est pas assuré par une organisation ou une institution qui fait prévaloir la loi et un système de protection de l'individu. Dans ce cas, les commandes de la centralisation perdent leurs effets et leur impact au fur et à mesure que l'on s'éloigne du centre. Au niveau local, dans un village lointain, les populations peuvent se dire que l'Etat ''les a oubliées''. L'Etat est perçu comme s'il était un principe suprême ayant la capacité de résoudre les problèmes de l'individu ; mais en même temps, parce qu'il est dans l'incapacité de concrétiser cette image, les populations le perçoivent comme lointain et distant. On pourrait dire, qu'en général, l'Etat centralisateur n'a pas les moyens de sa politique et suscite par conséquent la défiance.

Dans le cas des systèmes totalitaires, l'Etat est présent à tous les niveaux de la société, ce qui ne permet ni l'émergence de la société civile, ni la constitution de la sociabilité collective spontanée et organisée. Le totalitarisme empêche le regroupement et impose le principe de surveillance et de contrôle, la coercition et la peur collective. Le totalitarisme maintient les individus éloignés les uns des autres. Il cultive la défiance collective imposée par la peur collective. Chaque individu est un mouchard potentiel, comme l'écrit Govier : « *aucune communication n'est possible entre des atomes terrifiés* »[136]. Toute association ou action collective se

[135] Trudy Govier. *Social Trust and Human Community*. Mc Gill – Queen's University Press, Montreal and Kingston London, Buffalo, 1997.
[136] Ibid., p.156

trouve ainsi entravée par le manque de confiance qui règne entre les individus[137].

L'Etat à forte centralisation s'introduit aussi dans la vie privée. C'est le cas de la Roumanie sous Nicolae Andruţă Ceauşescu (1918-1989), connue pour son contrôle excessif des naissances pour imposer sa politique pro-nataliste, où chaque femme est supposée enfanter cinq enfants. La société civile dans ce contexte est dans l'incapacité de s'exprimer ou de se révolter. La peur et la méfiance collectives extrêmes empêchent les gens de se rassembler et de créer un cadre pour une action commune.

Dans les cas extrêmes de l'autoritarisme, le contrôle de l'Etat devient un contrôle de chaque atome de la collectivité. La violence est institutionnalisée pour entretenir la peur[138]. La suspicion rend impossible l'existence de la société civile. Dans un tel environnement de domination, de peur et d'adversité, contraire à l'expression de la parole libre et contraire à la liberté, la confiance fait défaut et la défiance devient de mise, et les citoyens se surveillent les uns les autres.

Ainsi, entre les cas extrêmes de totalitarisme, avec le degré le plus élevé de méfiance et les cas des sociétés de démocraties avancées, avec le degré le plus élevé de confiance, il existe tout un éventail de cas où la confiance coexiste avec la méfiance dans des sociétés en voie de démocratisation.

Pour situer la problématique de la confiance/méfiance dans le contexte des sociétés en voie de développement, il faudrait interroger la littérature sur la confiance, et sur le rapport de celle-ci au développement. En se basant sur plusieurs écrits philosophiques, Alain Peyrefitte établit un lien entre le développement et la confiance, à savoir que les sociétés qui ont pu se développer ont puisé leur élan dans un réservoir d'énergie

---

[137] C'est le même modèle que l'on retrouve dans la Chine de Mao, l'Albanie de Hoxha, la Roumanie de Ceauşescu et l'Iraq de Saddam Hussein. Voir à ce propos Trudy Govier, pp. 156 - 167.

[138] C'est le cas du régime irakien du temps de Saddam Hussein. Voir le livre de Kanan Makiya. *Cruelty and Silence. War, Tyranny, Uprising, and the Arab World*. W.W. Northon and Company. New York; London, 1993. Son autre livre est publié sous le nom de Samir Khalil. *Republic of Fear*. 1989.

culturelle, qu'il appelle *''éthos de confiance''*[139], dont les composantes varient selon le temps et l'espace. Il écrit : « *La société de défiance est une société frileuse, « gagnant-perdant » : une société où la vie commune est un jeu à somme nulle, voire à somme négative (« si tu gagnes, je perds ») ; société propice à la lutte des classes, au mal-vivre national et international, à la jalousie sociale, à l'enfermement, à l'agressivité de la surveillance mutuelle. La société de confiance est une société en expansion, « gagnant-gagnant » (« si tu gagnes, je gagne ») ; société de solidarité, de projet commun, d'ouverture, d'échange, de communication. Naturellement aucune société n'est à 100% de confiance ou de défiance».*[140] Dans le contexte du développement, il s'agit d'examiner le degré de confiance et de défiance au sein de la société, ainsi que les mécanismes qui permettent d'accroître la confiance.

La société civile pourrait jouer un rôle notoire dans les processus de développement en situations de transition. La société civile contribue du changement d'un régime de domination en un régime démocratique dans la mesure où elle introduit une reformulation de la notion et de la pratique du pouvoir politique, car ce pouvoir n'est pas détenu uniquement par l'Etat, il est aussi partagé par les citoyens. Par exemple, la société civile dans l'Union Soviétique et dans les pays de l'Est des années 80 et 90 fut une force sociale de changement ; elle a fonctionné comme si elle était opposée à l'Etat autoritaire[141]. Elle a contribué à l'ouverture du système autoritaire par la mise en place de la participation des populations, instaurant ainsi le principe de confiance. L'implication de la société civile suppose la participation des citoyens, ce qui crée un esprit de confiance entre les membres, permettant de mener un travail considéré comme étant une œuvre commune, basée sur la responsabilité de chaque partie.

L'action de la société civile s'étend, dans le système démocratique occidental, à des espaces politiques, et porte sur des phénomènes qui renouvellent constamment le processus démocratique tels que

---

[139] Alain Peyrefitte. La société de confiance. Essai sur l'origine du développement. Odile Jacob, 2005, p.449.

[140] *Ibid.*, p.11.

[141] Trudy Govier. Social Trust and Human Community. Op.cit., p. 169

les revendications des droits civils ; des droits culturels ; du féminisme ; de la paix ; de la protection de l'environnement ; etc. La société civile favorise la confiance dans un « Nous » collectif. La confiance favorise en retour le développement d'une société civile porteuse de valeurs qui mettent en avant le besoin d'œuvrer pour ce qui est juste et bien pour la société.

A partir des multiples écrits ayant traité de la confiance, on peut conclure que bien que toutes les sociétés comportent, à un degré ou à un autre, confiance et défiance, la confiance se retrouve plus du côté des sociétés démocratiques et décentralisées que du côté des sociétés autoritaires, basées sur la violence et sur une forte centralisation, oppressive pour la société civile. L'analyse des systèmes sociaux et économiques montre que la confiance apparaît comme un élément qui fluidifie le fonctionnement du système politique et contribue à faire converger les liens sociaux autour des projets et des institutions.

2. *La confiance dans le contexte marocain*

Pour aborder la question de la confiance dans le contexte marocain, on se réfèrera à la littérature théorique tout en se basant sur les données de l'enquête sur ''la culture politique'' au Maroc[142]. Pour ce faire, on essayera de répondre aux questions suivantes : comment se présente la confiance dans les opinions des enquêtés ? Les individus disposent-ils de moyens pour apprécier la confiance ? Quels sont les principaux déterminants de la confiance et de la méfiance ? Si la confiance est un construit social, comment se construit-elle dans le contexte de la culture politique marocaine ?

2.1. *La confiance : de la « niya » à la « thiqa »*

En partant du fait que le langage exprime une certaine réalité, on pourrait se demander comment est désignée la confiance dans la langue vernaculaire marocaine (*darija*).

La notion de confiance apparait, dans la culture traditionnelle, à la fois comme une valeur propre à l'individu et comme une valeur

[142] Enquête : Culture politique, 2005.

régissant les relations interpersonnelles dans les sphères économiques et sociales.

L'évolution de la société et de son système de valeurs ont eu un effet sur l'évolution de la signification de la valeur confiance et sur son champ sémantique.

Désignée par le terme *niya* dans le système traditionnel, la confiance constitue la caractéristique d'un individu qui est toujours plein de bonnes intentions et qui fait confiance aux autres. Un adage populaire marocain dit : « *sois muni de niya et dors avec la vipère* ». Autrement dit, celui qui a la *niya,* c'est-à-dire *qui porte en lui la* bonne intention, est épargné par le mal, même lorsqu'il l'a en face, parce qu'il fait confiance. En d'autres termes, une bonne intention (la confiance) finit toujours par triompher et mène la personne qui en est animée à réaliser son dessein.

Cette bonne intention (*niya)* de l'individu recouvre sa relation avec les autres pour devenir cette confiance en l'autre, nécessaire pour le fonctionnement de l'ordre social et communautaire. La culture de la confiance fonctionne comme un principe de cohésion sociale, qui régule les rapports entre les individus. Une grande importance est accordée à la droiture *(al maakoul),* valeur morale, nécessaire au bon fonctionnement des relations sociales, surtout dans le domaine du négoce. Les rapports sont supposés être basés sur la confiance (*niya*) et sur la parole donnée (*al kalma*). Mais bien que la notion de *niya* implique, du point de vue de la culture populaire, qu'il faille, pour vivre en collectivité et préserver les rapports interpersonnels, faire confiance, il n'empêche que l'on retrouve plusieurs adages et dires populaires qui conseillent aussi de faire preuve d'une dose de méfiance. En d'autres termes, si les rapports sociaux sont supposés être basés sur la confiance (*niya*) et sur la parole donnée (*al kalma*), cela ne veut nullement dire que la transgression de ces valeurs est étrangère à la société traditionnelle.

Ce n'est pas sans nostalgie que les personnes âgées évoquent l'ère passée de la confiance *(niya),* pour signifier que ce n'est plus le cas de nos jours. Cette impression est corroborée par les données recueillies lors des enquêtes. En réponse aux questions posées lors de l'Enquête Nationale sur les Valeurs[143] sur l'appréciation de certaines valeurs traditionnelles : celles de la confiance *(niya)* et de la parole donnée *(al kalma)*, 53,9% des enquêtés ont répondu que les gens n'ont plus confiance, contre 30,6% de ceux qui pensent le contraire ; et 56,3% trouvent que la parole donnée n'est plus de mise dans les rapports entre les gens, contre 27% d'entre eux qui trouvent qu'elle existe toujours.

De nos jours, la notion traditionnelle de *niya* n'apparait plus dans le langage des jeunes générations. On y parle plus de *thiqa,* terme nouveau de l'arabe classique, véhiculé par les discours médiatiques et politiques pour signifier la confiance. Ce glissement sémantique de la notion de *niya* vers celle de *thiqa* est significatif.

La notion de *niya* signifie que la confiance est un attribut qui émane de l'individu à destination des autres. Or, la notion de *thiqa* est beaucoup plus relationnelle, supposant une interaction. L'individu accorde sa confiance parce que les autres, ou les institutions, l'ont méritée. La confiance dans le sens de *thiqa* met plus l'accent sur la nature ''des autres'' et des institutions, comme élément déterminant d'une relation de confiance. Si la confiance, dans le sens de *niya,* est accordée sans conditions préalables, la confiance dans le sens de *thiqa* se base sur une certaine appréciation positive des autres et des institutions.

2.2.Appréciation de la confiance

Les questions sur la confiance *(thiqa)* ont constitué l'ossature du questionnaire adressé aux enquêtés, lors de l'enquête ''culture politique'', qui étaient invités à se prononcer sur la confiance placée dans un certain nombre d'institutions et de quelques leaders politiques de la société marocaine, ainsi que sur les systèmes politiques de certains pays. Les réponses nous livrent un certain nombre de données sur les opinions exprimées à propos de la confiance dans les institutions, et implicitement sur le manque de confiance ou la méfiance par rapport à la sphère du politique.

Dans l'absolu, les résultats de cette enquête montrent une tendance générale à ne pas faire confiance aux gens. A la question « faites-

---

[143] Données de l'Enquête Nationale sur les Valeurs. Rapport du Cinquantenaire, 2005

vous confiance aux gens ?», la majorité des répondants (82,2%) déclarent qu'aucune personne n'est digne de confiance, ou que très peu de personnes le sont ; alors que 16,3% seulement d'entre eux font confiance aux gens. Il est à noter que les sans opinion concernant cette question ne représentent pas plus de 2%, ce qui signifie que la tendance générale des opinions est bien fixée quant à une méfiance quasi généralisée à l'égard des gens qui les entourent en société.

Il faudrait toutefois noter que le facteur âge intervient pour différencier légèrement les opinions. Les personnes les plus âgées, 51 ans et plus, sont légèrement plus nombreuses à être disposées à faire confiance que les tranches d'âge des 36-50 ans et 18-35 ans avec des taux respectivement de 22,2%, 15,4% et 14,1%. Autrement dit, la méfiance est un peu plus présente chez les nouvelles générations que chez l'ancienne.

Concernant le niveau d'instruction, les réponses des personnes qui savent lire et celles qui ne savent pas lire font ressortir que les premières sont moins enclines à faire confiance (12,6%) que les secondes (21,3%).

S'agissant des différences entre milieux rural et urbain, si la méfiance est de mise en général, les urbains sont légèrement plus nombreux à ne pas avoir confiance que les ruraux (83,6% et 79,7% respectivement). Cette légère différence s'explique par les grandes transformations de la vie urbaine : migration, accroissement de la démographie, problème de l'emploi, revendications des jeunes diplômés, etc. Ce sont là autant de facteurs qui placent les individus dans un nouveau cadre de vie, impliquant la disponibilité des moyens et des infrastructures et la réadaptation. Par ailleurs, la libéralisation, créée du fait de la dynamique sociale, a libéré la parole et a contribué à ce que les individus montrent et démontrent leur insatisfaction à l'égard des services de l'Etat ; ce qui se traduit par une tendance à être ouvertement critiques et pouvant devenir méfiants.

La variable genre intervient peu dans la différenciation des opinions concernant cette question de la confiance. Parmi les femmes, on relève que 16,9% seulement sont disposées à faire confiance aux autres. Il en est à peu près de même pour les hommes avec un taux de 15,6%. La méfiance est donc une attitude partagée par la majorité des hommes et des femmes.

Les opinions des enquêtés expriment en général de la méfiance envers les gens. Toutefois, ces enquêtés sont un peu plus nombreux à se ranger dans la catégorie des méfiants lorsqu'ils sont urbains, savent lire et sont jeunes. Ceci pourrait s'expliquer par le fait que c'est parmi les personnes urbaines, jeunes et instruites que l'on retrouve le plus de déçus de l'ordre social et politique. La notion «gens », présente dans la question posée pourrait symboliser et cristalliser l'ordre social. Les opinions expriment ainsi des appréciations de méfiance à l'égard de cet ordre.

2.3. La confiance dans les institutions : appréciations différenciées

Il a été demandé aux enquêtés de s'exprimer sur un certain nombre d'institutions pour mesurer le niveau de la confiance placée dans les institutions politiques, associatives, syndicales, de médias et éducatives.

Si en général, comme il a été constaté plus haut, les réponses des enquêtés montrent qu'elles reflètent un manque de confiance dans les gens, leurs réponses s'agissant de la confiance qu'ils placent dans un certain nombre d'institutions enregistrent des variations importantes. On pourrait aussi constater, par rapport à la question de la confiance et de la méfiance, la polarisation des opinions sur certaines institutions.

Il y a d'abord les institutions dans lesquelles la majorité des répondants placent leur confiance : les institutions éducatives (les écoles et universités), les *foqha* et les militaires avec respectivement 69,4%, 65,9% et 52,6%.

Il y a renversement de tendance, par contre, lorsqu'il s'agit de la confiance accordée aux gens en général, aux syndicats, aux partis politiques, au parlement, et à la presse écrite. A ce niveau, les taux se présentent respectivement comme suit : 16,3%, 14,2%, 14,1%, 18,7% et 18,6%. Autrement dit, ces organismes et institutions ne jouissent pas d'une grande confiance parmi les répondants.

Pour un troisième type d'institutions telles que la chaîne de télévision nationale 2M, les chaînes satellitaires, les tribunaux, la police, les associations et le gouvernement, les réponses positives se situent entre 32% et 44% des enquêtés.

Significatif apparemment est l'écart entre les niveaux de confiance dans les institutions qui se dégage des réponses des enquêtés. Toutefois, toute polarisation dans un sens ou dans l'autre a besoin d'être nuancée par l'analyse des facteurs qui déterminent chaque attitude par rapport au contexte politique, social et culturel. Les opinions sont à nuancer tout d'abord pour une raison inhérente à la capacité d'appréciation des répondants et à leur capacité de formuler une opinion, confiante ou non à l'égard d'une institution ou d'un organisme donnés. Les taux des sans opinion, ou encore ceux qui ont répondu « ne sait pas », représentent à ce propos un phénomène à analyser, tant il est révélateur d'une réalité, à l'existence de laquelle participent un certain nombre de facteurs, informationnels et socioculturels sur lesquels nous reviendrons avec un peu plus de détails.

Il y a une sorte de polarisation autour de la confiance accordée au premier type d'institutions comme on l'a vu. On constate en même temps que les pourcentages des sans opinion (« sans opinion » ou « je ne sais pas ») au sujet de ces institutions sont plutôt faibles. Autrement dit, il s'agit là d'institutions au sujet desquelles les gens disposent d'éléments d'information et d'appréciation.

Par ailleurs, il s'agit aussi d'institutions qui sont connues des populations et dont les services sont reconnus : l'éducation dans un cas et la défense du territoire dans l'autre. En ce qui concerne les hommes de religion *(foqha)*, ils représentent dans la perception des gens les valeurs religieuses et s'inscrivent dans un registre religieux avec lequel ils sont familiers.

A l'égard du deuxième type d'institutions, nous avons relevé l'existence d'un manque de confiance, exprimé par la majorité des répondants. Les facteurs qui expliquent cette méfiance varient en fonction du rapport que les gens ont à chacune des institutions ou organisations concernées, et le degré de connaissance qu'ils en ont.

Les syndicats enregistrent un faible pourcentage de confiance, mais récoltent aussi un taux élevé des sans opinion (46,4%), c'est-à-dire de ceux qui ne savent pas apprécier ces syndicats. Ceci s'explique par le fait que la population en général ne connait pas le rôle des syndicats ; seuls les employés ou les ouvriers disposeraient d'éléments pour en apprécier la fonction.

Avec seulement 14 ,1% de répondants qui lui font confiance, la presse écrite enregistre 44,6% de sans opinion. Ceci s'explique par le fait qu'un pourcentage important de la population est analphabète et que la majorité de la population ne lit pas la presse. Ce sont là deux facteurs parmi d'autres qui font que les répondants ne disposent pas d'éléments d'appréciation pour exprimer une opinion.

Comparés aux syndicats, les partis politiques, qui ont la confiance de 14,2% seulement des enquêtés, enregistrent un pourcentage de sans opinion relativement plus bas (20%) par rapport aux questions se rapportant aux syndicats et à la presse, c'est-à-dire qu'un grand nombre de répondants se prononcent sur les partis politiques en disposant, relativement, d'éléments d'appréciation. Il en est de même du parlement auquel 18,7% seulement accordent leur confiance et au sujet duquel seuls 18,6 % des enquêtés sont sans opinion.

Il en résulte que les enquêtés qui n'ont pas d'opinion ou qui répondent ''ne sait pas'' adoptent une attitude déterminée par le degré de connaissance et d'information sur les institutions. Ces derniers facteurs, et leur impact sur le plan socioculturel, méritent réflexion dans le contexte de la société marocaine.

2.4 Les opinions : paradoxe ou ambivalence ?

Dans le domaine de la culture politique, les données empiriques sur le degré de la confiance placée dans les institutions montrent l'existence de paradoxes. Il y a d'abord celui qui est révélé par les données sur le niveau de confiance accordée aux institutions politiques où apparaît une disparité entre deux types d'institutions : celles qui représentent l'autorité et celles qui représente les populations. Paradoxalement, les enquêtés ont été un peu plus nombreux à accorder leur confiance aux institutions auxquelles le principe de pouvoir ou d'autorité est inhérent, c'est-à-dire, à l'institution même et à sa fonction dans le champ politique : le gouvernement, les militaires et la police. Par contre, les institutions de représentation et d'expression de la volonté de la population, telles que les partis politiques, les syndicats et les organes de presse, sont celles à l'égard desquelles la majorité des enquêtés a exprimé de la méfiance.

D'une manière générale, les opinions des enquêtés penchent plutôt à exprimer de la méfiance à l'égard des deux groupes d'institutions et organisations retenues dans l'enquête. Les données empiriques montrent aussi que les répondants sont un peu plus nombreux à avoir relativement confiance dans les institutions qui représentent l'autorité que dans celles qui représentent les populations ou celles qui servent d'organes d'expression de l'opinion publique, comme la presse par exemple.

Pourrait-on, par conséquent, avancer que le paradigme d'autorité continue à fonctionner au niveau des représentations de l'ordre politique ? Les données témoignent d'une ambivalence et d'une hésitation des opinions entre l'intégration d'une culture politique centrée sur le paradigme d'autorité, et celle centrée sur le principe démocratique de la représentation. Ce penchant pour l'autorité apparaît en contradiction avec la tendance à la valorisation de la démocratie, que d'autres données de la même enquête révèlent.

L'autre paradoxe est celui de la non-correspondance entre l'intention de participation politique, qui est un acte politique, et la participation effective. On relève l'existence d'un paradoxe dans la culture politique marocaine entre l'intention de vote, le fait de participer aux élections, et la méfiance qui caractérise le rapport aux partis politiques. On constate que 74% des personnes enquêtées ont répondu par « très » probable ou « probable » à la question « êtes-vous prêts à voter lors des prochaines élections ? ». L'intention de participation au vote est généralement intégrée dans la perception du politique. D'un autre côté, la participation réelle au vote ne vient pas conforter cette intention ; en plus les partis politiques, organes de représentation politique des populations, ne jouissent pas de la confiance des enquêtés !

Ce manque de confiance exprimé à l'égard des partis politiques pourrait s'expliquer par plusieurs facteurs. La dépolitisation généralisée, par rapport à la politique conventionnelle, est une donne partagée par toutes les sociétés d'aujourd'hui, même dans les pays occidentaux[144]. Dans le contexte marocain, la difficulté qu'ont les partis politiques à jouer le rôle de force motrice du système politique pour apparaître, dans les opinions, comme un vecteur de confiance, s'explique par le croisement de plusieurs facteurs :

- Il y a, d'abord, des facteurs structurels : déficience de référentiel théorique et discursif clairement spécifique à chaque parti politique ; les notions de gauche et de droite qui ne rendent point compte d'une réalité complexe de la multitude des partis politiques ; le libéralisme, le socialisme et l'islamisme qui se chevauchent dans les discours politiques ; etc. Au sein même des partis revendiquant la référence de gauche, la question de la théorie encadrant cette référence reste posée. Le référentiel théorique marxiste a connu une évolution paradigmatique qui l'a acheminé vers le postmodernisme, avec de nouveaux questionnements sur la diversité et les identités culturelles, la place de la religion dans la démocratie, le rapport à la laïcité, le modernisme et le postmodernisme. Par ailleurs, la documentation de base des partis dits de gauche et leurs discours acceptent la loi du marché et l'intégration dans l'économie globale, mais sans disposer de théories sur les modes de redistribution des richesses. En outre, l'uniformité des discours, les alliances dites contre-nature, le jeu des négociations, des alliances et des mésalliances de conjoncture, créent une confusion par rapport à l'identité des entités politiques. Ce qui distingue l'identité d'un parti politique par rapport à celle d'un autre est peu affirmé. Ceci ne se passe pas sans entrainer, au niveau des perceptions de la population, une image quasi-négative des partis politiques, tenus pour être tous de même nature.
- Il y a, par ailleurs, comme il a été mentionné plus haut, la difficulté que ces partis trouvent à mener et à maintenir un

[144] La ''dépolitisation'' concerne la participation au vote et l'appartenance aux partis politiques. Ceci ne se traduit nullement par un désintérêt pour les affaires politiques et n'empêche pas la production d'un discours parfois critique, parfois négationniste vis-à-vis du politique.

processus de socialisation politique interne ; la faiblesse du dispositif de recrutement, au sein de la société, qui contribuerait à leur attractivité auprès des jeunes ; les limites qui entourent la rotation du leadership et le renouvellement des élites, ainsi que les scissions internes récurrentes. A l'ensemble de ces considérations, il faudrait ajouter le phénomène du nomadisme des adhérents et de certains élus, qui caractérise la majorité des partis, notamment les petites formations. Autant de facteurs qui se traduisent par une sorte de désaffection, voire même, comme on vient de le souligner, un faible degré de confiance des populations dans ces partis.

On assiste ainsi au niveau des opinions à une ambivalence et à un paradoxe. D'un côté, la démocratie est érigée en valeur et, d'un autre côté, on n'a pas suffisamment confiance dans les organes de cette démocratie, à savoir les partis politiques. L'ambivalence, que dégagent les opinions et les perceptions, et qui accompagne un système politique en transition en phase de construction de l'idéal démocratique, fait que, malgré la valorisation de la démocratie, le paradigme d'autorité se maintient encore dans les perceptions et la représentation du politique.

2.5 L'opinion des sans opinion

L'enquête d'opinion sur la culture politique révèle, en général, des pourcentages assez élevés de « sans opinion » et de ceux qui ont répondu qu'ils« ne savent pas ». Cette tendance mérite une analyse. Il est évident, comme le montrent les données, qu'il existe des différences d'appréciation de la part des enquêtés en ce qui concerne certaines institutions et organisations. Mais, au sujet d'un certain nombre d'entre elles, on constate que les pourcentages des sans opinion se situent dans la fourchette 18% et 46%. Comme souligné auparavant, ceci s'explique par le fait que les individus ne disposent pas de moyens leur permettant de les apprécier et d'émettre un jugement sur elles. Le niveau d'instruction, la disponibilité et l'accès à l'information, le manque d'encadrement et de proximité avec les citoyens, ont été évoqués comme des facteurs explicatifs. Il y a une relation entre le degré de confiance et la possibilité d'apprécier et d'émettre un jugement. Moins les individus disposent d'informations et de connaissances sur ces institutions, moins ils sont enclins à y placer leur confiance.

Faites-vous confiance dans les institutions suivantes? Pourcentage des « sans opinion » et ceux qui « ne savent pas »

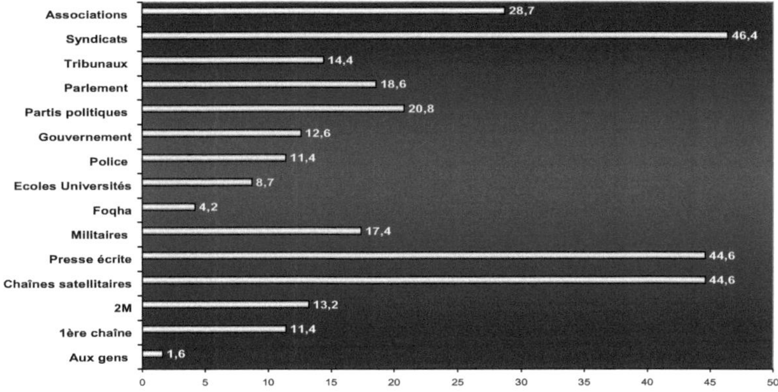

Qui sont ceux qui « ne savent pas » ou qui n'ont pas d'opinion ? Quels sont les facteurs qui influent sur l'appréciation des institutions politiques ?

Les données de l'enquête montrent que les différences d'appréciation des institutions, ainsi que l'attitude de ceux qui ne se prononcent pas ou ''ne savent pas'' quel avis avoir quant à la confiance à accorder à un certain nombre d'institutions, relèvent de la capacité du répondant à émettre un jugement. Cette capacité est déterminée par les facteurs éducation, genre, âge et espace (rural/urbain). Le fait de ne pas se prononcer sur les institutions et de ne pas savoir exprimer des opinions est encadré par ces paramètres.

Les données sur le facteur éducation montrent une importante différenciation. Les taux des sans opinion sont toujours plus élevés parmi les catégories de personnes ne sachant pas lire.

Pourcentage des sans opinion et ceux qui ne savent pas répondre à la question sur la confiance dans les institutions : analphabètes/instruits

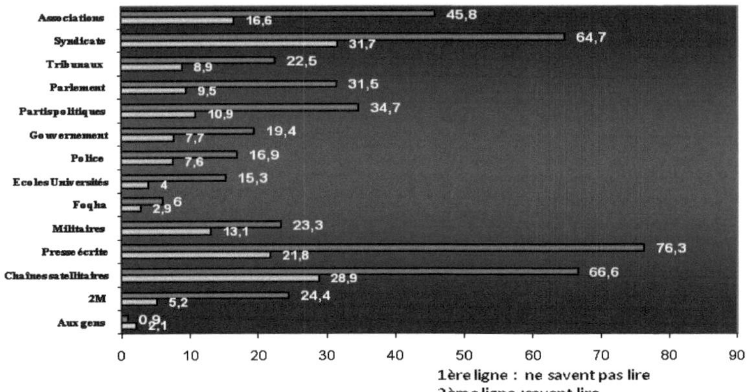

Les personnes qui ne savent pas lire enregistrent le pourcentage le plus élevé de l'incapacité à produire une appréciation des institutions sous l'angle de la confiance. Le pourcentage le plus important se retrouve du côté de la presse écrite avec 76,3% de ''sans opinion'', ce qui est normal pour des personnes qui ne savent pas lire. Pour toutes les institutions, les taux des sans opinion parmi les non instruits sont proportionnellement plus importants que ceux des instruits. L'éducation apparaît ainsi comme un facteur qui intervient dans le jugement et l'appréciation des institutions politiques et par conséquent un facteur de socialisation politique.

Le facteur genre est un autre élément de différenciation.

Pourcentage des sans opinion et ceux qui ne savent pas répondre à la question sur la confiance dans les institutions selon le genre

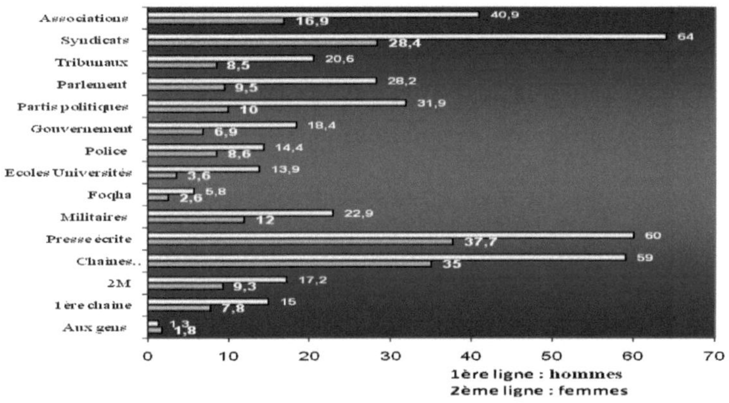

Les femmes sont plus nombreuses que les hommes à être dans l'incapacité d'exprimer une opinion. En effet, comme l'illustre l'histogramme relatif à la différenciation selon le genre, les données exprimées en pourcentages révèlent que les femmes sont plus nombreuses que les hommes à ne pas savoir donner une appréciation sur le degré de confiance à accorder à toutes les institutions. Autrement dit, les écarts entre femmes et hommes, à ce niveau, sont plutôt importants. Comme on peut le constater, 64% de femmes ne savent pas se prononcer sur les syndicats par exemple, alors que ce taux n'est que de 28,4% parmi les hommes.

Cet écart s'explique par plusieurs facteurs. En général, les femmes entretiennent une distance par rapport au politique, et la plupart des institutions qui ont fait l'objet de la question sur la confiance appartiennent au registre politique. L'entrée des femmes dans la politique n'a pas encore dissipé l'idée qui prédominait par le passé selon laquelle la politique était une affaire masculine. En outre, l'émission d'une appréciation sur les institutions suppose réuni un minimum d'informations sur ces institutions. Il se trouve que le contact avec l'espace public expose favorablement les hommes plus que les femmes aux informations et aux discussions sur les évènements politiques : réunions d'hommes, rencontres dans les cafés, etc. Cela augmente, comme le montrent les données, leur capacité d'appréciation par rapport aux femmes.

On constate le même écart entre l'espace urbain et l'espace rural, dans la mesure où le pourcentage des personnes qui ne savent pas apprécier la confiance dans les institutions est relativement plus élevé parmi les répondants ruraux.

Pourcentage des sans opinion et ceux qui ne savent pas répondre à la question sur la confiance dans les institutions selon l'espace : urbain/rural

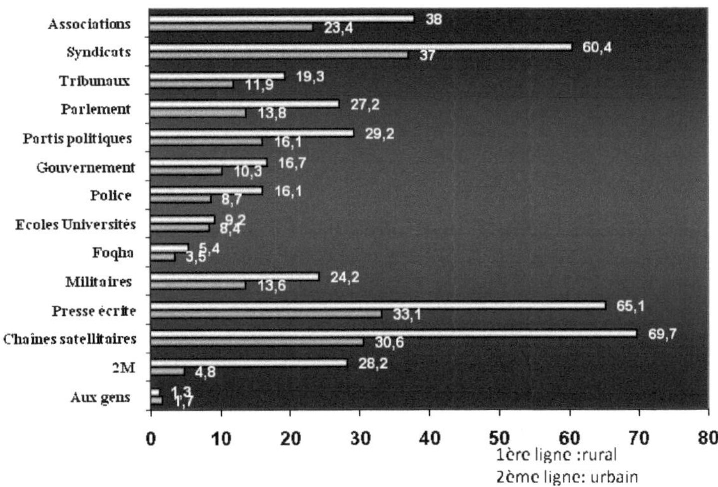

Les ruraux sont plus nombreux à ne pas pouvoir apprécier les institutions quand il s'agit de se prononcer sur la confiance à leur accorder. En ce sens, le pourcentage des ruraux est plus important que celui des urbains par rapport à la presse écrite et aux chaînes satellitaires, vu le niveau d'analphabétisme parmi les ruraux et leur non exposition aux chaînes de télévision étrangères. Néanmoins, on constate pour les autres institutions un écart proportionnel important entre les urbains et les ruraux, à l'exception de l'école et de l'université.

Par rapport au paramètre âge, on constate que c'est parmi les plus de 50 ans que l'on retrouve le pourcentage le plus élevé de ceux qui ''ne savent pas'' ou sont ''sans opinion'', et c'est aussi dans cette tranche d'âge où les taux des sans opinion sont toujours plus élevés parmi les personnes ne sachant pas lire.

Pourcentage des sans opinion et ceux qui ne savent pas répondre à la question sur la confiance dans les institutions selon l'âge

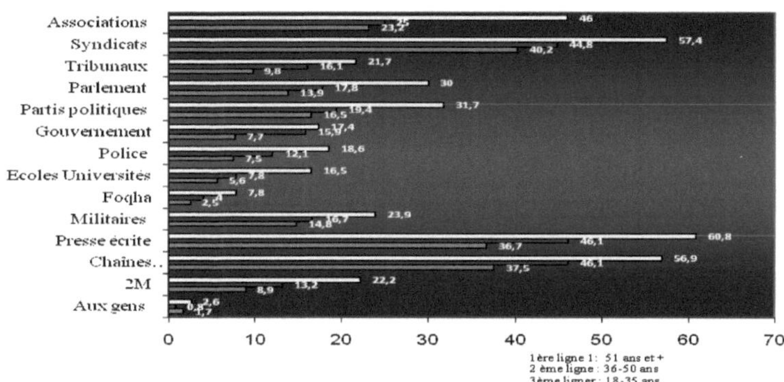

Il ressort de ces données que les facteurs niveau d'instruction, genre, âge et espace de vie déterminent l'appréciation des institutions politiques, et reflètent une différenciation quant au degré de culture politique des répondants. On pourrait dire que la confiance, et son antipode la méfiance, opèrent à plusieurs niveaux de la réalité sociale et politique. L'analyse descriptive des données nous permet de conclure que :

- Moins on dispose d'information, plus la capacité de juger les institutions ou les systèmes s'en trouve diminuée. On pourrait dire que, globalement, un tiers des enquêtés est dans l'incapacité de juger.

- Les institutions sociales, qui sont proches des populations et avec lesquelles il y a interaction, gagnent la confiance de celles-ci plus que celles qui sont d'ordre politique. Par exemple, 69,4% des enquêtés déclarent qu'ils font confiance aux institutions éducatives, école et université, avec un pourcentage relativement négligeable des sans réponses (8,7%).

- Les catégories sociales qui disposent moins de cette capacité de jugement sont celles des personnes non instruites, des femmes, des ruraux et des personnes âgées. Plus on est femme, âgé, rural et analphabète, moins on dispose de moyens pour formuler une appréciation des institutions politiques.
- Il existe une ambivalence par rapport à la confiance accordée au système politique marocain. D'un côté, on le préfère aux autres systèmes et on apprécie positivement la démocratie, mais d'un autre côté, les implications de cette démocratie, telles que le fait de faire confiance aux partis politiques et aux représentants des populations, ne sont pas assumées par les enquêtés. A ce niveau, c'est une sorte de manque de confiance qui prédomine.

Ces constats nous amènent à réfléchir au fonctionnement de la confiance/méfiance au sein de la société marocaine. Si la confiance est un construit social et culturel, comment se construit-elle dans la sphère du politique ? Quels sont les mécanismes et les ingrédients de la construction de la confiance ?

3. Construction sociale de la confiance

L'héritage historique et le processus d'institutionnalisation de la confiance ont connu des changements. Avec l'évolution de la société marocaine et les grands changements qui la traversent, on passe de la construction culturelle à la construction sociale et légale de la confiance. La société traditionnelle avait élaboré son propre principe de confiance. Comme il a été explicité plus haut, la notion traditionnelle de la confiance (*niya)*, principe non conditionné, constituait le fondement des relations interpersonnelles, économiques et du rapport à la vie.

Ce principe régulait certains aspects de la vie en société : on retrouve la *niya* entre les personnes, dans les relations humaines, dans le rapport au sacré (dans la mesure où elle renforce la foi et les croyances religieuses selon lesquelles il faudrait se soumettre à Dieu, aux saints et aux forces intermédiaires), et on la retrouve dans le champ économique, comme base des relations commerciales. La notion de *niya* implique une sorte de foi et de croyance qui n'avaient pas besoin d'être justifiées. Appartenant au langage vernaculaire et véhiculée par lui, elle fonctionnait donc, par le passé, comme principe régulateur des rapports sociaux, politiques et culturels.

Niya n'est pas une confiance débridée. Même dans la société traditionnelle, la confiance avait besoin d'être institutionnalisée. Clifford Geertz dans son ouvrage « *Le Souk de Sefrou. Sur l'économie du bazar* », montre que le souk, un espace où se croisent les appartenances et les provenances (*nisba*) des individus, avec les activités économiques et les métiers, avait besoin d'une institution singulière garante de la confiance pour servir à la médiation dans les disputes et régler les différends entre les vendeurs et acheteurs du marché. L'institution du *amin* fonctionnait comme un dispositif garant de la confiance. Le terme est significatif. Littéralement, *amin* signifie « digne de confiance », « fiable », « droit », et« sûr » ; mais en tant qu'institution, il signifie le garant et le surveillant. Geertz trouve à l'institution un ancrage sociologique lorsqu'il écrit : « *L'amin a ses fonctions dans le souk, et pas ailleurs, mais son ancrage sociologique est ailleurs : dans l'idée, largement répandue au Maroc (et jusqu'à un certain point dans l'ensemble du Moyen-Orient), que le règlement de disputes publiques entre individus aux intérêts divergents dépend, fondamentalement, de l'existence d'un seul personnage, aussi splendide que difficile à trouver – le témoin fiable* » [145]. En extrapolant, Geertz établit un parallélisme entre la confiance et la nécessité de l'accorder à une figure d'autorité digne de confiance, un trait qui distingue la culture marocaine.

L'évolution de la société marocaine, la complexification des institutions et l'intégration dans l'économie de marché conduisent à l'émergence d'institutions qui se substituent à la bonne foi des individus et des institutions traditionnelles. C'est ainsi que l'Etat, occupant une position prépondérante dans la société, avec ses services, sa justice, ses lois, ses procédures et ses institutions politiques, a forgé les composantes de la rationalisation de la société. Le processus de rationalisation de la société à travers la mise en place des institutions rend par conséquent caduque la *niya,* qui était une sorte de confiance sans conditions, qui a été

---

[145] Clifford Geertz : *Le Souk de Sefrou. Sur l'économie du bazar.* Editions Bouchene, 2003, pp. 150-151.

supplantée par une interrogation sur un autre type de confiance *(thiqa),* qui interpelle les institutions. Le passage, au plan sémantique, de la notion *niya* à celle de *thiqa* est significatif. Aujourd'hui, les interrogations se focalisent sur le fonctionnement des institutions et sur l'application de la loi. Néanmoins, dans cette dynamique de construction de la confiance dans les institutions, il demeure que l'on recherche toujours derrière l'institution la figure d'autorité digne de confiance.

3.1 Les pratiques politiques et la méfiance

Les pratiques et les comportements politiques constituent un terrain propice à la construction de la confiance ou à la manifestation de la méfiance à l'égard du politique. Ces pratiques sont perceptibles à travers le fonctionnement du politique et lors des périodes électorales. Les récits et commentaires sur l'utilisation de l'argent pour acheter les voix des électeurs, les rassemblements festifs organisés par certains candidats pour amadouer l'électorat, la mobilisation d'une armée de jeunes, rémunérés en vue de mobiliser leurs paires, sèment la méfiance et jettent le discrédit sur certaines pratiques politiques.

Les phénomènes de corruption, de piston, de clientélisme et de favoritisme constituent des pratiques qui entravent la construction de la confiance et contribuent à créer une image négative de la politique, perçue parfois comme un marché de l'arrivisme social et de l'opportunisme, ou encore comme un terrain pour les aventuristes politiques à la recherche d'intérêts purement personnels.

Pourtant, le principe du mérite et de la compétence, au regard de l'émergence d'une nouvelle culture portée par de nouveaux acteurs revendiquant la rationalité du droit et de la loi, gagne du terrain. Les modes de recrutement par concours, la légalité des procédures, une société civile vigilante qui dénonce les dérives, la valeur compétence qui commence à être portée par une tranche importante de la population, sont autant d'éléments qui émergent et s'installent progressivement pour contrecarrer le clientélisme. Ce qui fait que, actuellement, les valeurs du mérite et de la compétence coexistent avec la personnalisation et le favoritisme. Ainsi, la construction de la confiance s'accompagne-t-elle de tensions et fait-elle face à l'épreuve de cette oscillation paradoxale entre l'émergence du principe du mérite et celui des règles de fonctionnement des relations personnelles.

3.2 Les acteurs politiques et les attentes

La confiance dans les acteurs politiques se construit aussi par rapport aux attentes de la société et des citoyens. Le fonctionnement du politique est non seulement visible à travers les pratiques, mais aussi à travers ses acteurs. Les attentes se focalisent sur les attributs moraux des leaders politiques.

Lors des élections, le discours du sens commun accorde de l'importance à la bonne réputation (*maaqoul*) du candidat aux élections. Un discours affirmé par les données de l'enquête « culture politique » où il ressort que 80,6% [146]des enquêtés accordent une grande importance à la bonne réputation du candidat aux élections. La bonne réputation (*maaqoul*) implique sérieux, intégrité, bonne conduite et valeurs morales, qui doivent caractériser le candidat idéal.

Dans le langage du sens commun, en général, on se réfère à ce profil au moyen de la notion de *maaqoul* pour désigner la personne politique idéale digne de confiance, celle qui est honnête, intègre, altruiste, généreuse, pour qui l'intérêt collectif passe avant l'intérêt personnel. Or le champ politique est perçu par les citoyens comme un champ de compétition autour du pouvoir, pour l'accès au prestige social et aux titres traduisibles en statuts sociaux : élu ; ministre ; président du conseil ; etc. Les gens ont tendance à transposer sur le profil du candidat idéal ce qu'ils ne retrouvent pas, en général, dans le candidat qu'ils voient à l'œuvre sur la scène politique.

Par ailleurs, la majorité des répondants (81,8%)[147] accordent de l'importance aux études. Le candidat ayant fait des études poussées est valorisé par rapport à celui qui est moins instruit ou analphabète. Le niveau des études renforce positivement le profil du candidat politique.

---

[146] Les données de l'enquête : « culture politique » de 2006, mentionnée en introduction.

[147] *Ibid.*

En privilégiant un candidat de bonne réputation et ayant fait des études, les répondants esquissent les attributs du leadership politique et le profil du candidat idéal. Néanmoins, comme mentionné plus haut, le profil du candidat que projette la réalité de l'élu nous est livré par les enquêtés lorsqu'ils répondent à la question : « Pensez-vous que les personnes pour lesquelles vous avez voté s'intéressent au citoyen ordinaire ? ». En effet, la majorité d'entre eux (60,2%) répondent : « pas du tout ». Les données de l'enquête nous révèlent que, sur le terrain de la réalité et de la pratique politiques, même lorsque le vote a été accordé à l'élu, la méfiance reste toujours de mise.

Pourquoi exprime-t-on de la méfiance à l'égard des élus ?

La suspicion et la méfiance envers les politiciens ne sont pas des phénomènes propres au champ politique marocain. Dans beaucoup de pays, les enquêtes montrent que l'on fait peu confiance aux politiciens. Deux types d'explication pourraient être avancés à ce propos :

– Le premier type d'explication se rapporte au fonctionnement du champ politique et à la perception que se font les gens du pouvoir du politicien et à leurs attentes. Il s'agit là des aspects qui sont inhérents au champ politique, et qui existent, à des degrés divers, dans toutes les sociétés :

a. Dans sa campagne électorale législative, le politicien s'adresse à une population large, à différents groupes : jeunes, femmes, personnes âgées, différentes classes sociales, différentes fonctions, etc. Il fait face à une contrainte : comment avoir une seule voix pour cette population hétérogène ? Pour ce faire, il essaie en général d'accommoder son discours à son environnement, chaque groupe devant s'y retrouver plus ou moins. Ceci ne se passe pas sans faire perdre au politicien sa crédibilité ; par souci de satisfaire tout le monde, il finit par ne satisfaire personne. Son discours devient incohérent et peu convaincant pour la plupart de ses concitoyens.

b. Les attentes du public à l'égard des politiciens sont grandes. Les citoyens ont des attentes à satisfaire dans l'immédiat, or la mise en place d'une politique n'a pas d'effets immédiats. Dans la société marocaine, les attentes des citoyens se focalisent sur l'offre d'emploi ; l'amélioration de l'habitat ; la réduction de la pauvreté ; la lutte contre l'analphabétisme ; etc. Or les politiques ne sont pas capables de répondre à ces attentes, d'où la frustration et le manque de confiance dans les politiciens.

c. Le caractère global des problèmes auxquels les citoyens font face fait que l'action du politicien n'est pas perçue comme étant en mesure à elle seule de leur apporter des solutions. Par exemple, le politicien aurait beau annoncer et promettre une réduction du chômage, mais la solution de la question de l'emploi passe nécessairement par le circuit : croissance économique, investissement, production qui mène vers l'offre d'emploi.

d. En général, les citoyens ont une idée simpliste de la capacité et du pouvoir du politicien. Ils le considèrent comme ayant la capacité de résoudre les problèmes sociaux. Cette attitude simpliste est aussi soutenue par les médias qui, souvent, prennent les politiciens pour cibles de leur critique, et contribuent ainsi à l'inflation des attentes des citoyens. Les politiciens, à leur tour, sont pris au piège de laisser croire qu'ils ont le pouvoir de prendre en charge ces attentes et se complaire dans cette image.

e. Lorsque le champ politique est réglé par le compromis et le consensus, comme c'est le cas en général au Maroc, les actions politiques tardent à produire leurs effets sur les citoyens, et ce notamment lorsque les divergences politiques ne sont dépassées qu'au moyen d'un consensus, généralement long à obtenir. Dans ce contexte, on pourrait évoquer la lenteur dans la réalisation de certaines réformes : éducation ; justice ; code du travail ; etc. Le principe du consensus demande concertation, négociation, compromis et arbitrage dans le cadre d'un processus généralement long. Mais les compromis passés par les politiques sont parfois perçus par les citoyens comme une renonciation aux aspirations de départ, les amenant ainsi à tenir ces politiques pour indignes de leur confiance[148], ce qui donne libre cour à la méfiance.

f. Le politicien est supposé parler au nom de son parti et exprimer sa ligne directrice. Il apparaît dans ces conditions comme

[148] Trudy Govier. *Social Trust and Human Communities. Op.cit.*, p. 183.

quelqu'un qui n'exprime pas ses propres idées, voire quelqu'un qui pourrait défendre des idées auxquelles il ne croit pas. Il est perçu parfois par le public comme manquant de sincérité et donc en situation de ne pas être digne de confiance.

g. Dans de nombreuses sociétés, les citoyens n'ont pas beaucoup d'estime pour les politiciens, et Govier l'explique par le fait que les premiers sont vulnérables par rapport aux seconds[149]. Ces derniers ont le pouvoir de passer des lois, d'augmenter les prix et de concevoir des politiques qui affectent la vie des premiers.

– Le deuxième type d'explication relève des comportements des politiciens dans un contexte et une société donnés. Dans la société marocaine :

a. Le manque de confiance est engendré par le comportement politique de beaucoup de politiciens qui contredit l'idéal et l'image idéalisée que se font les citoyens ordinaires du politicien sérieux et droit (*maaqoul),* tel que défini ci-dessus. Dans beaucoup de cas, l'excès de visibilité du candidat, sur la scène publique lors des campagnes électorales, est suivi d'une invisibilité, une sorte de disparition après les élections. En outre, la période électorale s'accompagne d'une inflation de discours prometteurs, porteurs de solutions miracles aux maux de la société, suscitant ainsi des attentes de la part de l'électorat. Il est évident qu'une promesse électorale, qui manque de réalisme, et qui est donc non tenue après les élections, conduit les gens à se méfier de l'activisme politique.
b. Les histoires de corruption et les narrations, qui circulent parmi les gens, sur tel ou tel qui aurait utilisé l'argent pour mobiliser les électeurs et se faire élire, discréditent l'action politique et ses acteurs, comme elles alimentent et renforcent la méfiance.
c. Une fois élus, la plupart des politiciens ne se plient pas au respect de la règle d'être comptables de leurs actions devant les électeurs. Les attentes des citoyens, nées des effets d'annonce et des apparitions démonstratives non suivies d'actions concrètes au profit des citoyens, deviennent des frustrations porteuses de méfiance.

[149]*Ibid.*, p. 178.

4. *La confiance en construction*

Les sources de la confiance sont des qualités qui résident dans le capital social et moral dont dispose l'individu. Ce capital est constitué d'intégrité, de valeurs, d'un niveau élevé de conformité aux règles de l'éthique, d'efficacité et de compétence politique ; il a besoin d'être reconnu comme tel pour qu'une relation de confiance s'installe entre l'acteur politique et les autres. La confiance se gagne donc d'abord par une démonstration visible, par un discours, et par des comportements conséquents, ce qui est un véritable travail de construction. Obtenue au terme de ces étapes, la confiance devient source de légitimité pour le leader politique, au moyen de laquelle il acquiert du pouvoir, comme l'écrit cet auteur : « *il n'y a pas de véritable pouvoir sans confiance. Le pouvoir est la délégation confiante donnée par la base au manager pour prendre les décisions touchant l'activité collective dont il est responsable*[150]». La personne politique ne fait pas exception à la règle.

Le processus d'instauration de la confiance est un cycle en trois temps : la construction de la confiance, sa maintenance et son renouvellement. Autrement-dit, ceci demande au politicien un travail constant pour gagner la confiance, la maintenir et la renouveler.

L'intérêt porté à la confiance se rapporte à l'analyse des logiques politiques qui traversent le fonctionnement du champ politique, ainsi que la rationalité qui s'en dégage. *A priori,* le règne et le respect de la loi instaurent un contrat social au terme duquel les individus et les groupes intègrent la culture démocratique en ce qu'elle est une culture basée sur le fonctionnement de la rationalité politique et un référentiel instituant la confiance.

La construction sociale de la confiance comporte un processus et un cycle. Le cycle est celui de l'émergence d'un leadership politique crédible qui fait preuve de professionnalisme, ainsi que de l'implication de l'acteur politique dans l'institutionnalisation de la confiance. C'est sur le terrain de la justice sociale, de l'offre de

---

[150] Francis Bidault ; Pierre-Yves Gomez ; Gilles Marion. (Dirs.) *Confiance, entreprise et société. Mélanges en l'honneur de Roger Delay Termoz*, Editions ESKA, 1995, (Préface).

services, du fonctionnement rationnel des institutions, de l'application de la loi et du rapport à la rationalité politique que se construit la confiance ou son contraire. Ainsi, lorsque l'acteur politique opère à travers des institutions qui offrent des services répondant aux besoins des citoyens, et qui tiennent compte de l'intérêt de la collectivité, s'instaure alors un pacte social de confiance qui lie les deux parties. Cependant, la confiance gagnée n'est jamais totalement acquise, elle est toujours mise à l'épreuve au travers de la pratique de l'acteur politique, qui doit la maintenir, en fructifiant son capital de crédibilité ; capital qui agira en mécanisme de renouvellement de cette confiance acquise.

En somme, si la confiance n'arrive pas à s'installer complètement dans le rapport entre le champ politique et le terrain de la citoyenneté, c'est parce qu'elle est un construit social. Dans une phase de transition et de grandes transformations, la culture politique et les règles du jeu politique ne favorisent pas l'instauration d'une réelle confiance, celle-ci étant encore en situation de construction.

Le faible degré de confiance dans le politique est dû à la fois au citoyen, encore porteur d'une idée simpliste de la politique, et à ses attentes surdimensionnées, qui dépassent parfois le réalisable, et au politicien qui s'embarque, la plupart du temps par souci démagogique, dans des promesses qu'il ne peut tenir, et dont le comportement transgresse parfois les règles du code de l'éthique politique.

La croissance du degré de confiance est tributaire d'une socialisation politique des citoyens : éducation, information et compréhension des processus politiques, respect d'une éthique politique. Toutefois, la confiance totale et aveugle n'existe dans aucun système politique ; de même la défiance à l'extrême devient nihilisme et cynisme. Si on parle de la croissance du degré de confiance et non de confiance totale, c'est parce qu'un degré de méfiance, aussi faible soit-il, est nécessaire pour le fonctionnement du système politique. Il se traduit par l'esprit critique, qui pourrait fonctionner comme un mécanisme de contrôle dans le cadre d'un processus démocratique. La méfiance, lorsqu'elle est traduite en pensée critique, se transforme en un instrument de veille et de vigilance.

5. *La confiance à l'épreuve du changement*

Pourrait-on considérer la culture de la méfiance comme une caractéristique des sociétés en transition démocratique ? La réponse à cette question renvoie au contenu à accorder à la notion de transition démocratique.

En effet, le discours sur la transition démocratique évoque la possibilité d'une voie à prendre pour aller vers un système meilleur, engagé dans un processus de démocratisation ; discours qui s'inscrit, par conséquent, dans une téléologie qui dessine les contours du système à venir. Il s'agit d'une notion descriptive qui va au-delà du concept de réforme tout en l'intégrant, dans la mesure où les réformes sont synchroniques, alors que la notion de transition est à la fois synchronique et diachronique. Ceci renvoie à un certain nombre de constats qui permettent de problématiser la notion.

1er constat

La notion de transition est-elle sociologiquement différente de celle de mutation ou de changement social, ces deux concepts étant souvent utilisés pour appréhender les sociétés en mouvement ?

Si les concepts de mutation et de changement sont utilisés pour repérer les dynamiques internes, les ruptures, les niveaux de continuité et des transformations, la tradition de la transitologie comporte un parti pris politique, voire une énonciation d'une rationalité politique.

2e constat

La notion de transition nous conduit forcément au comparatisme. Elle est utilisée par la littérature marxiste pour analyser le passage du socialisme d'Etat au libéralisme économique. La notion est aussi en vogue dans la sociologie politique des pays arabes pour décrire et analyser la situation actuelle de leurs Etats.

3e constat

La notion de transition s'inscrit dans un paradigme de réforme. Elle ne pourrait que relever d'une théorie de l'action. La transitologie, qui tente de cerner la logique politique d'une société donnée, participe d'un registre téléologique, à savoir une logique à finalité qui aboutit à la mise en place d'un système démocratique.

Les changements des systèmes politiques s'accompagnent d'incertitudes, de tensions et de mutations, engendrés par une sorte de mise en place d'un processus de refonte du système politique ; processus lui-même porteur de restructurations. Il est évident que dans ce processus, les acteurs politiques, les facteurs sociaux et culturels interviennent pour apposer leur emprunte sur la nature de la transition. Celle-ci, comme l'écrit Guillot : « *n'est digne de ce nom qu'en tant qu'elle s'oppose à un passé reconstruit et idéologiquement surdéterminé* »[151]. La transition est moins une théorie qu'une conscience collective pragmatique qui œuvre pour le changement. En dépit du caractère téléologique, toute réflexion sur la transition fait partie d'une théorie du changement social. De ce fait, on pourrait considérer toute analyse de la transition comme une analyse d'un système, à travers les changements qui interviennent dans sa logique interne, le fonctionnement de ses institutions, de sa culture, du discours idéologique qui l'accompagne et des contre-pouvoirs qu'il crée. Il est évident que le niveau de la confiance/méfiance est en relation avec ces changements.

La cartographie des composantes impliquées dans cette transformation dans le sens d'un système démocratique montre bien le rôle que jouent les élites politiques dans l'accélération du processus, et dans l'instauration de la confiance.

La confiance est corollaire de la mise en cohérence des composantes du système et de la rationalisation du fonctionnement des institutions, des acteurs et de la culture politique. Il est évident que le système est pris entre les facteurs catalyseurs du changement et les facteurs de résistance. Le changement conduisant à la démocratie et à la confiance est volontariste et téléologique, mais il comporte un choix rationnel qui guide le système. Dans ce contexte, les élites, intellectuelles et politiques, ainsi que les acteurs de la société civile jouent un rôle primordial dans un tel choix.

---

[151] Nicolas Guilhot : « La science politique et la transition démocratique à l'Est ». *Revue Futur Antérieur,* n°27, 1995.

La société civile acquiert une légitimité d'action sur le terrain de la revendication et des appels aux changements de la société et du politique. Elle prend en charge, de manière détournée, la revendication politique. Les associations des droits de l'homme, des femmes et des diplômés chômeurs sont porteuses de revendications politiques. La société civile a introduit de nouvelles formes de sociabilité pour le citoyen, qui accompagnent le passage du système familial au système institutionnel et qui font fonctionner les institutions.

Dans le processus du changement, d'un système politique autoritaire vers un système démocratique, la société civile joue un rôle important en matière d'ouverture de l'espace public au débat. Elle contribue au changement social et au retour à une politisation citoyenne. La faible confiance dans la politique n'est point un produit immédiat des attitudes des gens à l'égard de la politique ou du politique, c'est un construit historique et social. Le déploiement de la société civile et le fait qu'elle s'avance sur un terrain qui est normalement celui du politique, est un trait qui pourrait être considéré comme une caractéristique de ce changement.

Chapitre 6. Religion et politique : le local et le global

L'islam marocain a souvent été analysé par les anthropologues sous ses deux facettes : un islam modéré, scripturaire, porté par les oulémas, et un islam populaire et oral, porté par les confréries religieuses (*zawiyas*), dérivées du soufisme, se traduisant dans le culte des saints et se manifestant dans une expression populaire de la religiosité de la grande majorité des marocains[152]. Cette configuration de l'islam marocain se trouve aujourd'hui transformée par une dynamique locale du religieux et par une autre, externe, d'un islam globalisé. Les deux dynamiques complexifient la nouvelle configuration du champ religieux ainsi que celle de son rapport avec le politique. Ce chapitre tente d'examiner ces dynamiques, par référence aux changements qu'a connus la place de la religion au sein de la société, à l'évolution de son interprétation à travers l'histoire, à sa relation avec le politique et aux perspectives de régulation des rapports entre la religion et la politique.

L'islam au Maroc, tout comme les registres qui constituent de nos jours le champ religieux, se trouvent aujourd'hui exposés à des dynamiques externes imposées par la globalisation et par un islam transnational. Après avoir vécu un islam marocain confiné dans sa territorialité, la société marocaine fait face actuellement au défi d'un islam transnational et global[153].

1. *La dynamique sociale du religieux*

Sur le plan méthodologique, il faudrait distinguer entre l'islam comme dogme, qui est de l'ordre du normatif, et l'islam comme

---

[152] Ernest Gellner: *Saints of Atlas*. Chicago University Press. 1969

[153] Voir le numéro de la Revue Prologue consacré à l'islam et la mondialisation. Islam et mondialisation. Islam politique et démocratie. L'égalité des sexes en matière d'héritage. *Prologues. Revue Maghrébine du Livre.* N° 38, Marsam. Printemps 2009.

expressions sociales, qui est de l'ordre du social et du culturel, et qui renvoie à la religion telle qu'elle est comprise, interprétée, utilisée et vécue par les musulmans. Ce dernier aspect, qui s'inscrit dans une approche sociologique et anthropologique de la religion, nous renseigne sur les usages sociaux et culturels de la religion et sur son rapport au politique.

A part le judaïsme, religion d'une minorité, l'islam est la religion de la majorité écrasante des marocains ; religion qui occupe une place importante dans leur vision de l'ordre moral et social. Les sociologues et anthropologues, qui ont étudié la religion au Maroc et produit une littérature abondante, durant les périodes coloniale et postcoloniale, ont bien souligné la particularité de l'islam marocain[154]. Il s'agit d'un islam qui s'est adapté au contexte culturel de la société marocaine, au point de se présenter sous une forme différente du rigorisme de l'islam du *Machrek.* Bien que tous les marocains s'identifient comme musulmans, se reconnaissent comme tels, et se soumettent aux piliers de l'islam et à ses préceptes, les expressions de leur religiosité sont imprégnées de la culture marocaine. Le phénomène des confréries religieuses, le *sunisme malékite*, le substrat culturel amazigh et ses coutumes, donnent leur coloration aux expressions de l'islam marocain.

Le phénomène des *zawiyas* s'est développé au Maroc à partir du 12e siècle. Il faudrait noter le fait que l'islam lettré et savant s'est essentiellement développé dans les villes impériales qui abritaient les écoles religieuses traditionnelles (*medersas*), mosquées et confréries urbaines, alors que le culte des saints, perçu comme un élément constitutif de la religion, s'est développé dans les milieux

---

154 Pour ne citer que quelques écrits de la période coloniale, voir : A. Bel. : *La religion musulmane en Berbérie*, Paris, 1938. Michaux-Bellaire: « Les confréries religieuses ». *Archives Marocaines*, 1927.
E. Dermenghem : *Le culte des saints dans l'islam maghrébin.* Paris, Gallimard, 1954.
E. Gellner: *Saints of Atlas*, Chicago, University of Chicago Press, 1969. « Pouvoirs politiques et fonctions religieuses dans l'Islam marocain ». *Annales ESC*, 3, 1970. *Muslim Society*. Cambridge. Cambridge University Press. 1981 ;
Clifford Geertz: *Observer l'Islam. Changement religieux au Maroc et en Indonésie*. Paris. La Découverte. 1992.
Dale Eickelman: *Knowledge and power in Morocco. The education of a twentieth century notable*. Princeton, Princeton University Press, 1985.

rural et urbain. Les *oulamas* ont contribué à la socialisation religieuse par le haut. Les saints, héritiers du soufisme, et par extension le phénomène des confréries, ont contribué à offrir aux marocains une socialisation religieuse par le bas. Cet héritage a favorisé l'instauration de différentes expressions de la religiosité, épousant la pluralité des cultures régionales de la société marocaine. A travers le culte des saints, c'est la créativité populaire qui se déploie pour rapprocher les gens de Dieu. Par le biais d'un lieu sacré, repère de médiation, on implore Dieu, dans ce lieu de réconfort, pour qu'Il exauce un vœu, soigne un malade, dissipe un malheur, éloigne une mauvaise augure, ou pour ouvrir la voie à l'espérance. Dans l'ethos culturel des marocains, ces expressions ne sont pas tombées en désuétude. Elles continuent de nos jours à opérer, dans le cadre d'une nouvelle configuration du champ religieux, pour constituer des couches d'expressions religieuses dans une archéologie de l'expérience religieuse. Dans l'Enquête Nationale sur les Valeurs, 43,9% des enquêtés déclarent qu'ils continuent à rendre visite aux saints, de manière régulière ou occasionnelle[155].

L'islam continue à être la religion et la composante la plus importante de la culture. Les données de l'enquête ''culture politique'' le confirment. Aux deux questions posées aux enquêtés sur ''l'importance qu'ils accordent à la religion'', et sur ''le rôle que la religion a dans la direction de toutes les affaires de la vie », 98,1% d'entre eux répondent que la religion a une grande importance et 87,2% disent que la religion a un rôle dans la direction des affaires de la vie. La religion est ainsi la base de l'ordre moral qui inspire les comportements et oriente toutes les affaires de la vie, qu'elles soient sociales, politiques ou économiques.

La religion et ses principaux acteurs, les savants hommes religieux (*fouqahas)* et prêcheurs des mosquées (*imams)* font partie dans la perception des musulmans d'un ordre moral idéal. Interrogés sur le degré de confiance que les enquêtés leur font, 65,9% d'entre eux

---

[155] Hassan Rachik (Rapporteur). Comité scientifique de suivi : Rahma Bourqia, Abdellatif Bencherifa, et Mohamed Tozy.. *Rapport de synthèse de l'Enquête Nationale sur les Valeurs. 50 ans de Développement Humain et Perspectives 2025.* 2005, p.53

leur accordent un degré élevé de confiance, 22,6% ont peu confiance en eux, 7,4% ne leur font ''pas confiance'', et 4,2% sont sans opinion ou ne savent. La confiance placée par la majorité des répondants dans les hommes de religion (*fouqahas)* est déterminée par le statut de ces derniers, qui fait d'eux les gardiens et les détenteurs de la moralité, offrant aux musulmans un modèle de droiture et de vertu.

Néanmoins, cette confiance accordée aux *fouqahas* et aux *imams*, et le respect dont ils jouissent, de par leur statut dans l'ordre moral, ne se traduisent pas forcément par une intervention de leur part dans les affaires quotidiennes des musulmans. A la question : « en cas de problème, consultez vous un imam de la mosquée ? », 84,8% des interviewés lors de l'enquête ''culture politique'' répondent qu'ils ne le font jamais, seuls 9,7% d'entre eux le font souvent ou quelques fois. A l'échelle individuelle, le bon musulman est supposé avoir intériorisé les valeurs de l'islam sans la présence d'un intermédiaire pour les lui rappeler. A la question de savoir ''s'ils pensent que la religion est une affaire privée et doit être séparée de la vie politique'', les répondants sont 61,9% à dire oui ; 20,7% y sont opposés ; et 12,4% sont sans opinion ou ne savent pas. On remarque, néanmoins, que ceux qui considèrent que la religion doit intervenir dans la vie politique sont de l'ordre de 20,7%. Cette donnée reflète l'existence d'une tendance, quoique minoritaire, qui revendique un islam politique. La religion fournit les normes et guide les valeurs, et on est supposé trouver chez un bon musulman de telles valeurs.

Que les répondants s'accordent à estimer important que le candidat aux élections ait les attributs du ''bon musulman'' (73,4%), ait ''fait de bonnes études'' (81,8%) et qu'il soit ''de bonne réputation'' (80,6%), montre bien qu'ils sont à la recherche de ce qui ferait d'un candidat un bon élu. Qu'ils considèrent que ce candidat doive être ''un bon musulman'' est une évidence, voire même une tautologie dans une société musulmane. « Un bon musulman » en politique ne voudrait nullement dire que ce serait celui qui utilise la religion en politique, mais bien celui qui se conforme aux valeurs morales de la religion. Néanmoins, le critère selon lequel le candidat devrait être celui ''ayant fait de bonnes études'', eu égard à un contexte électoral qui permet aux personnes analphabètes d'accéder parfois au parlement, et celui conformément auquel ledit candidat devrait avoir ''une bonne réputation'' *(maaqoul)*, renvoient à des faits et des opinions qui témoignent d'une perception pragmatique du profil du candidat aux élections, laquelle est dictée par l'exigence de la bonne représentativité du peuple. Si on considère important que le candidat aux élections soit bon musulman, en se conformant à la morale musulmane, on estime plus important encore qu'il ait fait de bonnes études, donc compétent, et qu'il soit sérieux, donc ayant une intégrité morale pour pouvoir gérer les affaires politiques et publiques.

Cet islam inscrit dans la culture et s'appuyant sur une vision donnée de l'ordre social et moral est aujourd'hui concurrencé par un islam politique, soutenu et porté par de nouveaux acteurs de la scène du religieux, dans le cadre d'une nébuleuse de tendances où se confondent, et parfois s'entremêlent, modération, rigorisme et extrémisme.

2. *L'acteur religieux : du lettré au nouvel idéologue*

Avec le déclin des idéologies légitimant les systèmes politiques et mobilisant les mouvements sociaux, la religion, même si elle a été, de tout temps, au cœur du fonctionnement des sociétés islamiques, apparaît aujourd'hui sous un nouveau visage sur la scène politique dans toutes les sociétés. Le Maroc, qui a cultivé pendant longtemps l'idée de sa spécificité comme pays de tolérance et de paix, et d'un islam modéré pour avoir été épargné par les violences commises au nom de la religion, se voit, depuis l'attentat terroriste du 16 mai 2003 à Casablanca, devenir une cible de la violence et un terrain où se forment des idéologies islamistes rigoristes. Parmi ces dernières, on note celle du *jihadisme,* porté par un mouvement extrémiste qui essaime en groupuscules de différentes dénominations : *assalifiya al jihadiya ; ansar al mahdi ;* etc. ; mouvement se référant à une interprétation de la religion qui oriente l'action dans le sens de la violence.

On est amené à s'interroger sur ce qui a favorisé l'émergence du rigorisme et de l'extrémisme. L'islam dispose d'une science de l'exégèse clairement définie, ce qui n'a pas empêché que des interprètes instantanés de la parole de Dieu émergent à notre époque. La démocratisation relative de la prise de parole, la prédominance de la communication de masse et des chaînes de télévision, devenues les supports d'une parole libre en direct, et la démocratisation progressive de l'éducation ont permis un accès sans médiation à l'interprétation du Coran et de la tradition islamique. La massification de l'enseignement a produit en masse ces nouveaux idéologues.

Ce nouvel idéologue n'est ni un savant religieux *(`alim)*, ni un intellectuel, ni un penseur érudit ; il appartient à une catégorie à part qui a bénéficié de l'éducation religieuse de masse et s'est appropriée la parole au nom de la religion qu'elle diffuse à travers les médias, les cédéroms et les télévisions satellitaires à vocation religieuse, et ce pour occuper l'espace de la pensée religieuse.

Par le passé, l'éducation religieuse en vue d'acquérir la connaissance et le savoir religieux se faisait par étapes, et ces étapes étaient connues et reconnues par la communauté des érudits. Il suffit aujourd'hui de savoir lire, écrire et avoir parcouru quelques textes religieux pour s'octroyer le « droit » d'interpréter la parole de Dieu, autrement-dit, de favoriser et de défendre une lecture religieuse qui sert un dessein idéologique et un projet politique. Bien que le corps des savants religieux *(`oulama)* n'ait pas disparu et continue à fonctionner au sein de la société, on assiste progressivement à l'émergence de ces nouveaux idéologues qui se font les porte-parole de la religion à travers une vision intégriste et rigoriste de l'islam.

Par le passé, le '*alim* se voyait au sein de sa société comme le seul détenteur de la science religieuse ; de nos jours, le nouvel idéologue partage avec lui une telle revendication. Plus nombreux que les *oulama*, ces nouveaux idéologues voient leur position renforcée par l'accroissement quantitatif et du fait du pouvoir de la multitude. Socialisés par une culture religieuse vulgarisée, et par l'ère du digital, ils fréquentent les cyberespaces, maîtrisent la technologie de l'information, qui sert de support à la science religieuse à l'heure de la globalisation, sans transcender l'archaïsme qui fonde leur idéologie intégriste.

L'intégrisme radical est négationniste. Il fait rejaillir à la surface une culture du ressentiment et de rancœur, constamment refoulés dans l'inconscient musulman depuis la chute de Grenade en Andalousie en 1492 et le commencement de l'ère du déclin, à l'issue de laquelle, pour utiliser une expression de A. Meddeb[156] sans la généraliser, quelques groupes de musulmans : « *sont devenus inconsolés* ». Ce ressentiment, chez les radicaux, se nourrit aujourd'hui du sentiment et de la conscience du retard qui existe entre les pays du Nord et ceux du Sud, et de l'humiliation que ressentent les faibles et les mal-classés au regard des constats et des rapports internationaux sur le développement humain. S'écartant de l'examen critique et objectif de l'histoire, ne disposant point d'outils d'analyse des dynamiques internes des sociétés musulmanes, ignorant les vrais enjeux économiques mondiaux d'aujourd'hui, le nouvel intellectuel radical affiche sa haine à l'adresse de l'Occident et de ceux qu'il considère comme étant ses alliés.

Les lettrés et les savants religieux se retrouvent détrônés et évincés par ces nouveaux profils, qui disposent d'une connaissance non approfondie sur l'islam, d'une certaine maîtrise du monde numérique et des nouvelles formes de mobilisation. Mais étant donné que les lettrés religieux sont socialisés dans une tradition scripturaire, subissant la situation d'un monde musulman incapable de combler l'écart économique et de développement par rapport à l'Occident, ils partagent avec les nouveaux idéologues la culture du ressentiment. Sans brandir l'arme de la violence, comme le font les nouveaux idéologues intégristes, ils rejoignent ces derniers dans leur dénonciation de l'Occident. Ce partage de la culture du ressentiment rend la ligne de démarcation idéologique entre les deux difficilement repérable et fait que les savants religieux hésitent parfois à dénoncer les seconds et à prendre position par rapport à eux.

Ces nouveaux idéologues ne prêchent pas tous la violence, il n'en demeure pas moins que c'est parmi eux qu'émerge ce leadership invisible qui contrôle à distance les « *émirs* » qui, eux, encadrent les *jihadistes* dans le cadre d'une idéologie d'un islam intégriste, simplifié et appauvri de toute pensée, et les amènent à revendiquer l'exclusivité de la guerre sainte contre les ennemis, les renégats et

[156] Abdelwahab Meddeb : *La maladie de l'islam.* Essais. Seuil, Points, 2002

les excommuniés. L'encadrement se fait dans le contexte d'une interprétation archaïque, mobilisée pour la dénonciation, la rupture, la violence et la mort, contre le mal.

Le renouvellement des procédés et des techniques adoptés lors des attaques terroristes montre que l'intégriste radical, sous sa forme *jihadiste* et d'organisation sectaire, ne se contente pas de cultiver la rancœur et la haine, mais développe une ingéniosité dans sa pratique de la vengeance.

3. *Sur les traces de la tendance intégriste*

Les fondamentalismes et les idéologisations de la religion sont des phénomènes que l'on retrouve dans toutes les religions[157]. A travers l'histoire et dans différentes sociétés se sont développées des tendances intégristes et rigoristes. Bien que les intégrismes radicaux représentant l'un des courants d'un islam globalisé soient les produits de notre époque, ils s'appuient sur des courants d'idées et sur des figures qu'ils considèrent comme des référents à leur idéologie.

L'islam est traversé aujourd'hui par plusieurs tendances qui peuvent être ramenées, schématiquement, à deux grandes : celle qui fait de l'islam une interprétation au service du bonheur des humains et au développement de la culture, et celle qui l'associe au rejet de l'Autre, à la rancœur et à la violence. Toutefois, pour des raisons sociologiques, culturelles et intellectuelles, la ligne de démarcation entre les deux tendances n'a jamais été bien claire. L'analyse sociologique et anthropologique et un travail intellectuel sur les traces de la pensée intégriste et sur son fonctionnement dans la société musulmane d'aujourd'hui permettent de clarifier cette ligne de démarcation. Mais une telle entreprise dépasse le cadre de cet ouvrage.

Ce travail est porté actuellement, individuellement, par quelques intellectuels et penseurs[158], sans toutefois participer d'un projet

---

[157] Voir Gilles Kepel : *La revanche de Dieu. Chrétiens, juifs et musulmans à la reconquête du monde*. Editions du Seuil, 1991

[158] Tous les penseurs qui travaillent sur la pensée musulmane. Voir : Mohamed Iqbal. *Reconstruire la pensée religieuse de l'islam*, Editions du Rocher, 1996. Hassan Hanafi. *Atturath wa-tajdid.* (Tradition et re-nouveau), Beyrouth, 1992. Mohamed Charfi. *Islam et liberté*, Albin Michel, 1999. Abdelmajid Charfi. *Al*

intellectuel visant à retracer les fondements de cet intégrisme qui se dévoile au nom de l'islam[159]. En effet, l'intégrisme radical a son histoire, ses fondateurs et sa pensée de référence qui guide son aventure. La religion dans sa forme rigoriste et comme principe purificateur a été mise en avant au moment des crises et des périodes de décadence, comme une réponse au désarroi et à l'humiliation[160].

L'intégrisme mobilise aujourd'hui une idéologie de la violence, qui a une généalogie. On la retrouve dans toute doctrine prêchant avec zèle une lecture littéraliste et simpliste du Coran et de la tradition, et un retour à une époque idéalisée et imaginée comme étant l'époque symbolique de référence, en la soustrayant au contexte historique. L'œuvre idéologique d'une telle lecture commence avec la dissociation entre l'historicité d'une époque et son idéalisation. Cette lecture réduit le travail d'interprétation à sa forme la plus primaire, couplée à une image idéalisée de l'époque des « califes bien-guidés » (*al khoulafa arrachidun*). C'est cette lecture qui constitue et forge les idées de base de l'intégrisme comme élan de purification. Or ces idées occultent à la fois tout le travail d'exégèse qu'a connu l'islam, et qui a ouvert la voie à un renouvellement constant de la foi, et l'historicité qui permet de regarder autrement l'époque fondatrice qui, on le sait, a connu la violence de la compétition pour le pouvoir au point que trois de ces califes sont morts assassinés[161].

Islam wa al-hadatha (Islam et modernité), Tunis, Dar Attunissiya, 1990. *Al Islam bayna ar-Risala wa Tarikh*, Beyrouth, Dar Attliy'a, 2001. Mohamed Talbi. *Plaidoyer pour un islam moderne*. Cérès et Desclée de Brower. 1998. Universalité du Coran. Actes Sud, 2002. Abdul Karim Sorouch. *Reason, freedom and democracy in Islam,* Oxford University Press, 2000.

[159] A. Meddeb écrit : « *Il est urgent de suivre le parcours d'une telle genèse, qui a fini par produire des monstres ayant oublié les objets de l'être, et qui ont transformé une tradition fondée sur le principe de la vie et le culte de jouissance en une lugubre course vers la mort* ». Voir : A. Meddeb. *La maladie de l'islam. Op.cit.*, p.9

[160] *Ibid.*

[161] A. Meddeb. *La maladie de l'islam. Op.cit.* p.55

Ce renouveau cyclique d'un idéal imaginé, considéré comme un renouveau de l'islam[162] et associé au projet politique d'un Etat islamique, mérite à lui seul une étude historique. Parmi les figures dont les idées et théories participent du fondamentalisme radical et politique durant le vingtième siècle, on retrouve Hasan al Banna (1906-1949) qui fonda l'Association des Frères Musulmans en Egypte, Sayyid Qutb, mort en 1966, et leurs affiliés dans tous les pays musulmans[163].

Il faudrait relever, cependant, que l'idéologie intégriste, dans sa forme actuelle, est portée essentiellement par une conception rigoriste de l'islam qui en facilite la diffusion. Il s'agit d'un phénomène inédit par son caractère transnational, par les nouveaux moyens de mobilisation et par la facilité de circulation des idées. Néanmoins, la chaîne de cette idéologie est constituée de figures telles qu'Ibn Hanbal, fondateur de l'école hanbalite ; Ibn Taymiyya ; Ibn Qaym al Jouziya et Ibn Abdelwahab, qui a donné naissance au wahhabisme dans la Péninsule arabique[164]. La doctrine qui a développé l'idée de purification et du rigorisme est celle du hanbalisme. Ibn Hanbal a créé, au début du IXe siècle, l'une des écoles juridiques de l'islam sunnite, en appelant à un retour au Coran et à l'imitation du prophète et des pieux prédécesseurs (s*alaf salih).* Il prêchait un retour à la lettre pure du texte et déconseillait d'utiliser l'opinion *(ra'y)* qui est l'un des principes de l'interprétation, recommandé par les autres écoles juridiques. La doctrine d'Ibn Hanbal a eu des disciples qui ont marqué l'histoire de la pensée islamique. Celui qui sera son disciple radical est Ibn Taymiyya (mort en 1328) ; c'est lui qui théorisa la notion de la guerre sainte *(jihad)* et celle des sanctions *(hudud)*. Il prône la purification de l'islam (*tanqiat al islam*) au nom du Coran.

En se référant au hanbalisme, le *wahhabisme* est né dans la Péninsule arabique au XVIIIe siècle, au nom du renouveau de

[162] Pourtant le mouvement de la renaissance (*Nahda*) avec Mohamed Abdou, Jamal Eddin al Afghani et Rachid Réda ont lancé des courants de pensée modernistes au sein de l'Islam.

[163] Olivier Carré : *Mystique et politique. Lecture révolutionnaire du Coran par Sayyid Qutb, frère musulman radical.* Presses de la Fondation Nationale des Sciences Politiques. Editions du CERF, 1984.

[164] Mohammed Amara. *Tayarat al fikr al islami.* Dar Shourouk, 1991, p.255

l'islam. Ibn Abdelwahab pousse le rigorisme de ses maîtres encore plus loin. Ayant vécu dans une société bédouine, il a hérité de ses maîtres une conception « *salafiste simple de l'islam* »[165] qui renvoie à une lecture littérale du Coran. Celle-ci en appelle à combattre les croyances populaires et les cultes des saints, et jette l'anathème sur tous ceux qui les pratiquent. Il pousse le rigorisme au point de défendre l'idée de l'obligation du recours à la violence pour combattre de telles croyances au nom de l'obligation de lutter contre tout ce qui est perçu comme éloigné de l'islam authentique. C'est à l'encontre de tous ceux qui portent leur dévotion sur les saints qu'il écrit que *« l'anathème (kufr) de nos contemporains est plus grave que de celui combattu par notre prophète en son temps »*[166]. Aussi détruisit-il de ses propres mains et à coups de pioche la coupole du tombeau de Zyad Ibn al Khatab (mort en 633), vénéré par les gens de Jbila dans la Péninsule arabique, ce qui a suscité leur colère et leur indignation[167].

Comme son maître Ibn Taymiyya, il prêche ''la purification de la doctrine'' (*tanqiyat al 'aqida*) et le rejet de toute interprétation qui fait appel à la raison et à l'opinion (*ra'y).* Ce rigorisme, qui n'a point participé à faire rayonner la civilisation musulmane, a contribué à enraciner dans la société de la Péninsule arabique une conception conservatrice de l'islam, mais dont la « portée est limitée »[168] sur le plan sociologique et culturel.[169]

---

[165] *Ibid.*, p. 253.

[166] *Ibid.*, p. 254.

[167] *Ibid.*, p. 256.

[168] *Ibid.*, p. 258.

[169] C'est ainsi que, comme l'écrit Meddeb : « *l'idéologie était semée, et, au tout début du XXe siècle, les conditions étaient réunies pour ranimer le projet. La tribu d'Ibn Séoud, à jamais liée à cette idéologie puriste, réactive le processus... et créa en 1932 l'Etat saoudien au nom de l'idéologie wahabite, instituée doctrine officielle* ». Et comme le remarque ce même auteur, s'il n'y avait pas la richesse du pétrole et la montée en puissance d'une économie de rente, le wahabisme serait réduit à une idéologie confinée à l'intérieur de l'espace d'une secte, mais la manne du pétrole et le pétrodollar l'ont renforcé et lui ont permis d'être exporté pour devenir entre les mains des zélateurs une terreur qui menace tous les pays, y compris l'Arabie Saoudite. Celle-ci n'a-t-elle pas été victime d'attaques terroristes au nom de l'islam ?
A. Meddeb. *La maladie de l'islam. Op. cit.* p.73

L'idée de purification (*tanqiya*) est exclusive. Elle prône un islam austère qui s'éloigne de ce que cette religion a créé de beau et d'esthétique, et paradoxalement s'éloigne de l'islam lui-même. Elle s'interdit toute autre voie d'approche ou interprétation de la lettre du Texte. C'est dans ce sens qu'elle est intégriste, rigoriste, et véhicule une conception extrêmement simplifiée de l'islam ; conception qui se répand dans un monde musulman dont la majorité de la population est analphabète. Les porteurs de cette conception de l'islam ne pourraient revendiquer aucune contribution aux valeurs universelles ; contribution que l'islam a historiquement réalisée à travers une histoire complexe, traversée par la tradition hellénistique, par les lumières de l'époque andalouse et par le dialogue des penseurs musulmans du XIXe siècle avec l'Occident. Il est évident que dans cette histoire, il y a des méandres et des cycles tantôt de lumières, tantôt de ténèbres[170].

La peur de l'uniformisation des cultures, engendrée par la globalisation, une certaine arrogance des pays dominants (l'intervention américaine en Irak) ; et un soutien inconditionnel de certains de ces pays à l'Etat israélien ne sont pas étrangers à la création d'un climat favorable à un retour à ce rigorisme qui a toujours tenté d'occulter le courant rationaliste en islam ; rigorisme qui constitue la base idéologique d'un islamisme politique extrémiste.

4. *La greffe du modèle du Machrek*

La mobilité des marocains en direction du Moyen Orient, limitée pendant des siècles à des déplacements pour effectuer le pèlerinage, est devenue de nos jours une mobilité de main d'œuvre à la recherche d'opportunités d'emploi, d'affaires et de transfert d'idéologie. Facilité par les moyens de transport aérien, le pèlerinage de son côté mobilise un nombre croissant de pèlerins se rendant à différentes périodes de l'année, avec des périodes de pics, lors du *haj* et de la *oumra* du mois de Ramadan. Il faut dire que l'ouverture du marché de l'emploi dans les pays du Golfe devant une main d'œuvre marocaine à la recherche de travail a

---

[170] Ibn Khaldoun. *Al Mouqadima.* Al Maktaba Alsriya. Beyrouth. Deuxième Edition, 2000.

accentué cette mobilité. Une certaine jeunesse marocaine, qualifiée ou non, habitée par le phantasme d'un ailleurs meilleur, est prête à s'embarquer à la première occasion offerte pour un travail dans les pays du Golfe ; pays qui connaissent un déficit en main d'œuvre au regard de leur développement urbain accéléré.

Des études montrent que ces pays sont devenus des pays d'accueil d'une migration à la recherche d'opportunités d'emploi. L'Europe et les pays occidentaux ne sont plus la seule destination de l'émigration maghrébine[171] ; et ce bien que la migration vers les pays occidentaux soit plus importante que celle qui a lieu entre pays arabes. Ce mouvement migratoire a touché, pendant les deux dernières décennies, de manière progressive et accélérée, aussi bien les hommes que les femmes. Le phénomène de la migration féminine s'accroit au point d'inquiéter les associations des droits humains, comme illustré par les appels lancés par certaines d'entre elles[172]. Ces appels attirent l'attention sur le fait que la migration vers les pays du Nord était d'abord une migration masculine. La migration vers les pays du Golfe est, aussi et surtout, féminine.

Dans ces allers et retours entre les pays du Golfe et le Maroc, où se mêlent dévotion, tourisme religieux, négoce, et recherche

[171] Voir : Banque Mondiale. *Valoriser les possibilités d'emploi dans les pays du Moyen –Orient et d'Afrique du Nord. Vers un nouveau contrat social*, Editions ESKA, 2004

Voir aussi : Banque Mondiale. *Construire les sociétés du savoir : nouveaux défis pour l'enseignement supérieur.* Les Presses de l'Université Laval, 2003.

Dans une étude réalisée par la Fondation Hassan II pour les Marocains Résidents à l'Etranger, seules les données sur les résidents dans les pays européens sont fournies. Voir : Fondation Hassan II. *Les Marocains de l'extérieur.* 2003.

[172] Un appel à signer une pétition dit : «*Pour le respect des droits de la femme marocaine « immigrée » aux pays du Golfe : Dans le cadre du débat transnational, la situation de la femme migrante a retenu l'attention des participants. Ils ont constaté que suite à une mutation progressive de la société marocaine, sont apparues de nouvelles catégories de femmes migrantes : les femmes seules ; étudiantes ; les femmes qui cherchent une vie meilleure, fuyant la précarité et la pauvreté et les femmes nées dans les pays d'accueil. Cette féminisation grandissante de la migration s'est développée non seulement avec la crise économique mondiale de 1973 qui aboutira à la fermeture des frontières européennes mais elle a été aussi engendrée par l'émergence d'une nouvelle destination de cette migration féminine: les pays du Golfe* ». EMCEMO, Centre Euro-Mediterrannée Migration & Développement. Postbus 50676, 1040 LD Amsterdam. T: 020-4288825. F: 020-4686222.

d'opportunités de tous genres, se crée un mouvement qui délimite les contours d'un islam culturel transnational porteur d'un modèle basé sur un paradigme rigoriste dans un contexte social et culturel marocain qui, jusqu'à une époque récente, avait une certaine spécificité.

Ces mouvements de personnes ne se passent pas sans occasionner un transfert des ingrédients d'une culture et d'un mode de pensée, dont le mode vestimentaire est parfois le signe le plus apparent. Il est évident que le contexte global a favorisé l'export et l'import de ce rigorisme dans un monde globalisé.

Le paysage médiatique des télévisions arabes est dominé par les chaînes des pays du Moyen Orient, qui disposent de moyens financiers, matériels et techniques provenant de la rente pétrolière, et qui leur permettent d'être performants sur les plans professionnel et technologique. Une chaîne comme *Al Jazeera*, l'une des chaînes les plus importantes de ce paysage médiatique, semble adopter une ligne éditoriale anti-Occident, qui flatte un sentiment d'infériorité, partagé par les populations arabes et musulmanes, et met en avant un modèle culturel du Moyen-Orient arabo-musulman comme alternative aux modèles occidentaux dominants. D'autres chaînes comme *Iqra*, mettent au devant de la scène des prêcheurs zélés, barbus ou non, qui s'activent à répandre une certaine interprétation simpliste de l'islam, en s'efforçant de la faire passer pour une parole d'autorité auprès d'un auditoire du monde arabo-musulman constitué dans sa majorité de personnes analphabètes.

Quoique partageant la même religion avec les pays musulmans et arabes, les sociétés du Maghreb ont été historiquement et culturellement porteuses de spécificités. Or la conséquence des flux et des reflux des dernières décennies est le développement d'une tendance au changement du paysage de la conception de l'islam et de certains aspects dans le mode de vie de ces sociétés. Une certaine vision rigoriste de l'islam véhiculée par le paysage audiovisuel arabe s'installe au sein des populations les plus habitées par le sentiment de l'affaibli et de l'humilié au regard du retard économique et de la pauvreté par rapport à un monde occidental, perçu par elles comme caractérisé plutôt par ce dont elles sont démunies : la richesse, l'opulence, l'abondance et parfois l'arrogance.

La mobilité des hommes et des femmes et l'effet des télévisions arabes sur un auditoire insatisfait par la performance des chaînes locales donnent lieu à un transfert et à une greffe de modèles. En effet, les chaînes locales n'arrivent pas à détourner entièrement les téléspectateurs des chaînes occidentales, captées par l'élite, et des chaînes arabes captées par la masse de la population. Ainsi s'opère le transfert des idées, des modes de pensée, d'être et de paraître. Le mode d'être s'est cristallisé, entre autres, autour du corps de la femme par le port du *hijab*, qui a été d'abord un mode importé, mais qui s'est progressivement installé comme mode de paraître en public pour la femme. Au Maroc, la forme actuelle du *hijab* ne date pas de plus de deux décennies. Aujourd'hui, une bonne partie de toute une génération le considère comme une manière d'être et comme un signe d'identité de la femme musulmane.

L'argent injecté pour assurer une certaine modernité technologique n'engendre pas toujours une modernité au niveau social et culturel. La construction de grattes ciel dans les capitales du Golfe, dans un monde qui s'offre à la finance, avec une consommation technologique effrénée, l'installation des multinationales, l'existence d'une économie de rente qui immobilise le capital dans l'immobilier, lequel n'est pas forcément créateur de richesses humaines et de valeurs, font que ces pays mettent en place un modèle de développement basé sur la manne pétrolière. Ainsi, tout le processus de valorisation du travail dans le cadre d'un développement basé sur la productivité et la créativité critique de l'esprit humain se trouve contourné. Un tel modèle économique, s'il était importé au Maroc, ne conduirait aucunement au développement du pays, dont la ressource la plus importante réside dans la qualification de ses hommes et de ses femmes pour assurer une meilleure politique économique productrice de richesses.

En tant que modèle de société au niveau économique, social et culturel, le modèle des pays du Golfe mériterait d'être étudié, comme devraient l'être l'économie de rente et son implication sur la valeur travail dans le cadre d'une économie qui fait appel à la force de travail des travailleurs venus des pays asiatiques. Mais une telle étude va au-delà du cadre du présent ouvrage.

L'un des paradoxes de l'espace arabe est que le discours érige la communauté arabe en principe unificateur, alors qu'on assiste à la diversité des ressources de la richesse et des modèles économiques. Au Maroc, l'affichage de la diversité culturelle et des différentes composantes des identités, ainsi que la revendication de certaines différences culturelles, dont l'amazighité, ont fait que la réalité historique et sociale a pendant longtemps permis d'atténuer le rigorisme doctrinal dont il a été question ci-dessus, qui n'a pas pu s'introduire de manière généralisée dans les relations sociales. Le signe le plus apparent de ce rigorisme se manifeste à travers l'attitude à l'égard des femmes et la perception qu'on se fait d'elles dans les sociétés arabes ; perception différenciée d'une région à une autre. Aujourd'hui, avec le mouvement des idéologies, porté par la mobilité des gens et par le paysage télévisuel, la greffe des modèles culturels, leur transfert et leur mouvement sont devenus une réalité.

5. *Islamisme et populisme*

On entend par islamisme la tendance à utiliser la religion musulmane comme idéologie mobilisatrice dans le politique. Il est donc approprié de se poser la question : l'islamisme est-il une forme de populisme[173] ?

Sans être une doctrine économique et sociale, une théorie ou encore un projet pragmatique, le populisme comme le définit Jean-Pierre Roux « *est l'art et la manière de flatter le peuple à l'inconditionnel* »[174] et un élan complémentaire qui renforce les doctrines et les idéologies politiques totalitaires telles que le communisme, le fascisme et l'intégrisme. *A priori*, la démocratie est incompatible avec le populisme, dans la mesure où la démocratie est fondée sur des théories économiques, une rationalité et une efficacité de gouvernance, un esprit critique et civique acquis au moyen de l'éducation et de la socialisation, des valeurs de droits, d'obligations, de responsabilisation et des élections

[173] Rémy Leveau : « *Islamisme et populisme* ». *In* : Jean –Pierre Roux (Dir.) *Les populismes*. Presses de la Fondation Nationale des Sciences Politiques. Editions Perrin, 2007, p.351

[174] Jean-Pierre Roux (Dir.). *Les populismes*. Presses de la Fondation Nationale des Sciences Politiques. Editions Perrin, 2007, P.7

transparentes. Le discours démocratique est un discours traduisible en projets économiques et sociaux, et en un ensemble de lois, de mesures et d'actions qui touchent le citoyen dans son vécu, ce qui lui permet d'en saisir le contenu et la substance. C'est ce qui fait du système démocratique une réalité et non une utopie. Or le populisme fait miroiter une « réalité » utopique et illusoire qui fait appel beaucoup plus au ressentiment collectif qu'à la raison. Néanmoins, le populisme pourrait s'inscrire dans une référence démocratique et faire un « *mésusage tactique de cette référence démocratique* »[175].

Certains auteurs estiment que le populisme, comme phénomène de mobilisation des foules, s'installe dans des périodes de crise d'une société. Comme le souligne Bertrand Badie : « *il ne peut s'imposer avec succès que dans des situations d'anomie ou de transition* »[176]. Ou comme l'écrit Jean- Pierre Roux : « *Le discours populiste devient alors une technique de mobilisation qui oppose à une communauté politique institutionnalisée gravement affaiblie l'appel à un peuple dépouillé de toutes ses médiations et critiquant les errements des institutions censées le représenter et l'organiser* »[177]. Considérer l'islamisme comme une forme de populisme, dans un pays musulman en mal de circulation des idéologies, et dans la majorité de ces pays où la transition démocratique est en difficulté, mérite réflexion.

Les sociétés arabes des années 50 et 60 du siècle dernier ont été traversées par des mouvements nationalistes mobilisateurs des peuples contre la colonisation, le capitalisme et l'impérialisme. Cette mobilisation s'est accompagnée d'un discours qui s'est voulu le porte-parole des peuples. Il est évident que la décolonisation a accordé une valeur historique au nationalisme libérateur. L'enjeu de la libération a été tel que le mouvement nationaliste s'est étendu aux peuples dans tous les pays arabes qui ont connu la colonisation. Après la décolonisation, le nationalisme arabe, incarné par un leader comme Gamal Abdel Nasser, a vite essuyé un échec sur le problème palestinien et en matière de mise en place

---

[175] *Ibid.* p.18

[176] Bertrand Badie, cité par Jean –Pierre Roux (Dir.). *Les populismes*, *Op. Cit.,* p. 14.

[177] Jean –Pierre Roux (Dir.). Les populismes. *Op.cit.*, p.14

d'un projet de développement viable, permettant de redistribuer les richesses produites pour en faire bénéficier des couches importantes de la population.

Si le nationalisme se retrouve à la fin des années 60 et 70 essoufflé par les défis de la mise en place de la démocratie et du développement, la montée du marxisme et des mouvements communistes promettait, non sans populisme, aux peuples opprimés, un meilleur modèle économique et social. Bien que le discours marxiste soit destiné aux couches opprimées et formaté pour s'adresser essentiellement à la classe ouvrière, il n'a pas connu un enracinement parmi les différentes couches des sociétés arabes ; il est demeuré une idéologie d'un mouvement élitiste.

Au niveau des pays arabes, l'islamisme, dans son élan de développement, a été à une certaine époque complice des pouvoirs en place en vue de contrecarrer la montée du marxisme, qui a radicalisé une partie de l'élite intellectuelle et estudiantine. Ce fut le cas au Maroc. En effet, durant les années 70, un certain fondamentalisme adopté comme politique d'Etat, a créé un climat propice à la montée des idéologies religieuses. La création des départements des Etudes Islamiques dans toutes les facultés des lettres et dans toutes les universités marocaines, échappant à la rigueur académique et recevant, dans un élan idéologique, des masses d'étudiants, est très vite devenue une machine à produire nombre de lauréats et de docteurs. Animés d'un esprit de corps et du sentiment d'être les détenteurs du savoir islamique et les défenseurs de l'islam, mais déçus par un marché de l'emploi qui ne les absorbe pas, ces lauréats cultivent le ressentiment envers l'université qui les a créés, et par extension envers la société, et se préparent à s'approprier l'idéologie islamiste[178].

Si le communisme dans certains pays arabes des années 60 et 70 misait, à travers un discours populiste, sur la classe ouvrière, marginalisée par un système capitaliste favorable au patronat et l'excluant de la redistribution des richesses, l'islamisme politique actuel dans le monde verse dans le populisme pour s'ériger porte-parole des peuples musulmans. Il transcende la territorialité

[178] Dans beaucoup d'universités marocaines, la mouvance islamiste est celle qui porte la contestation estudiantine.

nationale pour s'adresser à tous les musulmans, à savoir une masse déjà acquise aux préceptes de l'islam. Son populisme touche la sensibilité de cette masse, sa configuration symbolique et son être humilié, par l'opulence et les avancées de l'Occident, par son retard par rapport à cet Occident, et par les frustrations sociales dont la majorité fait l'expérience au quotidien. L'islamisme devient ainsi mobilisateur sur un terrain culturel favorable et une tradition réceptive de par sa référence à l'islam.

Il faudrait noter aussi que le populisme islamiste[179] est aussi mobilisateur en raison du contrôle social qu'il exerce sur les comportements des individus et de la collectivité, en faisant appel au pouvoir qu'exerce la religion sur l'être religieux, comme être toujours imparfait, culpabilisé qu'il est de ne pouvoir atteindre la perfection et la rectitude morales exigées par Dieu.

Son contrôle social est renforcé, dans certains cas, par la mise en œuvre d'une stratégie de solidarité visant à compenser les déficits des services de l'Etat et le manque d'encadrement des partis politiques. Une telle stratégie se déploie, de manière instantanée et sporadique, dans les moments de vulnérabilité de l'être musulman : deuil, emprisonnement d'un membre de la famille, malheur, catastrophe, etc. En situation de vulnérabilité, l'être musulman, habité par un désir revanchard à l'égard de l'élite et par la désaffection à l'égard d'un système en place qui bloque son ascension sociale, touché dans son affect, se laisse aider par la main qui lui est tendue ici-bas et se laisse guider par un mouvement qui l'entraine vers l'illusion du paradis à retrouver dans l'au-delà.

Pour pouvoir capter le sentiment de frustration collectif, le populisme islamiste se traduit dans un discours de dénonciation qui cristallise cette dernière autour des maux de la société et sur des questions comme la perte des valeurs morales, la corruption, le clientélisme et la globalisation. En revanche, il ne cesse d'annoncer un avenir prométhéen. Contre le mal, il se présente pour être le bien qui affiche ''sa propreté''. Il est évident que le discours islamiste actif trouve de l'écho auprès d'une certaine jeunesse

---

[179] Rémy Leveau. « *Islamisme et populisme* ». *In* : Jean-Pierre Roux (Dir.). *Les populismes*. Op.cit., p.351.

vivant une situation de vulnérabilité, désemparée qu'elle est par les problèmes sociaux, et hésitant, pour des raisons économiques, à s'embarquer dans le mariage, facteur de stabilité dans la culture arabo-musulmane. Dans une société où les disparités sociales sont accentuées et les richesses ostentatoires d'une élite minoritaire sont affichées, parfois avec arrogance culturelle, le populisme islamiste fait rejaillir à la surface le ressentiment revanchard des classes moyennes et des vulnérables, et crée une culture de l'aversion à l'égard des riches, des exploitants, des mécréants, des renégats et des corrompus.

Le discours populiste s'adresse toujours à un peuple en manque, dont la personnalité est en déconstruction ; le discours flattant l'être en manque est alors plus important que ce qu'on offre à cet être. A une personnalité déconstruite, l'islamisme offre un système de reconstruction où l'être retrouve un repère, même illusoire, et lui fournit ce que Rémy Leveau appelle « *un réarmement moral* »[180]. Doté de ce dernier, il est prêt à s'embarquer dans l'action politique au nom de l'islam, voire à passer, dans des cas extrêmes, au *jihadisme*.

6. *Le nouvel ordre de l'incertitude : la menace de ''l'idéocide''*

Il est certain que la globalisation a révélé « *des pathologies dans les idéologies sacrées de la nation* »[181]. Si la violence a accompagné l'humanité sous forme de génocide ou encore d'ethnocide, de colonisation sauvage de peuplement, nous assistons aujourd'hui, à l'ère de la globalisation, à l'émergence et à l'installation de ce qu'on pourrait appeler après l'anthropologue Arjun Appadurai : « *l'idéocide* », ou encore comme l'écrit Amin Maalouf « *des identités meurtrières* », autrement-dit, des idéologies, des idées et des identités qui menacent et arment ceux qui tuent ou se font tuer[182].

---

[180] Rémy Leveau. « Islamisme et populisme »,. *Op.cit.,* p. 357.

[181] Arjun Appadurai : *Géographie de la colère. La violence à l'âge de la globalisation*. Paris, Payot, 2007, p.9.

[182] Voir : Arjun Appadurai : *Après le colonialisme. Les conséquences culturelles de la globalisation*. Petite Bibliothèque Payot, 2005. Voir aussi : Amin Maalouf. *Les identités meurtrières*. Grasset, 1998.

La tendance à manipuler les consciences au nom de la morale, en passant par le raccourci d'idées simplistes et manichéennes qui placent ''les bons'' d'un côté et ''les mécréants méchants'' de l'autre, s'inscrit dans une vision réductrice du monde et dans une conception mutilée et dégradée de l'islam. Un islam, dégagé de toute historicité, idéalisé et ramené à quelques idées réductrices, est mis en mouvement à travers des réseaux réels et virtuels, pour devenir une véritable méga-identité, à laquelle se réfèrent ceux qui engagent la lutte pour la purification et la restauration d'un ''islam authentique''. Ceci nous amène à poser une question importante : pourquoi ces groupes extrémistes recourent-ils au terrain du religieux pour mener le combat des cultures ?

La globalisation a permis aux pays du Nord, surtout les USA, de se doter d'une économie capable d'absorber celles des pays en voie de développement ; elle a toutefois ouvert pour ces derniers une ère d'incertitude. Or, au lieu de délimiter les contours de l'incertitude et en définir les causes, l'extrémisme religieux apporte la même réponse : celle du produit prêt à porter de la pensée simpliste, à savoir le retour à ce qu'il estime être la pureté et l'authenticité d'antan.

Cette incertitude est d'abord économique, et pose des questions auxquelles les réponses apportées ne sont pas toujours convaincantes. Comme l'écrit Arjun Appadurai: « *de nombreux Etats sont écartelés entre le besoin d'afficher pour la galerie leur souveraineté nationale et la nécessité de se livrer à des orgies d'ouverture pour s'attirer la bénédiction du capital et des multinationales.*[183] »

Comment donc tirer profit d'une économie d'ouverture dont on ne maîtrise pas les règles du jeu ? Comment bénéficier des conventions du libre échange dans un système mondial caractérisé par un échange inégal ? Comment maintenir, pour un pays comme le Maroc, la performance d'une économie dite nationale ?

Il n'est pas surprenant de voir que les politiques d'ouverture, les conventions de libre échange, les actions de délocalisations des entreprises étrangères, suscitent tantôt un appel au protectionnisme, pour se libérer de la domination économique étrangère, tantôt une

---

[183] Arjun Appadurai. *Après le colonialisme*. Op.cit., pp. 41-42.

offensive visant l'Etat, pour lui rappeler son rôle de protecteur de l'ethnos de la nation.

Il est à constater que, à défaut d'une économie forte qui rehausse le niveau de vie des citoyens, même l'Etat érige, parfois, le culturel en sphère privilégiée de l'authenticité. Pour citer Appadurai: *« La perte quasiment complète de la fiction d'une économie nationale, qui lançait encore des signes forts de son existence à l'époque des Etats socialistes et de planification centralisée, ne laisse guère que le champ culturel comme domaine où puissent se déployer des fantasmes de pureté, d'authenticité, de frontières et de sécurité »*[184]. L'investissement du champ culturel tente de pallier le déficit économique, le développement économique devant en principe favoriser la diminution des écarts entre le Nord et le Sud.

Une telle incertitude est alimentée, par ailleurs, par des malentendus autour du rapport à la religion, sa place et le rôle qu'elle joue dans la société ; malentendus qui se focalisent parfois autour de la question du patrimoine historique, du statut à accorder au passé et la manière de concilier le présent avec ce passé, l'extrémisme religieux cherchant la référence dans le passé.

L'incertitude est aussi sociale. Dans un contexte de déficit social illustré par l'analphabétisme, les problèmes du non accès d'une couche sociale de la population aux soins, à l'emploi et au logement, l'être social ne dispose plus des moyens pour domestiquer l'aléa ou l'atténuer. Les inégalités sociales ajoutées à la lenteur dans la réalisation des projets de développement et des programmes appelés à améliorer de manière substantielle la situation des couches vulnérables et éradiquer la pauvreté, créent un climat social d'incertitude, voire de pessimisme collectif qui entrave la mobilisation des énergies sociales.

Au lieu des réponses qui vont dans le sens de la révision des systèmes économiques nationaux et du déploiement de stratégies pour tirer le meilleur de la globalisation, de telles questions, pertinentes par ailleurs, reçoivent de la part des nouveaux idéologues religieux des réponses idéologiques. Peu outillé pour apporter des solutions techniques, économiques et stratégiques, l'extrémisme religieux propose, par les discours, une réponse qui

---

[184] *Ibid.*, pp.41-42

pointe du doigt les gouvernants, qui se sont détournés, d'après lui, de la voie de Dieu, et prêche la fiction du retour de la pureté et l'authenticité perdues.

Face à une démocratisation qui hésite à s'installer dans l'ordre social, dans les représentations et dans les pratiques politiques, et eu égard à la fragmentation des entités politiques avec ce que cela entraine comme défiance à l'égard de ces entités et comme incertitude, l'extrémisme offre une voie de salut en faisant référence à ce qui est sacralisé par tout musulman : la religion. Dans ce contexte d'incertitude, l'extrémisme religieux se présente comme une alternative, et les prêcheurs et les nouveaux idéologues se positionnent comme les porte-parole de Dieu.

En outre, les territoires sont assaillis d'images, les modes de vie et la contrebande perturbent l'ordre classique de l'économie, du social et des idées, ce qui renforce le sentiment d'incertitude. Les incertitudes accompagnent un ordre en pleine transformation sous l'effet de la globalisation et provoquent la peur ; peur récupérée par ce que Arjun Appadurai appelle « *les fondamentalismes prédateurs* », pour la maintenir et la reproduire par la violence.

La violence au nom de la religion, et à travers des bombes humaines, est un phénomène de notre époque. Les attentats de New York contre les deux tours, ceux perpétrés à Londres, à Madrid, à Casablanca, à Alger et dans d'autres contrées du monde sont généralement revendiqués soit par Al Qaida, soit par des groupes *jihadistes* opérant au nom de l'islam. Ces ''exploits'' extrêmes, commis au nom de l'islam, sont des actes dont les auteurs se sont nourris, tout au long d'un processus, d'une doctrine intégriste, qui sert à ces *jihadistes* de fondement idéologique et de champ référentiel d'appartenance.

L'intégrisme, et son expression violente la plus extrême le *jihadisme*, sont le produit d'un monde globalisé. Sa portée globale rend toutes les sociétés perméables à son action. La société marocaine n'y échappe pas.

Meddeb, dans un essai, a qualifié cette portée de : « *maladie de l'islam* »[185], dont il est important de chercher les fondements et les

---

[185] Abdelwahab Meddeb. *La maladie de l'islam. Op.cit* .

causes, à la fois dans une interprétation rigoriste de l'islam, une interprétation qui prévaut à une époque de globalisation, et dans une politique occidentale hégémonique, représentée par les USA sous la présidence de George Bush. Cette politique occulte les problèmes du monde musulman et remet en cause le principe de la justice mondiale pour montrer l'illusion de l'universalité des valeurs. Or si la seconde cause est souvent évoquée par les discours des islamistes comme des non islamistes dans le monde musulman, la première est moins mise en évidence. Une lecture au pied de la lettre de la religion à travers le Coran et la tradition prophétique conduit à prôner la guerre sainte '*al-jihad*' contre l'ennemi pour répandre la parole de Dieu. Des voix au sein du monde musulman s'élèvent contre cette lecture, la nuancent par le recours à la raison et réfutent la lecture littérale[186].

C'est dans ce contexte qu'apparaît cet « extrémisme prédateur» qui, au nom de la religion, mène un combat violent contre une certaine idée de l'ordre établi et conduit à la production sur commande des bombes humaines ; phénomène qui, aussi limité soit-il, n'a pas épargné le Maroc.

Au nom de la religion, l'extrémisme violent brise le lien social à la construction duquel la religion contribue. L'islam est souvent présenté comme une religion de l'ordre contre le désordre *(fitna)* ; un désordre perçu comme une menace pour la société islamique. Le religieux, depuis Emile Durkheim, a été longtemps considéré par les sociologues, dans sa fonction conciliatrice, comme un principe d'intégration sociale et comme un vecteur reliant des antagonismes et des groupes sociaux[187]. En articulant la vie sociale par le biais des rituels et des pratiques qui se glissent dans la sociabilité, la religion agit comme principe d'équilibre et de cohésion sociale.

Cet auteur part de l'idée que chaque tradition religieuse a sa maladie. Il évoque Voltaire qui voyait la maladie du fanatisme catholique dans l'intolérance.

[186] On y retrouve tout le courant des intellectuels qui proposent des lectures éclairées de la religion musulmane. Voir : Benzine. *Les nouveaux penseurs de l'Islam*. Albin Michel et Tarik Editions, 2004.

[187] Emile Durkheim. *Les formes élémentaires de la vie religieuse. Le système totémique en Australie* (1912). Paris, PUF (5ème édition, 1968). Voir aussi : Pierre Bouvier. *Le lien social*. Paris, Gallimard (Folio), 2005, p. 119.

Dans ce contexte, les problèmes du développement sont transposés sur le terrain des identités, accentuant d'emblée la peur de la menace. Ces angoisses proviennent comme l'écrit Arjun Appadurai : « *des blessures narcissiques au niveau des idéologies publiques sur l'identité du groupe, [qui] peuvent se tourner vers l'extérieur et devenir des incitations à la formation des identités prédatrices*[188]». Le paysage télévisuel à la recherche de scoops de luttes armées sanglantes dans différents points du globe, en projetant les tueries du conflit israélo-palestinien et les attaques suicides des extrémistes, a banalisé la mort et l'a rendue familière, en l'introduisant au quotidien dans des foyers ordinaires.

L'organisation sectaire des terroristes islamistes est à la fois réelle et virtuelle. A l'opposé de ce que nous savons sur l'organisation des sectes[189], qui procèdent par enfermement dans un espace physique et moral, où le gourou est constamment présent pour encadrer les disciples et les maintenir dans le sentiment qu'ils ont une dette envers lui, les cellules terroristes procèdent à un endoctrinement et à une manipulation mentale qui ne se font qu'en partie en présentiel, avec la cellule restreinte et à distance qui garde le lien avec le réseau d'appartenance. Cette façon de procéder aboutit à la transformation psychologique de l'individu, et à la prolifération des *émirs*, véritables gourous, représentant le symbole du père/guide auquel on doit une fidélité à distance. L'organisation terroriste procède à un enfermement doctrinaire qui a déjà aboli toutes les valeurs fondamentales de sociabilité, telles que la tolérance, l'esprit critique, la liberté individuelle, le respect de la vie, du progrès, etc., pour les remplacer par d'autres, appartenant au registre de la non sociabilité, telle que le suicide/martyre au nom de l'islam, considéré comme un ordre et une épreuve de Dieu.

7. Le champ religieux et la pluralité des acteurs

La menace de l''idéocide '', portée par l'extrémisme religieux, fait partie des phénomènes de notre monde globalisé, et transcende les frontières des nations, dans la mesure où elle sévit de manière souterraine dans toutes les sociétés contemporaines. Il s'agit dès

---

188 A. Appadurai. *Géographie de la colère. Op.cit.*, p.122.

189 Annick Drogou. *Dico Sectes*. Editions Milan, 1998.

lors d'analyser comment la société marocaine organise le champ religieux pour atténuer cette menace.

En raison de sa particularité par rapport aux monarchies occidentales, ou même des pays arabes, la monarchie marocaine, ainsi que son rapport à la religion, ont fait l'objet de plusieurs études. Des études, comme celles de John Waterbury, Rémy Leveau, Mohamed Tozy, etc., faites à des périodes différentes, montrent une évolution, dans la continuité, du rapport de la monarchie à la religion.

Les changements, survenus lors de ces dernières années, appellent une analyse des composantes de la légitimité et des procédés de légitimation de la monarchie. Actuellement, cette dernière, tout en inscrivant ses prérogatives dans la tradition historique, renouvelle ses procédés de légitimation et délimite pour les acteurs politiques les contours des grands registres de la légitimation. Ainsi, les registres du religieux, du social, du culturel et de l'universalisme politique sont mis en œuvre dans la dynamique du changement, impliquant les réajustements nécessaires à apporter au niveau du système politique. Quelle est la place, parmi ces registres, du religieux ?

Le roi Mohammed VI hérite d'une monarchie, fondée sur le *chérifisme* qui constitue le fondement de sa légitimité. Cette légitimité se retrouve, au début de chaque règne, renouvelée par l'acte d'allégeance *(bay'a),* un contrat qui lie le Roi au peuple. Pourtant, dans le fonctionnement du politique, la légitimité ne se réduit point à la seule composante religieuse. Le processus de légitimation s'adapte au temps et à l'évolution de la société. A travers les discours, les actes et les projets de société, il y a actualisation de l'arsenal symbolique de ce processus, renouvellement du sens des symboles et contribution à faire de cette légitimité une légitimité en mouvement.

Le registre religieux est un espace historiquement et traditionnellement acquis à la monarchie[190]. Le roi est commandeur des croyants (*Amir Al Mou'minin*), son pouvoir dérive de l'impératif que la sauvegarde de l'islam et de ses valeurs lui

---

[190] R. Bourqia and S. Gilson Miller. *In the Shadow of the Sultan. Culture, Power, and Politics in Morocco*. Harvard Middle Eastern Monographs, XXXI, 1999.

incombent. Il est responsable de l'organisation du champ religieux, nomme le ministre des Habous et des Affaires Islamiques, procède à la nomination des présidents des conseils des *oulama*, préside les fêtes religieuses et la veillée de la fête qui célèbre la naissance du Prophète (*Aid al- mawlid.*). Bien que le roi Mohammed VI ait hérité d'un champ religieux déjà bien organisé par son père le défunt roi Hassan II, l'évolution de ce champ, l'apparition des tendances islamistes, la montée des extrémismes religieux et des revendications politiques au nom de la religion, créent de nouvelles donnes qui appellent de nouvelles formes de gestion du champ.

Avec l'avènement du règne de Mohammed VI, des mesures ont été prises pour réajuster un espace religieux déjà acquis et conquis historiquement par la monarchie. Le nouveau monarque procède à un réaménagement du champ religieux en installant de nouveaux membres des conseils des *oulama* et en initiant une utilisation régulée des mosquées en vue d'y dispenser des cours de lutte contre l'analphabétisme.

Par le passé, le champ religieux était délimité et accueillait des acteurs maîtrisés à l'intérieur du système. Aujourd'hui, on assiste à l'apparition de nouveaux acteurs. En rapport au pouvoir de la monarchie, quatre catégories d'acteurs en compétition se partagent un espace avec chevauchement du politique et du religieux.

7.1. Des acteurs fonctionnarisés

Ces acteurs sont ceux du corps des *oulama*, des savants religieux, ainsi que les imams des mosquées. Les savants religieux, (*oulama et fouqaha*) ont toujours représenté la conscience de la société musulmane. Détenteurs du savoir religieux et de l'ordre moral, respectés par les musulmans, ils ont occupé une position privilégiée au sein de la société[191].

Sous le règne du défunt roi Hassan II, les *oulama* hésitaient à se faire une opinion ou à se prononcer sur les questions de société ;

---

[191] En plus de leur fonction comme garants de la morale et du savoir religieux, ils ont joué un rôle dans la légitimation du pouvoir et se sont, en général, alignés du côté de la conformité politique. Un Al-Youssi au XVIIIe siècle, qui écrit une épître, rédigée dans un style éloquent et édulcoré, admonestant le sultan Moulay Ismail, demeure une des rares exceptions.

mais ils n'ont pu résister, dans une ère nouvelle de libéralisme, à la surenchère imposée par les discours de la mouvance islamiste. C'est cette surenchère qui les a impliqués dans la prise de position sur le « Plan d'Intégration des Femmes dans le Développement », en se voyant obligés de se prononcer sur une affaire qui a provoqué un clivage entre les positions.

Il est à remarquer que la question de ce plan, et qui a suscité un grand débat entre ceux qui étaient pour ce plan et ceux qui étaient contre, a acculé les *oulama* à se prononcer, bien que durant le règne de Hassan II, leur fonctionnarisation les avait réduits au confort du silence. Leur prise de position dans ce débat reflète le vent de libéralisme qui a soufflé sur le champ politique, et qui a atteint aussi la sphère du religieux classique.

Dans la lancée de cette liberté d'expression, le Conseil des *oulama* de Rabat publie, une année plus tard, une autre *fatwa* interdisant le dessin animé : « les Pokémon». Cette *fatwa,* prononcée à la hâte, sous l'initiative d'un seul conseil, celui de la ville de Rabat, et reprenant une information glanée sur un site Internet, a été en défaveur du prestige et de la respectabilité de ces *oulama*. La réaction des journaux et de différents milieux marocains a été sarcastique et dénonciatrice. Le Ministre des Habous et des Affaires Islamiques de l'époque, Mdaghri Alaoui, déclina publiquement sa responsabilité dans cette affaire. Prenant ses distances, il déclara à un journal qu'il y a une différence entre une *fatwa* et un avis. Il explique d'une manière explicite que ce qui a été considéré comme *fatwa* n'est en fait qu'un avis qui n'engage que celui qui l'a prononcé, à savoir le président du Conseil des *oulama* de Rabat. Il précisa aussi que la *fatwa* officielle n'est promulguée que si elle suit la procédure, dont la dernière étape est la validation par le Roi[192]. Cette intervention marque une délimitation des initiatives hâtives des *oulama* concernant la formulation d'opinions sur les questions de société, dans un climat caractérisé par la surenchère de la mouvance islamiste autour de l'enjeu de la monopolisation du terrain de la moralisation de la société.

---

[192] Entretien accordé à *La Vie Economique.* Supplément au n° 4128, 27 Juillet 2001.

Au terme de la réforme du champ religieux, entreprise sous le règne du roi Mohamed VI, le corps s'est vu réorganisé, à travers les conseils régionaux et le Conseil Supérieur des *Oulama,* relevant du Ministère des Habous et des Affaires Islamiques, et leurs missions se sont trouvées explicitées, et ce pour en assurer une meilleure maîtrise et pour que soient évitées les dérives sous forme de prises de positions dans les surenchères politiques.

7.2. Des acteurs légalisés

On retrouve dans cette composante tous les partis politiques qui revendiquent la religion comme base de leur action. Le Parti de la Justice et Développement (PJD) *(`Adala wa tanmiya)*, le Parti de la Renaissance et de la Vertu, (*nahda wa l-fadila*) créé le 25 décembre 2005, et dont les membres fondateurs sont issus, en grande partie, du mouvement de "la Vigilance et de la Vertu" (*yaqada wa l-fadila*), et le Parti de l'Alternative Civilisationnelle (*al badil al hadari*), créé en 2002 et dissout en février 2008.[193] Mais dans toute cette mouvance, le parti le plus important par son organisation, par ses adhérents et par sa capacité de mobilisation, reste le PJD. Lors des élections de septembre 2007, il a occupé la deuxième place après l'un des plus anciens partis, à savoir le Parti de l'Istiqlal.

Le PJD se positionne sur le champ politique comme le défenseur d'un projet moralisant de la société par référence aux valeurs de l'islam. En plaidant pour ce projet, il procède par essai et erreur, et par des dénonciations successives, en affichant une interprétation considérée comme à l'islam. Il vise une visibilité politique et une reconnaissance qui le placeraient comme force capable de jouer un rôle sur la scène politique. Une de ses premières sorties avant 2003 (avant les attentats de Casablanca) fut sa dénonciation du *microcrédit.* Ce dernier, basé sur l'intérêt, est associé au *riba,* intérêt illicite en islam. Cette tentative a été éphémère par manque de réalisme eu égard au système bancaire et à celui du crédit, bien établis dans l'économie financière de tous les pays musulmans.

193 Suite à des arrestations des cadres dirigeants de ce Parti dans le cadre de l'affaire Beliraj, accusés de complot terroriste, le gouvernement a procédé à sa dissolution en février 2008.

Une deuxième apparition portera sur la dénonciation d'une manifestation organisée dans un hôtel de la capitale autour de l'élection de *miss* Maroc, manifestation perçue comme une atteinte à la dignité de la femme. Mais c'est le débat houleux autour du projet du gouvernement sur le « Plan de l'Intégration des Femmes dans le Développement » qui a donné à ce parti, ainsi qu'à toute la mouvance islamiste, la visibilité recherchée. En fait, la question de la femme n'a été qu'un moyen et une opportunité pour combler politiquement une absence d'opposition, causée par l'alternance et l'accès des partis d'opposition au gouvernement et au pouvoir.

Ainsi, en se positionnant comme les vrais défenseurs des valeurs de l'islam, les leaders de ce parti multiplient les dénonciations au nom de la morale, tantôt contre la création d'un casino à Tanger, tantôt contre une jeune femme journaliste habillée en manches courtes et pantalon court en exercice à l'intérieur du parlement, etc. Ces dénonciations sont toujours commentées, critiquées ou approuvées par les journaux selon leurs appartenances et sensibilités politiques. A travers de telles prises de positions médiatisées, des sorties médiatiques sont gagnées et une partie du terrain politique conquise.

Toutefois, l'attaque terroriste du 16 mai 2003, survenue à Casablanca, a atténué la virulence des discours des dirigeants de ce parti, qui finirent par dénoncer l'attaque, et procédèrent ainsi à un repositionnement du parti qui a du prendre ses distances par rapport au discours rigoriste, en affichant sa position contre la violence pour s'inscrire dans la normalité politique et en intégrant les règles du jeu démocratique.

7.3. Des acteurs tolérés

Le nouveau règne avait à gérer le défi du groupe islamiste 'Justice et Bienfaisance' (*Al `Adl Wal Ihsan)*, dirigé par son cheikh Abdessalam Yassine, qui tente de mener son action politique en dehors des règles du système politique, tel qu'il est défini par la Constitution. Il s'agit là d'un refus de reconnaître le système politique actuel. Ce groupe a pour projet le retour au modèle *califal* et à l'instauration d'un Etat islamique appliquant la *chari'a.* Ainsi, ce mouvement ne cherche pas à légaliser son action par la création d'un parti politique comme l'ont fait d'autres partis légalistes, tels que le PJD, le Parti de la Renaissance et de la Vertu ou le Parti de l'Alternative Civilisationnelle, qui usent du référentiel islamique et fondent leurs discours sur lui. *Al 'Adl Wal Ihsan* se détourne du légalisme et préserve l'ambigüité d'une clandestinité visible.

Durant le règne du roi Hassan II, la mise en résidence surveillée du leader du mouvement a fait de ce dernier une figure de l'islamisme victime de la répression. Elle a offert, paradoxalement, au groupe une opportunité d'élargir ses rangs et de jouir, sur le plan international, de la sympathie des défenseurs des droits de l'homme. Sa libération par le roi Mohammed VI fut un signe d'ouverture et de libéralisme de la part de la monarchie, y compris à l'égard de ceux qui n'acceptent pas de compromis avec elle. Malgré ses tentatives d'occuper de l'espace en marge de l'échiquier politique et de mener une sorte de *jihad* moral par l'étalage de la force de ses adhérents sur les plages durant l'été 2000, ce groupe ne trouve pas réellement d'échos auprès de la majorité des Marocains. Il représente certes une force et une composante de l'islam politique en compétition sur le champ politico-religieux. Se démarquant de ceux qui soutiennent la violence et se proclamant contre son usage, ce mouvement, qui fut jadis à l'extrême de l'activisme islamiste politique, se voit aujourd'hui évincé par des groupuscules invisibles.

A travers les écrits de Yassine[194], le cadre idéologique se présente comme un mélange d'idées éparses et de différents dialogues avec et sur les opposants, les mécréants, l'Occident, les mouvements de gauche, les démocrates, la démocratie, la méthode et la voie prophétique. La référence au retour à la *chari'a*, avec une idée centrale qui est celle de « *l'islam ou le déluge* », la fameuse épître sous forme de sermon envoyée au roi Hassan II au début des années 70, constitue l'essentiel de sa théorie. C'est par

---

[194] Quelques-uns de ces écrits : Abdessalam Yassine. *Shura wa dimocratia.* (Shura et démocratie). Casablanca, 1996. *Al-minhaj Nabawi.* (La voie prophétique), 1989. *Hiwar ma`a fudala' dimocratiyine.* (Dialogue avec les honorables démocrates), 1994. *Hiwaru Al-madi wa l-mustakbal.* (Dialogue du passé et de l'avenir). Casablanca, 1997.

l'organisation, le mode de recrutement et l'endoctrinement que le mouvement a occupé l'espace du champ politico-religieux[195].

Les acteurs du groupe « Justice et Bienfaisance » *(Al Adl Wal Ihsan)* sont connus sur la scène politique, et implicitement reconnus et tolérés. Ils participent aux conférences, rencontres politiques et meetings d'étudiants et y interviennent. L'activisme de son porte-parole et égérie, Nadia Yassine, fille du leader du mouvement, ses déclarations provocantes à l'encontre du pouvoir et en faveur de l'instauration d'une république, ainsi que l'activisme d'une jeunesse recrutée dans les quartiers populaires et au sein des universités et occupant l'espace de l'agitation au sein de ces universités, constituent une constante qui s'inscrit dans la ligne de la contestation, rythmée parfois par des arrestations, des procès et des reports de procès.

7.4. Des acteurs souterrains

Le Maroc n'a pas été épargné par des attaques terroristes au moyen de bombes humaines. Les attentats du 16 mai 2003 à Casablanca, l'attaque suicide d'un ingénieur à Meknès en août 2007, le démantèlement du réseau terroriste des membres du groupe *Ansar el-Mahdi* en octobre 2007, le *jihadisme* qui se manifeste au moyen d'attaques et les complots terroristes, aussi limités soient-ils, constituent un véritable défi pour le pays et créent un espace souterrain du religieux.

On pourrait se poser la question : comment se fait-il qu'un individu se porte volontaire et offre son corps pour servir de bombe ? Comment comprendre le paradoxe qui existe entre le collectif du terrorisme, symbolisé par *''Al Qaida''*, ou encore *''Al Qaida fil Al Maghreb Al Islami''* (Al Qaida au Maghreb Islamique), comme communauté virtuelle ou imaginée, et l'individu qui agit individuellement dans une attaque suicidaire ?

---

[195] Pour plus de détails, voir l'ouvrage de Mohamed Tozy. *Monarchie et islam politique au Maroc*. 2ème édition. Presses de Sciences Po. 1999. Dans le chapitre 7 : « Al -`Adl Wa –l-Ihsan. Figures du cheikh et du mourid. Les tentations politiques », M. Tozy offre une description de l'itinéraire de Abdessalam Yassine et du mode d'organisation de son mouvement.

En général, même lorsqu'un groupe revendique une action terroriste, on arrive difficilement à remonter la chaîne pour en reconstituer tous les maillons. La communauté virtuelle, *Al Qaida au Maghreb Islamique*, filiale d'*Al Qaida,* ou encore les groupuscules qui s'y identifient, constituent une nébuleuse d'appartenance porteuse du projet extrémiste.

Cette nébuleuse fournit les idées de référence, son interprétation de l'islam et mobilise par l'effet d'annonce et l'appel à combattre l'impie. Malgré les distances géographiques, elle se constitue un espace doctrinal qui rapproche les tenants du *jihadisme* et leur offre une proximité idéologique. Cette proximité est soutenue par les annonces régulières qui rappellent la doctrine et les missions, et par une position de veille, à l'affut de toute déclaration considérée comme provocatrice et utilisée pour déclencher les émotions des foules de musulmans au-delà des frontières des nations.

De par son essence même, le *jihadisme,* phénomène porté par une minorité active, conteste l'idée de démocratie qui se fonde sur le primat de la majorité. Il compense la singularité minoritaire en s'autoproclamant porte drapeau d'une majorité sacrée, celle d'un monde musulman offensé et marginalisé au nom duquel il agit, et en provoquant peur et terreur. Avec la création des nébuleuses et des réseaux transnationaux, on assiste à une montée en puissance des pouvoirs des petits nombres et des minorités agissantes qui sèment la peur.

Selon les autorités marocaines, le kamikaze de l'été 2007 à Meknès aurait commis « *un acte individuel* ». Le libéralisme et son corollaire l'individualisme sont poussés à l'extrême par l'individu terrorisant devenu bombe humaine. En général, le procédé d'attaque consiste en une ceinture d'explosifs ou une bombe attachée au corps du kamikaze. Est-ce le reflet de l'homme libéral capable d'agir seul ? Dans cet individualisme apparent, il y a le collectif avec ses dispositifs à la fois idéologiques, orientés vers la terreur, et organisationnels se positionnant sur le terrain du virtuel et son processus de recrutement.

Dans l'acte d'attaque suicidaire, il y a une symbiose entre l'arme pointée vers ''l'ennemi'' et le corps de celui qui la porte. On assiste à une confiscation de l'idée de martyr (*shahid)* en islam pour l'orienter vers ce qui est considéré comme impie, renégat ou encore l'Occident et ses alliés. L'idée du sang qui coule pour sauver la communauté *(oumma),* légitimée historiquement par les attaques perpétrées contre la terre de l'islam ou encore mise en avant par les savants religieux au moment de la colonisation, quand l'ennemi avait un visage, est renouvelée par le terrorisme religieux pour défendre « *une communauté imaginée* »[196]. Ici, l'individu ne devient pas martyr par un effet du hasard, comme lorsqu'il est atteint d'une balle sur un champ de combat ; c'est lui qui se propose de devenir prétendant au martyre, individu/terreur, imprévisible et corps/bombe prêt à être activé. Toute attaque crée ainsi, dans le spectaculaire, un climat de terreur, enclenche la vague de la peur, et installe dans la collectivité la frayeur et la crainte d'une nouvelle attaque.

Mis à part leur contexte social et le niveau d'éducation des kamikazes, on a peu de connaissances sur leurs profils psychologiques. A partir des informations dont on dispose, rapportées en général par des enquêtes journalistiques menées auprès de leurs entourages : familles, amis, voisins, etc., on pourrait schématiquement en dresser un portrait. En général, le caractère du kamikaze est introverti, asocial, timide et taciturne, faisant preuve d'une certaine ferveur religieuse qui est apparue à un moment donné de son itinéraire de vie. Il est évident qu'un tel terrain psychologique d'un individu timide, manquant d'assurance et de confiance en soi, favorise son recrutement par les groupuscules *salafistes jihadistes.* Le plus souvent, la recrue, vivant dans un contexte familial de précarité ou vivant sous le poids de problèmes familiaux, porte en elle une blessure. Le recrutement et le dispositif de l'endoctrinement au sein de la cellule *jihadiste* restreinte renforcent son isolement par rapport au collectif social.

En effet, l'individu est séparé de son cadre social initial. Et la complicité avec son nouveau groupe d'appartenance l'éloigne de sa propre famille, à la faveur de nouveaux liens dans une nouvelle famille recréée. L'endoctrinement qui se fait sur un fond religieux fait l'effet d'un lavage de cerveau. Coupée des siens, obéissant à

---

[196] Benedict Anderson: *Imagined Communities.* London; New York. Première édition, 1983. Nouvelle édition, 2006.

son *émir* et subissant une militarisation par le discours, les DVD, la parole du maître et ses certitudes doctrinales simplistes, la recrue se transforme progressivement en une personne qui se voit dotée d'une mission purificatrice de sa communauté. Dans la relation *émir*/nouvelle recrue, cette relation maître/disciple, qui existe dans la culture soufie, est détournée de son contexte de guidance sur la voie de la spiritualité, et redirigée vers celle qui se rapproche de la relation gourou/membre d'une secte. Une fois socialisée, portant son isolement, elle est lancée dans la vie civile avec un dessein invisible à la collectivité. Acteurs imperceptibles, les *jihadistes,* sous leurs différents noms, opèrent de manière souterraine, n'apparaissent au grand jour que lorsqu'ils commettent des attaques, ou suite au démantèlement de leurs réseaux par les autorités.

Ainsi, le champ religieux, tout comme celui du politique, se caractérise-t-il par la pluralité des composantes et des acteurs. Leur compétition, leur intégration ou non dans le système politico-religieux, imposent une nouvelle gestion du libéralisme au niveau de ce champ religieux, une tolérance des mouvements périphériques et une vigilance défensive à l'égard des tendances à l'usage de la violence.

8. *Quel projet de régulation des rapports entre le religieux et le politique ?*

Le mode de régulation des rapports entre le religieux et le politique a connu au Maroc une longue évolution et un travail de réajustement continu, notamment au regard des changements que le champ religieux a connus. Le projet de réajustement porte sur un nouveau mode de régulation qui, en matière de fonctionnement du rapport entre la religion et le politique, consiste à instaurer le principe de différenciation des territoires du religieux et du politique.

8.1. La différenciation des territoires

L'imprégnation de la société par la religion est une donnée de la société musulmane. La religion articule la société et l'individu. Il est à remarquer que, même dans les sociétés laïques, la religion se taille une place importante. Comme l'écrit Pierre Bouvier : « *Aujourd'hui, malgré la sécularisation croissante, de nombreuses sociabilités gravitent encore autour de l'institution religieuse et, dans le contexte français, surtout de l'Eglise catholique. A l'évidence, les minorités protestantes, juives ou musulmanes produisent également, mais à leur manière, et proportionnellement à leur influence, des types spécifiques de rapports sociaux* »[197]. Plus loin, il constate que: « *En 2003, dans le cadre de l'élaboration d'une Constitution pour l'Union Européenne, de vifs débats ont montré la présence récurrente de ces enjeux entre les représentations religieuses et les pouvoirs politiques quant aux valeurs globales du sociétal. Deux acteurs continuent à se trouver en présence, l'Eglise et l'Etat. Doit-il être fait référence à l'héritage et aux valeurs religieuses comme invariants du continent européen ? Faudrait-il préciser cela en déclarant, comme le souhaiteraient certains, que « les racines judéo-chrétiennes sont les valeurs fondamentales de l'union » ou ne serait-il pas préférable, comme l'avancent les partisans de la laïcité, de marquer clairement la séparation des églises et du pouvoir politique ?* » [198] . Par ailleurs, la référence au religieux dans les discours du chef de l'Etat américain, par exemple, démontre à quel point le religieux subsiste au centre des enjeux politiques, même dans les pays démocratiques, où il y a en principe séparation de l'Eglise et de l'Etat. Ainsi, la religion demeure-t-elle, comme l'écrit Agnès Antoine un *''impensé de la démocratie''*,[199]même dans les pays démocratiques laïcs. L'histoire des sociétés nous montre qu'il y a eu toujours toutes formes de coexistence entre la religion et la politique. Même dans les sociétés démocratiques, il y a eu différents types d'une telle coexistence.

La laïcité s'est construite en France dans un long processus au terme duquel un compromis est trouvé avec l'Etat pour une distinction entre ce qui revient à la religion et ce qui revient à l'Etat. La laïcité a institutionnalisé et réglementé cette distinction

[197] Pierre Bouvier. *Le lien social.* Gallimard, 2005, p.125

[198] *Ibid.*, p. 128

[199] Agnès Antoine. *L'impensé de la démocratie. Tocqueville, la citoyenneté et la religion.* Fayard, 2003. Sur Tocqueville et la religion, voir aussi : Raymond Boudon : *Tocqueville aujourd'hui.* Odile Jacob, Paris, 2005.

qui se présente comme un label de la République. Le cas français est, à cet égard, particulier.

Il faudrait noter que la redéfinition du rapport entre la religion et le politique se pose aujourd'hui, à la fois pour les sociétés occidentales laïques comme pour les sociétés musulmanes. Marcel Gauchet, dans son analyse de « *La religion dans la démocratie* »[200], constate que la laïcité a normalisé la sortie de la religion de la démocratie, sortie qui se poursuit actuellement. Néanmoins, il demeure que le retour du religieux dans la société française d'aujourd'hui ouvre la voie pour repenser la laïcité et pour reconsidérer la place des croyances religieuses au sein de la démocratie.

La rencontre des sociologues et des anthropologues avec les sociétés non occidentales, et bien que le regard porté sur ces sociétés se fait dans certains cas à travers le prisme de l'ethnocentrisme ou de l'européocentrisme, a produit des travaux qui rapportent par les faits ethnographiques, même dans des sociétés religieuses, un niveau de sécularisation. Quoique contestée, la théorie de Mircéa Eliade sur la distinction entre le sacré et le profane dans les sociétés traditionnelles révèle la volonté de la société de distinguer ce qui est de l'ordre du sacré et ce qui revient au profane[201].

Ce fait est corroboré par les données dont nous disposons sur la société marocaine d'avant la colonisation. Celle-ci, musulmane dans sa majorité écrasante, est le lieu d'un islam pragmatique et d'une tendance implicite à la sécularisation. Ceci se manifeste dans la manière avec laquelle la société organise sa vie séculière au moyen de la coutume et du droit coutumier[202], des rituels et des pratiques dont la référence à la religion reste d'ordre moral. La religion constitue ainsi, au niveau de la collectivité, un cadre d'appartenance, et au niveau individuel une foi et un lien entre Dieu et l'individu. Un tel processus de sécularisation est prolongé de nos jours par la réglementation, les lois et les institutions politiques – parlement, partis politiques, gouvernement – et les structures économiques. Aujourd'hui, on ne se pose pas la question

---

[200] Marcel Gauchet. *La religion dans la démocratie*. Gallimard, 1998.
[201] Mircéa Eliade. *Le sacré et le profane*. Paris, Gallimard, 1957.
[202] Voir : Georges Marcy. *Droit coutumier Zemmour*. Paris, Larose, 1949.

de savoir si l'organisation de la production économique correspond ou pas aux préceptes de la religion, pourvu qu'elle soit en conformité avec la légalité. D'où la nécessité de redéfinir, même dans les sociétés musulmanes, le rapport entre politique et religion.

La particularité marocaine, pour ne pas dire son exception, dans le monde arabe, est qu'un certain nombre de questions sont aujourd'hui posées au sommet de l'Etat. Avec la montée de l'islamisme intégriste et le terrorisme au nom de l'islam, le Maroc s'est posé la question inévitable, celle du comment organiser le champ religieux, dont les préceptes sont partagés par tous les musulmans et la majorité des marocains, mais convoités par des groupuscules islamistes qui prolifèrent et inversent l'équation majorité/minorité. Comment neutraliser l'extrémisme religieux qui, quoique minoritaire, devient une minorité agissante qui fait peur ? Comment neutraliser la compétition autour du religieux et atténuer l'élan de ceux qui veulent en faire un enjeu de société ? Ces questions à leur tour soulèvent une question fondamentale : quel rapport devrait-il y avoir entre le religieux et le politique au sein d'une monarchie constitutionnelle et une démocratie en construction ?

Ces questions renvoient à deux niveaux de réflexion et d'action. Le premier concerne le système qui devrait règlementer le rapport entre la religion et la politique. Le deuxième se rapporte à la manière de concilier l'appartenance à une doctrine d'Etat, le malékisme, et les appartenances à d'autres doctrines.

La coexistence entre la religion et le politique prend plusieurs formes que l'on retrouve même en islam sous forme de lien entre religion et temporalité (*al Islam din wa douniya*). Dans d'autres cultures, elle est exprimée par la différenciation entre le sacré et le profane, ou encore entre le religieux et le laïc. Comme l'écrit Alain Touraine : « *Dans le monde occidental reste puissante l'idée que la vie sociale doit reposer sur les valeurs communes, en particulier sur des références religieuses. Cette idée revêt une force particulière aux Etats-Unis où la Bible est reconnue comme fondement religieux de la Constitution et où un sociologue comme*

Robert Bellah souligne le fondement religieux dans ce pays »[203]. Si la religion a une place dans toutes les sociétés, il n'en demeure pas moins que définir la relation de l'individu à la religion et à la religiosité, et la relation de la religion aux institutions politiques et sociales, est une préoccupation qu'on l'on retrouve dans ces sociétés et qui reçoit plusieurs réponses.

L'idée que les sociétés les plus modernes et les plus démocratiques ne soient pas indifférentes à la religion nous éloigne d'un évolutionnisme qui voudrait que le rôle de la religion ait tendance à s'amoindrir avec la modernité et la démocratie.

La volonté de laïcisation, celle consistant à opérer une séparation entre l'Etat et l'Eglise, entre la religion, réduite à la sphère du privé, et le politique réduit à celle du public, a toujours été contestée dans les sociétés musulmanes, sans pour autant apporter de réponse à la question de savoir quel rapport devrait avoir le politique avec le religieux.

Selon Agnès Antoine, Alexis de Tocqueville a été le sociologue qui a tenté de penser la place de la religion dans la démocratie, après sa rencontre avec la société américaine. Cet auteur a tenté de faire ressortir cette réflexion sur l'impensé de la démocratie, occulté par toute la philosophie des Lumières, fondée sur la mise à l'écart de la religion, voire de son évacuation de la sphère du temporel. Sans se positionner comme théologien, il a pensé la religion dans son rapport à l'humain. C'est ce qui lui a valu des critiques pour sa conception utilitariste de la religion, perçue comme le fondement de l'idéologie bourgeoise.

Si la philosophie des Lumières a annoncé que la religion devait s'effacer progressivement avec l'avancée des Lumières, De Tocqueville, en observant la démocratie américaine et en adoptant l'approche de « *la neutralité axiologique* »[204], trouve que religion et liberté peuvent marcher côte à côte. Si en France, « *la modernité politique s' (y) est construite contre la religion* »[205], aux USA, la religion a été le fondement de la culture américaine, à travers

---

[203] Alain Touraine. *Le nouveau paradigme. Comment penser le monde d'aujourd'hui*. Paris, Fayard, 2005

[204] Raymond Boudon. *Tocqueville aujourd'hui*. Odile Jacob, Paris, 2005.

[205] Agnès Antoine. *L'impensé de la démocratie. Tocqueville, la citoyenneté et la religion*. Paris, Fayard, 2003, p.134.

« *l'étonnante odyssée des Pilgrims, ce mélange d'ardents sectaires et de novateurs exaltés* »[206]. De Tocqueville souligne bien que : « *C'est la religion qui a donné naissance aux sociétés anglo-américaines ; il ne faut jamais l'oublier : aux Etats Unis la religion se confond donc avec toutes les habitudes nationales et tous les sentiments que la patrie fait naître ; ce qui lui donne une force particulière. A cette puissance, ajoutez une autre qui ne l'est pas moins : en Amérique la religion s'est, pour ainsi dire, posée à elle-même ses limites ; l'ordre religieux y est resté entièrement distinct de l'ordre politique, de telle sorte qu'on a pu changer facilement les lois anciennes sans ébranler les anciennes croyances* »[207]. Marginalisée par toute une pensé héritière de la révolution française, la pensée de Tocqueville sur la place de la religion dans la société n'a pas trouvé de successeur, bien qu'elle pose une question qui est toujours matière à débat. Pourtant la religion, même si elle ne joue pas un rôle décisif dans les élections américaines[208], continue à avoir une place importante aux USA et à être un facteur agissant dans la politique comme le soulignent des études récentes sur la question[209].

En paraphrasant De Tocqueville, Agnès Antoine écrit : «*Si, comme il le souligne abondamment, tout n'est pas à imiter dans le cas américain, la réalité de celui-ci oblige pourtant à reconsidérer la place de la religion dans l'espace démocratique. En dernière analyse, l'Amérique, pour Tocqueville, au-delà de sa particularité historique, offre l'exemple d'une démocratie qui a su ménager l'espace nécessaire à une dimension qu'il estime naturelle à l'homme et utile à la société, et elle a pu le faire, paradoxalement, par la claire séparation du politique et du religieux* »[210].

Contrairement à la société traditionnelle ou chaque individu est relié aux autres par des liens familiaux, tribaux, ou des relations de

---

[206] *Ibid.*, p.134

[207] Tocqueville écrit : « *L'Amérique est donc l'un des pays du monde où l'on étudie le moins et où l'on suit le mieux les préceptes de Descartes* ». Alexis de Tocqueville. *De la démocratie en Amérique*. Paris, Pagnerre Editeur, 1850, p. 6. (Numérisé par Google : http://books.google.fr)

[208] Bush a reçu 78% des voix des évangélistes lors des élections présidentielles.

[209] Voir Denis Lacorne, *De la religion en Amérique. Essai d'histoire politique*. Gallimard, 2008.

[210] Agnès Antoine, *L'impensé de la démocratie. Op.cit.*, p. 134.

dépendance, de soumission ou de sujétion, dans la société démocratique l'individu est confronté à sa liberté et à sa responsabilité, dans un système rationnel, de liberté, d'indépendance et de pratique scientifique. L'Homme démocratique y est cartésien[211]. Mais, contrairement à ce qu'avance Marx, pour qui la religion est une aliénation, celle-ci n'est point incompatible avec l'émancipation politique. « *La démocratie, avant d'être une conviction éclairée, est un ensemble de croyances reçues, qui varient avec l'opinion dominante, autour d'un mythe fondateur qui est la croyance dans la pleine souveraineté de la raison individuelle. En définitive, la formation des convictions individuelles et collectives, loin d'obéir aux règles d'un examen critique de la raison, fonctionne plutôt sur un mode quasi religieux : elle est de l'ordre de la foi, et d'une foi aveugle. .... ainsi, le régime censé émanciper l'homme de toutes les entraves à la liberté, et en particulier de penser, risque paradoxalement de tomber dans le conformisme intellectuel le plus pesant, voire, plus tragiquement, de construire les hommes à ne plus penser du tout* »[212]. La nécessité de la religion, c'est qu'elle fournit les préceptes moraux et constitue pour les humains la réalité du religieux, que la réalité politique ne pourrait remplacer. Et c'est le principe de la séparation entre le religieux et le politique dans un espace démocratique qu'il faudrait préserver.

Dans le contexte marocain, cette tendance à la différenciation des territoires entre le politique et la religion se manifeste à travers la politique de l'Etat, qui vise à restructurer le champ religieux en en maîtrisant les acteurs et en leur offrant un statut au sein de ce champ. Cette séparation, qui délimite les territoires de fonctionnement de ce qui est religieux et de ce qui est politique *(faslu din 'ani siyassah),* est à penser dans le contexte des sociétés musulmanes hors de la dualité religion/laïcité. Penser cette différenciation ne pourrait pas faire l'économie d'une réflexion sur les limites du développement d'une telle pensée dans un contexte où il y a un déficit en termes de pensée et de raison critique.

---

[211] De Tocqueville. O*p.cit.*, p.2.

[212] Agnès Antoine. *L'impensé de la démocratie. Op. cit.,* p.145.

8.2. La raison critique

Un autre mécanisme de régulation provient de l'instauration de la raison critique, une sorte de veille, qui repère et prévient les dérives d'instrumentalisation de la religion et de démagogie politique à la fois. Ce mécanisme apparait dans une certaine production intellectuelle ; il souffre, néanmoins, d'un déficit dans le cadre des sociétés musulmanes.

Le développement d'une telle pensée sur la séparation entre la religion et la politique est un impératif intellectuel pour les sociétés musulmanes au regard de cette recherche de régulation des rapports entre la religion et la politique. Comment faire un *ijtihad* rénové, autrement dit, un travail intellectuel de fond, qui servirait de facteur de régulation entre le politique et la religion ?

Si la religion est le garant d'un ordre moral donné, les interprétations de la religion ne sont pas toujours garantes d'un tel ordre. Et si la politique est de l'ordre de l'historicité, les interprétations de la religion le sont aussi. La religion a toujours été interprétée en fonction de l'historicité et des contextes. Réaliser la rénovation de la pensée islamique c'est soumettre l'interprétation religieuse à la raison critique, et par conséquent interroger la lecture compilatrice.

Quelques penseurs musulmans ont appelé à intégrer la laïcité dans une conception d'ordre politique, considérant cette intégration comme une nécessité historique pour éviter les dérives d'un islam engagé dans des conflits et des enjeux politiques ; laïcité de surcroit travestie par une idéologisation et une instrumentalisation qui la dénaturent. Toutefois, une telle position n'a pas trouvé d'échos auprès des milieux intellectuels arabo-musulmans, comme au niveau des systèmes politiques[213]. Bien qu'elle tente de dissiper, à travers certains écrits, les malentendus autour du sens de la laïcité, une telle tentative reste circonscrite dans un champ

---

[213] Voir Fouad Zakariya. *Laïcité ou islamisme : les Arabes à l'heure du choix*. Préface de Richard Jacquemond. Editions la Découverte, 1986 ; 1989. Pour la traduction française, 1991. Sur la laïcité et l'Islam, voir aussi : Abdou Filali-Ansari. *Réformer l'Islam ? Une introduction aux débats contemporains*. Paris, La Découverte, 2003 ; et Abdou Filali-Ansari. *L'Islam est-il hostile à la laïcité ?* Casablanca, Editions le Fennec, 1999.

intellectuel limité à une élite héritière de la pensée révolutionnaire et marxisante[214].

La laïcité, notion brouillée par les contresens d'une offensive qui la considère comme un complot et une conspiration contre l'islam, n'a entrainé que peu de débats sereins et réfléchis en terre d'islam. La tradition éclairée et rationaliste en islam a souvent été isolée, occultée, combattue, et dans certain cas associée à l'incroyance (*kufr*), objet d'anathème (*takfir*).

C'est ce péché originel, d'être la résultante d'un combat contre la tyrannie de l'Eglise en Europe, et par voie de conséquence contre la religion, qui lui donne mauvaise presse en terre d'islam. D'où la question du comment penser la religion en situation de coexistence avec le politique ? Quel moyen de régulation faudrait-il pour garantir cette coexistence ? Comment libérer l'islam de l'emprise des idéologies et du rigorisme qui l'altère, pour pouvoir repenser cette coexistence ?

Depuis la révolution iranienne, une abondante littérature a focalisé l'attention sur l'islamisme, tout en nourrissant l'imaginaire occidental sur l'islam. Dans les médias, lorsqu'on parle de l'islam, c'est pour décrire une religion instrumentalisée et idéologisée au service de la contestation et de la violence. L'islam est rarement approché comme une religion de foi, de paix intérieure, de spiritualité et de convivialité, appelant les peuples à se connaitre et à vivre ensemble[215]. Les écrits qui font référence aux siècles de l'échange, des contacts et des emprunts entre l'Occident et l'islam[216] ne sont point mis en avant. La préoccupation des médias participe plus du sensationnel que de l'intellectuel.

---

[214] A propos du terme laïcité, Fouad Zakariya dit que c'est: « *un mot galvaudé qui a été chargé de toutes sortes d'idées philosophiques, religieuses et est systématiquement employé de manière idéologique, que ce soit pour en faire l'apologie ou pour stigmatiser l'adversaire* ». F. Zakariya. *Laïcité ou islamisme. Op. cit.*, p.13.

[215] Un verset coranique dit : « *Ina ja`alankum shou'ouban wa qabai'la litatâarafu. Inna akramakum 'inda Allahi atqakum*» . « Nous avons fait de vous des nations et des tribus, pour que vous vous entreconnaissiez. Le plus noble d'entre vous, auprès de Dieu, est le plus pieux.».Verset13, Sourate 49 : *Les Appartements* (*Al-Hujurat*).

[216] Voir le livre de Jack Goody. *L'Islam en Europe. Histoire, échange, et conflits. Paris,* La Découverte, 2004. Goody écarte l'idée de l'opposition entre l'Occident

Il est évident que l'émergence et la recrudescence des mouvements politiques au nom de l'islam sont de nature à favoriser la prédominance d'une image associée au politique et à la violence. L'image véhiculée par les médias et le foisonnement de la littérature sur l'islam en Occident, n'a d'égal en termes d'abondance que la littérature produite et en circulation en terre d'islam, vendue bon marché et véhiculant une image manichéenne et simpliste sur un islam opposé à un Occident mécréant et à une modernité immorale. Nous avons affaire à une guerre d'images où tous les amalgames sont permis. L'islam se confond avec l'activisme agressif de certains musulmans, la religion et la politique s'entremêlent, la confusion s'installe et le choc des ignorances aboutit aux affrontements.

En Occident, les sciences sociales avancent des analyses critiques et apportent des réponses, aussi partielles soient-elles, à des problématiques concernant le rapport du religieux et du politique. Dans les sociétés musulmanes, le déficit en analyses nourries de l'apport des sciences sociales et de la philosophie est une donnée à méditer. L'émergence de la raison critique est un impératif pour pouvoir comprendre, apprécier, et revisiter la tradition islamique en vue de l'interpréter et de la repenser[217].

La laïcité s'est construite et s'est installée contre l'Eglise. En islam, il n'y a point d'Eglise. Il ne pourrait donc y avoir de régulation et d'équilibre de la coexistence entre la religion et la politique que par la raison. L'islam ne s'est-il pas adressé à la frange des érudits musulmans comme étant les dépositaires de la connaissance et de la raison (*dhawi al albab*) ?

Dans l'histoire récente du monde arabe, une tentative d'instaurer la raison a vu le jour. Le choc avec le monde occidental, provoqué par la colonisation et la prise de conscience conséquente du retard accumulé, a favorisé en milieu arabe l'émergence du sentiment qu'il y avait besoin d'une renaissance arabe *(annahda) ;* projet qui n'a pas abouti. Il en a résulté certains écrits éclairés, caractérisés

---

et l'Islam pour montrer l'interrelation entre les deux et le rôle joué par l'Islam dans l'histoire de l'Occident.

[217] Mohamed Abed Al Jabri, dans son ouvrage sur *La raison arabe*, a tracé l'historique de la raison arabe et ses limites. Voir : Mohamed Abed Al Jabri. *Introduction à la critique de la raison arabe.* Paris, La Découverte, 1995.

par leur insistance sur l'instauration de la raison critique pour accompagner la période postcoloniale[218].

Au Maroc, l'apparition d'une intelligentsia critique dans les années 60 et 70 autour de disciplines comme la philosophie, la sociologie et l'histoire, s'est progressivement essoufflée, pour s'éteindre avec la fermeture de l'Institut de Sociologie et l'absence programmée des départements de philosophie au sein des universités nouvellement créées. La suspicion des années 70 créée autour de ces disciplines (sociologie et philosophie), dont les formations ont été perçues comme étant des menaces subversives pour l'ordre établi, s'est transformée par la suite en un rejet, en vue de préserver le conformisme d'une époque.

En outre, un certain nombre de politiques et d'actions, telles que l'arabisation hâtive et non préparée, commanditée par une politique de circonstance ; l'islamisation non maîtrisée des savoirs, à travers la création des départements des études islamiques (en lieu et place des départements de philosophie), dont la création a été orchestrée par l'Etat pour servir de rempart contre le marxisme d'une jeunesse estudiantine fougueuse des années 70. Toutes ces données, auxquelles s'est ajoutée une formation à la hâte d'un certain nombre d'enseignants, freinent et bloquent tout élan vers le développement de la raison critique au sein des champs du savoir en sciences humaines et sociales. Cela n'a pas été sans impact sur la formation de toute une génération. Le déficit, pour ce qui est de la raison critique, a favorisé la montée des nouveaux idéologues, tels que décrits précédemment, et a donné à une connaissance vulgarisée, simpliste et dénaturée de l'islam, un statut d'autorité.

La raison critique n'est pas un produit immédiat de la conscience ; elle est tributaire d'un long processus d'apprentissage. Et c'est pour cette raison qu'elle n'est qu'un projet en construction. C'est dans le cadre du système éducatif qu'elle s'acquiert et se transmet par l'apprentissage de l'esprit critique, de l'art de l'argumentation, du raisonnement par la causalité, de la distanciation pour objectiver

---

[218] Un intellectuel comme Allal Al Fassi a invité à une autocritique et Mohamed Abed Al Jabri à invité à une critique de la raison arabe. Voir : Allal Al Fassi. *Al Naqd Adhati*. Rabat, 1979 et Mohamed Abed Al Jabri. *Introduction à la critique de la raison arabe*. Paris, La Découverte, 1995.

les mots et les choses, et par la pensée complexe[219], qui limitent l'effet du simplisme, du manichéisme, du mimétisme aveugle et d'une pensée mutilée.

La raison critique est ce moyen qui permet au musulman d'approcher le message divin dans sa finalité ultime *(maqasid)*[220], de pouvoir le sublimer et de l'extraire à l'emprise des idéologisations et des instrumentalisations ; une approche qui est forcément un travail éducatif et un engagement intellectuel.

Au niveau éducatif, aujourd'hui au Maroc, il y a une prise de conscience autour du déficit de la raison critique et de la créativité dans le système éducatif. Les rapports et les bilans sur l'éducation ainsi que les efforts de réforme pour dépasser un enseignement peu producteur de « têtes bien faites » en témoignent. Il est évident que cette construction de la raison à travers le système éducatif est un processus de longue haleine et que les réformes engagées aujourd'hui ne donneront leurs produits que sur les générations futures.

Au niveau intellectuel, cette raison critique existe chez un certain nombre de penseurs, sans pour autant devenir dominante dans le monde musulman. Rachid Benzine dans son ouvrage : « *les nouveaux penseurs de l'Islam* » [221] en a identifié quelques uns dans les différentes sociétés musulmanes. On pourrait en trouver d'autres, tels que Mahmoud Taha[222], Mohamed Iqbal[223], Hassan Hanafi[224], Mohamed Charfi[225], Abdelmajid Charfi[226], Mohammed

---

[219] Voir : Edgar Morin. *Introduction à la pensée complexe. Paris,* Seuil ; Points, 2005.

[220] Ce courant est représenté par un savant religieux de Grenade, du nom de Imam Abou Ishaq Shaatibi, mort en 1388.

[221] Rachid Benzine, *Les nouveaux penseurs de l'Islam*. Tarik Editions, 2004. Parmi les penseurs que Benzine cite, on retrouve : Abdul Karim Sorouch ; Mohamed Arkoun ; Amin al-Khuli ; Mohammed Khalafallah ; Nasr Hamid Abu Aayd ; Abdelmajid Charfi ; et Farid Esack.

[222] Mahmoud Taha, *Un islam à vocation libératrice*. L'Harmattan, 2002.

[223] Mohamed Iqbal. *Reconstruire la pensée religieuse de l'islam*. Editions du Rocher, 1996.

[224] Hassan Hanafi. *Atturath wa-tajdid*. (Tradition et re-nouveau). Beyrouth, 1992.

[225] Mohamed Charfi. *Islam et liberté*. Albin Michel, 1999.

Talbi[227], et d'autres, comme Mohamed Arkoun et Abdelkarim Sorouch[228] qui prônent un rationalisme éclairé et un regard critique et constructif sur le passé du monde musulman et sur la pensée qu'il a produite, afin de s'affranchir des idées simplistes et du parti pris de la pensée sur l'islam. Ils offrent une connaissance de l'islam et une interprétation qui s'inscrit dans l'académisme et mobilise les acquis de la connaissance des sciences humaines et sociales. Attaqués par les traditionalistes, visés par la défiance des pouvoirs en place, dans certains cas, ciblés par les anathèmes *(takfir)* des islamistes radicaux, ces penseurs se retrouvent orphelins, isolés et sans grande influence sur le courant de la pensée dominante en circulation.

Tout en se proclamant de l'islam, ces penseurs considèrent ce dernier à travers l'historicité de ses interprétations durant des siècles d'histoire. La parole de Dieu, le Coran, ainsi que la tradition prophétique ont été des objets d'interprétations par des écoles juridiques, avec tout ce que ces écoles ont produit et légué comme corpus des commentateurs. Ce corpus est érigé aujourd'hui en textes d'autorité, ce qui ferme la porte à l'effort de la raison (l'*ijtihad)*. La raison critique doit donc revisiter ces interprétations pour les placer dans leur contexte historique, pour que s'opère le travail de dé-idéologisation qui oriente la réflexion vers la dissociation entre ce qui revient à l'islam et ce qui revient à l'histoire et à l'emprunte humaine.

La raison critique n'est pas cette raison qui nous conduit vers la vérité unique et ultime ; mais bien celle qui nous rapproche des vérités dans leur relativité par rapport au temps, à l'espace et aux actions humaines. Elle est cette vigilance qui se prend et se pense elle-même comme objet de raison critique. Elle est aussi cette capacité intellectuelle de penser l'évolution de la raison à travers l'histoire, derrière la succession des paradigmes qui ont encadré l'histoire de la pensée. Reconnaitre la succession des rationalités et

---

[226] Abdelmajid Charfi. *Al Islam wa al-hadatha* (Islam et modernité). Tunis, Dar Attunissiya, 1990. *Al Islam bayna ar-Risala wa Tarikh*. Beyrouth, Dar Attliy'a, 2001.

[227] Mohamed Talbi. *Plaidoyer pour un islam moderne*. Cérès et Desclée de Brower, 1998. Universalité du Coran. *Actes Sud*, 2002.

[228] Abdul Karim Sorouch. *Reason, freedom and democracy in Islam*. Oxford University Press, 2000.

des paradigmes, c'est détourner l'esprit de la pensée unique et de la vérité absolue qui fondent l'intégrisme, pour rejeter la pensée formatée à recevoir du dogmatisme.

La raison critique est multifonctionnelle. Elle favorise d'abord l'analyse de la situation de la société, la place de l'islam au sein de cette société et incite à l'autocritique. Ceci permet de détourner l'esprit du réflexe qui, à chaque fois qu'il est en face de la réalité du retard que les pays musulmans ont par rapport à l'Occident, ou à chaque fois qu'il est humilié, se réfugie dans la théorie du complot. Elle favorise aussi le débat avec ce qui s'écrit en Occident sur l'islam. La raison critique, tout en ayant une emprise sur le corpus de la tradition islamique, se nourrit de la connaissance produite par les sciences sociales et des apports de disciplines telles que la sociologie, l'anthropologie, l'épistémologique, la linguistique, la philosophie et l'histoire. En même temps, elle alimente, à son tour, la connaissance et contribue au savoir universel. Se référant à l'héritage universel des sciences sociales et historiques, la raison critique aide à comprendre que l'islam gagnerait à être différencié de ce qu'en font les musulmans, de même que la sphère du religieux gagnerait à être différenciée de celle du politique.

La raison critique doit fonctionner comme un élément moteur des débats. Et de ces débats, où se confrontent et se rencontrent les idées, se profilent et la voie à suivre et les dépassements nécessaires pour garantir la coexistence du religieux et du politique. Comment faire alors pour que la raison critique et l'autocritique aient leur place dans le système éducatif et dans la sphère intellectuelle, pour que l'intellect joue le rôle de régulateur du rapport entre la religion et la politique ? Tel est l'un des défis du projet de construction de la régulation du rapport du religieux et du politique.

8.3. La citoyenneté

Une régulation par la citoyenneté consisterait à fournir à chaque individu les éléments nécessaires au vivre ensemble dans la pluralité des appartenances et des identités multiples.

La citoyenneté empêche la démocratie de devenir une nouvelle religion civile, en la basant sur l'art de cultiver le sens civique.

L'être démocratique n'est point une donne en soi, il est construit et c'est la citoyenneté qui sert de fondement à la démocratie.

La citoyenneté se base sur un certain nombre de valeurs, essentielles pour le vivre en commun. Les valeurs de droits, toutes sortes de droits, des obligations et leur respect, sont des valeurs cardinales de cette citoyenneté qui ouvre la voie vers l'universalité. A ces valeurs, il faudrait ajouter celles du respect des cultures, des différences ethniques, linguistiques, de la liberté, et de la tolérance. Comme l'écrit Alain Touraine : « *Etre citoyen, c'est se sentir responsable du bon fonctionnement des institutions qui respectent une représentativité des idées et des intérêts* »[229]. La citoyenneté se trouve renforcée par toutes ces règles du bien vivre ensemble dans les sphères publique et politique.

L'éducation à la citoyenneté n'est point une simple affaire de sensibilisation ou un simple programme à ajouter à l'éducation en complément de ce qui lui manque. L'éducation à la citoyenneté est au cœur du système éducatif, avec des éducateurs porteurs de l'idéal citoyen et intégrant les missions du système éducatif, à savoir instruire et éduquer dans ce sens.

Il ne s'agit pas pour l'éducation de produire l'uniformité, encore moins l'Homme unidimensionnel, mais de semer la graine nécessaire pour contribuer à l'émergence du citoyen. Ce dernier ne serait autre que cet individu autonome, capable de conquérir sa liberté, d'être libre et assumant sa liberté avec responsabilité, capable d'entretenir un rapport serein à l'histoire, qui réalise l'intégration entre le passé et le présent, et qui soit porteur du projet collectif d'avenir. L'enseignement de l'histoire du monde musulman et de la pensée islamique dans le système éducatif est une entrée nécessaire pour la construction de la citoyenneté. Le rapport à l'histoire et à la mémoire pourrait être soit porteur d'un projet libérateur pour la construction et l'intégration du présent et de l'avenir, soit un vecteur d'emprisonnement dans le passé. L'enseignement de l'histoire et de la mémoire doit être mobilisé pour la construction du présent et de l'avenir ; sinon, il donnerait naissance à un citoyen tourné vers le passé, soumis aux lois de

[229] Alain Touraine : *Critique de la modernité*. Gallimard, 1992. p. 422.

ceux qui se portent et se présentent comme dépositaires de l'héritage du passé, de la religion et de la tradition.

La citoyenneté devient un engagement pour la communauté et constitue ce qui définit les rapports verticaux de l'individu à l'Etat, et horizontaux d'individu à individu. Cette citoyenneté est tributaire de conditions. Le fondement de la citoyenneté est la conscience, individuelle et collective, d'appartenance à la société politique. Autrement dit, à une société qui a procédé à sa propre intégration politique pour dépasser les clivages des ethnies et des inégalités sociales, pour créer une idée et un sentiment intériorisés par tous, à savoir que chaque individu appartient au pays, qu'il ait accès aux droits, aux biens publics, aux services, à la justice, etc., en conformité avec les règles de droit et les normes de la transparence. Il est évident que l'Etat, lorsqu'il est garant des droits, de la justice et des libertés, cultive le sentiment d'une citoyenneté accomplie.

Notons que la citoyenneté n'est pas toujours conformité. Elle pourrait être un vecteur mobilisateur pour revendiquer des droits ou dénoncer une injustice ou une corruption. Ce n'est pas un hasard si la contestation et la revendication aujourd'hui au Maroc sont portées par la société civile beaucoup plus que par les partis politiques, en raison de l'intégration progressive de la notion de citoyenneté. Plus on a le sentiment d'être des citoyens qui ont des droits, plus la volonté et la conscience de préserver ces droits et en revendiquer d'autres sont grandes.

Le citoyen arrive à différencier religion et politique lorsque les règles du politique et des affaires publiques fonctionnent de manière claire et sont connues de tous, et que ces affaires publiques apparaissent comme une source d'intérêt pour lui. Ainsi, la citoyenneté est ce lien social qui unifie les individus et les groupes, sans confondre leur intérêt commun, et qui transcende les conflits de classes, les intérêts individuels et le pluralisme politique et religieux, dans un mode d'emploi du vivre ensemble, tout en régulant les différences et les conflits.

Le processus de démocratisation s'accompagne ainsi d'un processus de construction de canaux de régulation entre la religion et la politique. Dans la société marocaine, ce processus apparait à travers la dynamique des trois voies parallèles : celle de la différenciation des territoires ou restructuration du champ religieux prise en charge par l'Etat ; celle de l'appel à l'usage de la raison critique, bien que cet appel soit timide, il a émergé toutefois lors du débat sur le code de la famille ; et celle de l'appel à la primauté de la citoyenneté portée par une société civile active. Cette dynamique et ce mouvement de construction ne se passent pas sans tensions.

Chapitre 7. Vers un changement de paradigme

La relance de la démocratisation s'est accompagnée de mesures phares, aux implications sociétales et politiques porteuses de nouvelles valeurs. Ces mesures comportent celles de la révision du code de la famille (*Moudawanna*) ; de la création de l'IRCAM (Institut Royal de la Culture Amazighe au Maroc) ; de l'IER (Instance Equité et Réconciliation), reconnaissant ainsi les violations *''des années de plomb''* ; et de l'élaboration du « Rapport du Cinquantenaire », analysant de manière objective les entraves au développement du Maroc depuis l'indépendance.

La démocratisation comporte *à priori*, de la part de l'Etat, un engagement et une responsabilité pour créer le cadre institutionnel et régalien préalable à l'instauration d'une culture démocratique et une exigence éthique du présent et de l'avenir, basées sur l'idée centrale de citoyenneté et de respect des droits de l'homme. Dans ce sens, l'Etat marocain a initié un processus de traitement des questions qui accusent le passé et qui pèsent sur le présent et l'avenir.

Balandier distingue dans son analyse du dynamisme de la société ce qui est lié au fonctionnement du système de ce qui est lié aux structures. Le premier entraine des changements dans le fonctionnement, le deuxième est celui de la création des mutations, un changement de structure[230]. Dans ce chapitre, on tente d'examiner des événements survenus durant ces dix dernières années et qui sont porteurs d'une tendance mutationnelle.

1. *Vers un nouveau rapport à l'identité et au passé*

Les mesures phares précédemment évoquées et initiées par le Roi Mohamed VI ont un dénominateur commun : un changement dans le rapport à l'identité et au passé.

---

[230] Georges Balandier. *Anthropologie politique*. Paris, PUF, 1967. p.23

Un changement dans le rapport à l'identité provient de la reconnaissance officielle de l'Amazighité comme étant une composante de l'identité marocaine.

La question *amazighe*, prise en charge par des associations et des figures emblématiques du mouvement *amazigh*, a été au centre de leur revendication. Bien qu'ayant été le porte parole des *Amazighs* depuis sa création, l'implication du parti du Mouvement Populaire dans la sphère du pouvoir ne faisait pas de lui le parti qui a porté les revendications de tout un mouvement *amazigh* avec un projet au contenu bien défini.

La création de l'IRCAM, le 17 octobre 2001, fut la réponse aux revendications de ce mouvement visant à rendre justice à la langue et à la culture amazighes. Ce fait est une reformulation de toute la question de l'identité marocaine pour qu'elle soit au diapason du pluralisme de la réalité sociale, culturelle et politique marocaine. La reconnaissance de l'identité plurielle du marocain marque un tournant par rapport à une conception monolithique et dogmatique de l'identité, héritière d'un panarabisme qui a soufflé sur le monde arabe durant les années 60 du vingtième siècle.[231] Tout en délimitant les nouveaux contours de la ''marocanité'' plurielle, cette conception s'éloigne d'un certain construit de l'identité nationale, après l'indépendance, qui, pour écarter le tribal, a sacrifié et occulté l'amazighité.[232] Cette reconnaissance de la dimension amazighe inscrit l'action de l'Etat dans la trajectoire de la reconnaissance de la diversité culturelle et linguistique de la société marocaine et la pluralité des composantes de son identité. Par une volonté politique, l'identité plurielle du Nous culturel se trouve ainsi affirmée. Ceci constitue une rupture avec le passé, où le nationalisme arabe défendait de manière hégémonique l'idée de l'identité arabe comme entité unidimensionnelle.

La création de l' « Instance Equité et Réconciliation » (IER) en janvier 2004, et la remise du rapport de cette instance en 2005, annoncent un pas vers la rupture avec les violations passées des droits de l'homme, pour servir de préalable à une démocratisation

---

[231] Voir Olivier Carré. *Le nationalisme arabe.* Paris, Payot et Rivages, 1996.

[232] Sur la construction de l'identité nationale voir : Hassan Rachik. *Symboliser la nation. Essai sur l'usage des identités collectives au Maroc.* Casablanca, Editions Le Fennec, 2003.

et à son corollaire, l'Etat de droit[233]. Des actions telles que l'indemnisation des anciens détenus politiques, victimes des déboires de ce qu'on appelle actuellement « *les années de plomb* », entrent dans le cadre d'une politique de réconciliation et de pardon[234]. La réconciliation, à travers la reconnaissance des violations et la restitution ou les compensations matérielles et symboliques, à travers les audiences publiques organisées par l' « Instance Equité et Réconciliation », a pour but de rétablir l'équité et la dignité humaine des victimes, et marque une ligne de démarcation entre le passé et l'avenir. Cette démarcation se base sur une politique implicite du pardon, qui participe du devoir de mémoire, consistant à reconnaitre les violations exercées contre les victimes, individus et groupes, victimes de l'injustice et de la violence arbitraire, et leur reconnaître le droit à la compensation.

Le processus de réconciliation, lancé par le Roi dans une société en transition, qui a connu un passé de violations des droits de l'homme, place le Maroc dans l'orbite « *du devoir de mémoire* »[235], qui doit accompagner le processus de démocratisation du pays.

Par ailleurs, la volonté d'élaborer un rapport de 50 ans de développement humain au Maroc provient du plus haut sommet de l'Etat[236]. Un regard critique et analytique est jeté sur le passé récent par une rétrospective qui se voudrait en même temps une prospective.

Les déficits en termes de développement et leurs implications sociales appellent à une analyse des dysfonctionnements accumulés depuis l'indépendance du Maroc en 1956. Le « Rapport du Cinquantenaire » de 2005, auquel ont contribué plus de 100 chercheurs, dresse un tableau rétrospectif sur le passé récent du développement humain et une vision prospective pour souligner le

---

[233] Voir : Driss Khrouz. *L'Instance Equité et Réconciliation* (IER). Prologue : Revue Maghrébine du Livre. *Islam politique et démocratie. L'égalité des sexes en matière d'héritage*. N°38. Printemps 2009.

[234] Voir : Sandrine Lefranc. *Politique du pardon*. Paris, PUF, 2002.

[235] Voir : Micheline Labelle ; Rachad Antonius ; Georges Leroux (Dir.). *Le devoir de mémoire et les politiques du pardon*. Presses de l'Université du Québec, 2005, p.2.

[236] *50 ans de Développement Humain. Perspective 2025*. Comité Directeur. Le Maroc Possible. Une offre de débat pour une ambition collective. 2006. Voir www.rdh50.ma

fait que le Maroc est à la croisée des chemins : soit il entamera un décollage, soit il reproduira le déficit et les dysfonctionnements du passé. L'élaboration du rapport reflète une prise de conscience de la nécessité d'avancer par la connaissance.

Une nouvelle ère s'ouvre en matière de rapports au passé et à la connaissance. L'approche selon laquelle le développement a toujours été par le passé édulcoré par un discours apologétique qui met en avant exclusivement les réalisations (*mounjazat*) est supplantée par une approche critique où apparaissent les avancées mais surtout les déficits et les dysfonctionnements de 50 ans de développement.

Le développement du Maroc a souvent fait l'objet de rapports provenant d'instances internationales : Banque Mondiale ; PNUD ; UNICEF ; etc. Ce rapport rétablit l'importance accordée au savoir et à la connaissance nationaux internes, et à la mobilisation de la connaissance pour traiter avec objectivité des questions/enjeux de la société. Son élaboration est une sorte « *d'appropriation réflexive de la connaissance* »[237] qui entame une rupture avec le passé, où le savoir en sciences sociales était entouré de suspicion. La fermeture de l'Institut de Sociologie au tout début des années 70 était le produit de cette suspicion.

A travers la reconnaissance de l'identité plurielle du marocain et la réconciliation avec les années de violations des droits de l'homme se dégage une tendance mutationnelle dans le rapport au passé et à l'identité. Il faudrait noter que dans la société traditionnelle, le passé est toujours sanctifié pour orienter le présent et le futur. Comme l'écrit Anthony Giddens : « *la réflexivité se limite toujours, dans les civilisations pré-modernes, à la réinterprétation et à la clarification de la tradition, de telle sorte que la balance du temps, le plateau du ''passé'' pèse plus lourd que celui du ''futur''* »[238]. Or jeter un regard critique et réflexif sur le passé annonce une libération par rapport au poids de ce passé.

---

[237] Voir Anthony Giddens : Les *conséquences de la modernité.* Paris, L'Harmattan, 1994, p.59.

[238] Anthony Giddens : Les *conséquences de la modernité. Op.cit.*, 1994, p.44.

2. *Le statut de la femme : le paradigme autoritaire en question*

L'une des réformes notoires qui présage d'une mutation est celle du statut des femmes dans le code de la famille.

A la fin du siècle dernier, la situation des femmes au sein de la société marocaine demeurait paradoxale. Dans l'espace public, beaucoup de femmes ont réalisé des avancées dans plusieurs domaines et occupé des positions dans l'administration, l'éducation, la santé, les affaires, etc. Elles ont aussi obtenu le droit de vote en 1956, et ont eu accès à l'éducation gratuite dont beaucoup de femmes, en dépassant les entraves sociales et culturelles, ont bénéficié. Malgré ces avancées, le statut des femmes au niveau de la loi les plaçait dans une position d'infériorité. Le code de la famille, appelé *Moudawana,* élaboré en textes de loi en 1957, constituait à l'époque un progrès par rapport au *fiqh* auquel se référaient les juges. Ce code se basait, néanmoins, sur une interprétation archaïque de l'école juridique malékite. Vers la fin de l'année 1990, les impératifs du changement dans le sens d'un nouveau code, qui rehausserait le statut des femmes, se faisaient pressants. Le roi Mohamed VI annonce le 10 octobre2003 devant le parlement un nouveau code de la famille qui représente une mutation par rapport au code précédent. Il faut dire que plusieurs facteurs ont favorisé un tel processus de réforme du code de la famille.

2.1. *L'évolution de la société marocaine et de la famille*

De par sa fonction procréative, reproductive, éducative et protective, aucune institution n'a été autant que la famille entourée de normes dans toutes les sociétés. Considérée comme la cellule de base de la communauté musulmane (*al 'oumma islamiya*), la famille a été, à travers l'histoire des sociétés arabo- musulmanes, sujette à une surcharge de restrictions et de valeurs, intégrées dans les pratiques sociales ainsi que dans les représentations culturelles et institutionnalisées, par le droit musulman (*fiqh*) comme par les droits coutumiers.

Mais l'institution familiale se retrouve à la fin du 20e siècle prise dans un processus de changement qui allait transformer sa composition, sa structure et ses fonctions. Depuis l'indépendance du pays, la société marocaine a connu des changements majeurs au niveau démographique, en matière de mode de vie, de rapports de genre, de relations intergénérationnelles et de socialisation. La mobilité des populations et les médias aidant, ce processus allait s'imbriquer avec une ouverture, de plus en plus affirmée, sur le monde, à l'ère de la globalisation.

Un des aspects les plus importants dans ce changement se rapporte à la position de la femme au sein de l'institution familiale. La famille connait un changement dans sa composition et sa structure. Par le passé, la famille étendue était le type le plus répandu dans les sociétés marocaines traditionnelles, mais la famille a évolué vers le type nucléaire, composé des époux et des enfants, qui constitue 63% des familles marocaines au début du millénaire. D'autres types de familles complexes émergent et s'ajoutent à la famille nucléaire qui prédomine, telles les jeunes filles vivant seules, les frères et sœurs vivant ensemble, phénomènes qui apparaissent dans le milieu urbain, ou encore les mères célibataires.[239] Ceci s'est accompagné d'un changement de rôle attribué à chaque sexe.

La grande transformation qui a touché les femmes, dans les sociétés modernes d'aujourd'hui, est la maitrise de leur fécondité. Le planning familial et la contraception ont fourni un moyen aux femmes d'avoir un contrôle sur leur fonction reproductive et par voie de conséquence un droit, aussi limité soit-il, sur leur propre corps. Une brèche a été ouverte pour les femmes marocaines, avec la politique de planning familial adoptée par l'Etat marocain dès les premières années après l'indépendance.

Par rapport au passé, on assiste à un changement dans les rôles assurés par l'homme et la femme. La participation des femmes à la vie économique est devenue un phénomène irréversible. En conséquence, la situation des femmes a suivi ce changement par leur intégration progressive dans la population active et dans la vie

---

[239] CERED. *Famille au Maroc. Les réseaux de solidarité familiale.* Rabat, CERED, 1996. CERED. *Genre et Développement : Aspects sociodémographiques et culturels de la différence sexuelle.* Rabat, CERED, 1998.

publique. Une famille sur cinq est dirigée par une femme. Le changement de mode de vie et l'accroissement des besoins des familles ont poussé les femmes à intégrer le marché de l'emploi pour augmenter les revenus de la famille et subvenir à ses besoins. La participation progressive de beaucoup de femmes dans la vie publique ainsi que leur contribution aux revenus de la famille ont favorisé un changement dans les rôles. Les femmes ne sont plus reléguées au seul travail domestique ; plusieurs d'entre elles participent à la vie publique. Ainsi la ligne de démarcation entre la sphère publique pour les hommes et la sphère privée pour les femmes se trouve-t-elle brouillée.

A côté de ces changements on assiste à une évolution des mentalités sur le statut de la femme et sa position dans la société. Plusieurs enquêtes menées auprès des jeunes montrent que la majorité des enquêtés sont en faveur du travail des femmes. Une étude, menée il y a quelques années déjà, sur « Les jeunes et les valeurs religieuses », montre que de la majorité des répondants (83,3 % contre 16,7 %) sont favorables au travail des femmes[240]. Les attitudes favorablement exprimées sur le travail de la femme et son rôle comme étant l'égal de l'homme, apparaît de manière significative au niveau de la sphère économique et correspond à l'intégration de plus en plus importante de femmes dans la vie publique.

Malgré le recul du rôle de la famille en tant que dispensateur majeur de l'éducation des enfants, la famille continue à être un refuge et une institution de protection pour l'individu. Elle représente l'institution qui inspire le plus confiance. La famille prend en charge l'individu, qu'il soit homme ou femme. Toutefois, les femmes ont besoin du soutien de la famille plus que les hommes en raison de leur vulnérabilité due au facteur genre. Pour des raisons sociales et culturelles, une femme divorcée a besoin de sa famille plus qu'en aurait besoin un homme divorcé. Les femmes sont ainsi confrontées à un désavantage social ; et dans certains cas, elles sont soumises à la domination masculine. La famille continue à être un lieu de refuge et de protection sociale.

---

[240] R. Bourqia ; M. El Ayadi ; M. El Harras ; H. Rachik : *Les jeunes et les valeurs religieuses*. Casablanca, Eddif/CODESRIA, 2000, p.208.

Le type de mariage qui était valorisé est le mariage précoce. Or les statistiques montrent que l'âge du mariage pour les hommes et les femmes a connu une hausse ces deux dernières décennies. La moyenne d'âge est de 25 ans pour les femmes et 30 ans pour les hommes. La moyenne atteint 27 ans pour les femmes en milieu urbain selon le recensement de 2004. Plusieurs facteurs qui sont à la fois économiques, sociaux et culturels expliquent ce phénomène.

Sur le plan économique, les nécessités qui accompagnent le mariage, telles que l'emploi, le logement, et le coût de l'éducation des enfants, constituent une contrainte à laquelle l'individu est confronté quand il pense contracter mariage et fonder une famille ; ceci retarde de plus en plus l'âge du mariage. La pauvreté et la situation précaire d'une partie non négligeable de la population marocaine, estimée à 14,2% des ménages qui sont sous le seuil de pauvreté relative, et 17,3% qui se trouvent sous le seuil de la vulnérabilité, empêchent bon nombre de jeunes parmi ces catégories de ménages à s'engager dans le mariage.[241]

Sur le plan social, de plus en plus de jeunes lettrés poursuivent leurs études au-delà du baccalauréat et sont amenés à traverser une longue période à la recherche d'un emploi. En outre, le problème du chômage, en particulier le chômage des diplômés, retarde le mariage des jeunes. Un tel phénomène a un impact sur la croissance démographique qui a été ralentie ces dernières décennies.

La polygamie est un phénomène que l'on rencontre dans toutes les sociétés musulmanes. Mais la tendance générale au Maroc à la veille de la réforme du code de la famille a été au recul de ce phénomène avec seulement 0,8 % des familles polygames. La polygamie est en désuétude pour des raisons liées au changement qui a touché l'image de la famille. La famille valorisée projetée par les médias, est la famille monogame. La polygamie apparaît ainsi comme une relique du passé et une institution familiale archaïque. Les études confirment l'existence de cette tendance. Une étude publiée en l'an 2000 sur les valeurs religieuses des étudiants montre que 56,8 % des répondants étaient contre la polygamie,

---

[241] Données du *Recensement Général de la Population et de l'Habitat, 2004*. Voir : Site web du Haut Commissariat au Plan. Téléchargées le 15 Août 2009. **http://www.hcp.ma**

18,2 % des jeunes exprimaient leur indifférence au sujet, alors que 21,7 % d'entre eux étaient favorables à la polygamie[242]. On remarque que la polygamie ne retient la faveur que d'une minorité, dans un contexte de montée de l'islamisme. On renonce ainsi à ce qui est autorisé par la religion pour implicitement favoriser le modèle monogamique.

Le déclin de la polygamie est certainement dû à des facteurs économiques impliquant pour un mari des charges et la disponibilité des ressources financières pour subvenir aux besoins de deux épouses. Il est dû aussi au facteur culturel du fait de l'évolution des perceptions culturelles. De signe de prestige pour un homme par le passé, la polygamie est devenue aujourd'hui une pratique archaïque.

La famille a été pendant longtemps la principale institution éducative au sein de laquelle l'individu découvre les normes, les valeurs culturelles et religieuses. Les femmes y assumaient la fonction d'éduquer les enfants en conformité avec les normes de la société. Aujourd'hui, l'école a non seulement concurrencé la famille dans sa fonction éducative, elle est devenue la principale institution éducative. Au regard de ces changements, la famille semble avoir perdu son emprise exclusive sur l'éducation des enfants au profit, essentiellement de l'école, des amis mais aussi des médias, de la télévision, des groupes des pairs, et des cyber espaces.

Pour garantir un avenir à l'enfant, les familles ont à supporter un coût en matière de scolarité, de santé et de logement. Subvenir à ces besoins primaires des enfants est d'autant plus difficile chez les familles appartenant à des catégories sociales défavorisées. En plus des charges matérielles et financières, les parents sont appelés a prendre en considération une dimension morale de l'enfant ; celui-ci apparaît comme un individu ayant des droits que les parents doivent garantir, comme ils doivent lui assurer une vie digne. L'enfant, dans cette nouvelle configuration de la structure familiale, acquiert un nouveau statut par rapport à la famille traditionnelle ; ce qui change la hiérarchie de cette structure.

---

[242] R. Bourqia ; M. El Ayadi ; M. El Harras ; H. Rachik : *Les jeunes et les valeurs religieuses. Op.cit.*

Ces changements progressifs de l'institution familiale ont conduit à un changement de statut de chaque membre au sein de la famille ; cette nouvelle configuration impliquait de reconsidérer le code de la famille qui ne répondait plus à la nouvelle situation et aux changements qui la caractérisent. A la fin du vingtième siècle, la question qui se posait dans la société marocaine était de savoir comment concevoir une famille qui rétablisse un principe égalitaire entre l'homme et la femme, et comment garantir les droits et les obligations pour chaque membre de la famille.

En dépit du fait que la famille soit toujours une institution qui assure la sécurité de l'individu et l'aide à faire face aux aléas de la vie et à l'incertitude, le processus d'individuation, la prise de conscience des femmes de leur individualité et la sensibilisation grandissante aux droits et aux obligations de chaque individu ont commencé à se traduire dans les discours pour annoncer une mutation.

Pourtant à la veille du 21e siècle, malgré ces changements et les avancées réalisées par les femmes dans la vie publique et leur nouveau rôle dans la société, le statut que leur accorde un code de la famille, élaboré après l'indépendance du Maroc en 1956, les reléguait derrière les hommes et les plaçait dans un rapport de soumission à leur égard, les considérant comme des êtres inférieurs. Bien qu'ayant représenté à l'époque de sa promulgation un pas vers l'élaboration d'une loi positive, la conception de ce code demeurait liée à une lecture littérale de la jurisprudence religieuse *(fiqh),* et à une interprétation dogmatique et archaïque du droit *malékite*. Or sur les plans de l'éducation et de l'activité dans la sphère publique, la situation des femmes a connu une évolution notoire.

Les femmes ont certes des positions sociales différenciées dans la société, mais un code de la famille qui date de 1956 leur réserve une même position, celle d'infériorité pour toutes. La réforme du code de la famille apparaît comme une réforme essentielle et nécessaire pour promouvoir le statut des femmes.

2.2. *Le mouvement social des femmes et les valeurs universelles*

La société civile émerge comme un acteur de la dynamique du changement sociétal. Depuis les années 70, le mouvement des femmes et les associations des droits humains ont inscrit le changement du code de la famille sur l'agenda politique. Les années 80 ont vu la création de plusieurs associations de femmes ; celles-ci vont constituer l'ossature du mouvement des femmes dont les revendications pour le changement vont prendre la forme de campagnes de plus en plus intenses pour la réforme du code de la famille (*Moudawana)*[243]. Un réseau d'associations a été créé pour plaider pour une nouvelle loi et porter au premier plan la question de l'égalité entre hommes et femmes dans un nouveau code de la famille. C'est ainsi que les associations féministes ont joué un rôle majeur dans ce processus.

La question du statut de la femme, bien que présente dans les discours des partis politiques, ne représentait pas pour autant une question cruciale à placer en tête de liste des priorités politiques. Or au niveau de la société civile, la *Moudawana* est devenue pendant plus de deux décennies un objet de controverse, focalisant les revendications des associations de femmes. Celles-ci l'ont inscrite sur l'agenda politique comme elles ont posé certaines questions controversées, telles que celles de l'égalité entre les hommes et les femmes et l'interprétation de la religion.

L'apparition d'un leadership féminin, surtout au sein de la société civile, a été le catalyseur d'un mouvement des femmes, émergeant sur la scène associative. En nouant des liens dans des réseaux au Maroc et au-delà, vers le Maghreb et à l'international, en affirmant sa conscience de son identité, en insistant sur son indépendance par rapport à l'Etat et aux partis politiques, en réclamant une relecture de l'islam et en revendiquant la référence aux valeurs universelles, celles de l'égalité des droits entre les hommes et les femmes, le

[243] La première association de femmes à être créée est l'*Association Démocratique des Femmes du Maroc* (ADFM, 1985), suivie par l'*Union de l'Action Féminine* (UAF, 1987) ; l'*Association Marocaine des Droits des Femmes* (AMDF, 1992) ; la *Ligue Démocratique des Droits des Femmes* (LDDF, 1993) ; puis *Joussour : Forum des Femmes Marocaines* (1995). Durant les années 90, plusieurs autres associations vont voir le jour même parmi les femmes de tendance islamiste.

mouvement des femmes est devenu un interlocuteur incontournable de l'Etat.[244]

Si la lutte des femmes et leur plaidoyer ont duré plus de deux décennies, c'est parce que la résistance pour maintenir un code considéré comme une « *citadelle imprenable* »[245] était importante. Cette résistance au changement s'organise, en général, au nom de la religion. L'ancien code était perçu par ses défenseurs comme se conformant aux préceptes de l'islam, alors que le mouvement des femmes, tout en appelant à une interprétation progressive de la religion, défendait la valeur universelle de l'égalité entre les hommes et les femmes et l'idée de la nécessité de se conformer aux conventions internationales.

Le plaidoyer mené par la société civile, s'est accompagné d'un travail intellectuel auquel ont participé les hommes et les femmes intellectuels dont la figure la plus connue est Fatima Mernissi[246] qui, dès les années 70, a publié ses écrits sur la femme dans les pays musulmans et exploré les rapports sociaux de sexes dans l'histoire de l'islam, dans les discours et les interprétations que certains musulmans ont données du statut des femmes en islam. Une thèse d'Etat d'un chercheur marocain, Aberazzak My Rchid, sur la condition féminine au Maroc en 1985[247] a apporté une lecture critique du code de la famille, a initié un champ de recherche critique et a ouvert la voie à plusieurs recherches approfondissant la recherche juridique et en sciences sociales sur le statut de la femme. Durant les années quatre-vingt et quatre-vingt-dix, une littérature abondante, dans différentes disciplines –

---

244 Voir Collectif 95 Maghreb –Egalité : *Auto-portrait d'un mouvement : les femmes pour l'égalité au Maghreb.* Imprimerie El Maarif Al Jadida, . 2003.

245 Voir Aberrazak Moulay Rchid. *La Moudawwana en question* ». *In* : R. Bourqia ; M. Charrad ; N. Gallaher (Dirs.). *Femmes, culture et société au Maghreb.* Volume II. Casablanca, Editions Afrique Orient, 2ème édition, 2000.

246 Voir : Fatima Mernissi. *Sexe, Idéologie, Islam.* Éditions Maghrébines, 1985. *Al Jins Ka Handasa Ijtima'iya*, Casablanca, Le Fennec, 1987. *Le monde n'est pas un harem.* Paris, Albin Michel, 1991 (édition révisée). *Sultanes oubliées : femmes chefs d'État en Islam.* Albin Michel/ Éditions Le Fennec, 1990. *Le harem politique : le Prophète et les femmes.* Albin Michel, 1987. *Nissa' 'Ala Ajnihati al-Hulmt.* Casablanca, Le Fennec, 1998. *Rêves de femmes : une enfance au harem.* Casablanca, Le Fennec, 1997.

247 Abderrazak Moulay Rchid. *La condition de la femme au Maroc.* Collection de la Faculté de Droit de Rabat, n°33, 1985.

sciences juridiques, sociologie, anthropologie, sciences politiques, économiques– a vu le jour ; elle met en évidence l'image de l'infériorité de la femme dans la *Moudawana*.

Les militantes pour les droits des femmes ainsi que les intellectuels ont adopté une position contestant l'interprétation conservatrice de l'islam pour ce qui est du statut de la femme. Ils l'ont fait en organisant des conférences, des ateliers et en invitant des érudits éclairés musulmans pour exposer les idées d'un islam éclairé, discuter et critiquer les idées de certains *foqaha*. Ceci a donné lieu à un débat houleux sur l'interprétation de la religion, qui coïncide avec la montée des islamismes, mais a fait émerger une voix qui conteste la résistance au nom de la religion à la promotion du statut de la femme. Les femmes et les hommes universitaires se sont ainsi associés et mobilisé leurs connaissances pour apporter une argumentation favorable à la revendication pour la réforme d'un code de la famille désuet.

Les différenciations au niveau des domaines d'intérêt et d'intervention entre les ONG qui défendaient les droits des femmes ne les ont pas empêchées, et sans occulter la religion, de prendre pour cadre de référence les valeurs universelles des droits humains. L'argument consistait à soutenir que l'islam a considérablement contribué à l'élaboration de certaines valeurs, devenues universelles. Les droits humains, les droits des femmes, les valeurs de justice et d'équité sont des valeurs universelles, mais sont également des valeurs prônées par l'islam. Le Maroc a signé la convention CEDAW, adoptée le 18 décembre 1979 par l'Assemblée Générale de l'ONU, tout en émettant des réserves. Le code du statut personnel est en contradiction avec les clauses qui n'ont même pas fait l'objet de réserves. La conformité du code de la famille avec les conventions internationales est ainsi posée ; les clauses de celles-ci devaient être intégrées dans un nouveau code de la famille[248].

Le mouvement féministe, à travers les ONG, a inscrit la question du statut de la femme sur l'agenda des réformes prioritaires pour la

---

[248] Une lettre Royale au CCDH du 10 décembre 2008 à l'occasion du 60ème anniversaire de la Déclaration Universelle des Droits de l'Homme a annoncé la levée des réserves émises à propos de la CEDAW lors de sa ratification par le Maroc en 1993.

société marocaine. La mobilisation à travers la mise en réseau a permis de transmettre ses revendications. Les représentantes du mouvement sont reçues par le Roi Mohamed VI en mars 2001. L'alliance entre monarchie et mouvements des femmes s'en trouve scellée. Le Roi intervient en tant que pouvoir politique suprême, mais aussi et en tant que chef religieux, commandeur des croyants. Il faudrait rappeler que lorsque les tensions furent intenses entre ceux qui voulaient changer le code et ceux qui s'y opposaient, suite à la publication du *Plan d'Intégration des Femmes dans le Développement,* élaboré à l'époque par le Secrétaire d'Etat à la Famille, toutes les parties prenantes, associations de femmes, le Secrétaire d'Etat et les islamistes, en en appelé au Roi pour intervenir en tant que commandeur des croyants et d'user de son autorité religieuse. Ce processus a ouvert la voie à la réforme.

2.3. La volonté politique et la fonction d'arbitrage du Roi

A la veille de la réforme, derrière les tensions autour du code de la famille se profilaient des conflits politiques. La question de la femme constituait un enjeu qui se doublait d'une surenchère politique. Ce fut une période où la poussée de l'islamisme politique commençait à se manifester sur le champ politique avec l'émergence du Parti de la Justice et du Développement (PJD). Le Secrétaire d'Etat, qui annonçait le *Plan d'Intégration des Femmes dans le Développement,* était affilié au Parti du Progrès et du Socialisme, associé à son passé communiste. Se positionnant dans l'opposition, le PJD s'oppose à ce plan perçu comme émanant d'organisations internationales, en l'occurrence de la Banque Mondiale, et véhiculant des idées opposées aux préceptes de l'islam. Le moment culminant de la tension fut l'organisation des deux marches de protestation massives menées l'une à Rabat, avec ceux qui défendaient l'idée du changement du code de la famille, l'autre à Casablanca, réunissant ceux qui s'y opposaient. L'arbitrage du Roi devenait dès lors décisif. Le Maroc est un pays musulman, et selon la constitution marocaine, l'islam est la religion du pays et le Roi est le Commandeur des Croyants. Dans la mesure où le code de la famille fait l'objet d'une controverse qui mobilise des interprétations religieuses, la question est soumise à l'arbitrage royal.

C'est dans ce contexte que le Roi Mohammed VI a créé en avril 2001 une Commission Royale Consultative de Réforme de la *Moudawana*, à laquelle a été assignée la mission de se pencher sur la réforme du code de la famille et proposer un nouveau projet. Dès les premier discours de l'accession du Roi au Trône, une volonté de promouvoir le statut de la femme est affichée. La première année de son règne, il dit dans son discours prononcé à l'occasion de l'anniversaire de la Révolution du Roi et du Peuple : « *Comment espérer atteindre le progrès et la prospérité alors que les femmes, qui représentent la moitié de la société, voient leurs droits bafoués, sans tenir compte des droits par lesquels notre Sainte religion les a mises sur un pied d'égalité avec les hommes, des droits qui correspondent à leur noble mission, leur rendant justice contre toute iniquité ou violence dont elles pourraient être victimes, alors même qu'elles ont atteint un niveau qui leur permet de rivaliser avec les hommes, que ce soit dans le domaine de la science ou de l'emploi* ». Ce discours annonce déjà le changement du code de la famille. Ainsi, la volonté politique visant à améliorer la position des femmes dans la société et réformer ce code a été un facteur réformateur majeur.

Les tâches et les objectifs fixés par le Roi à la Commission Royale Consultative de Réforme de la *Moudawana* (CCM) étaient de concevoir une réforme du fond et de la forme du Code du Statut Personnel, avec une approche globale qui consolide la famille dans le sens de la levée de l'iniquité qui pèse sur les femmes, pour leur garantir l'égalité en droits et en devoirs avec les hommes, pour protéger les droits des enfants et sauvegarder la dignité de l'homme. La commission devait relever un défi, celui de proposer un projet adapté à l'époque contemporaine et à l'évolution de la société, en phase avec les valeurs universelles des droits humains et avec le patrimoine historique musulman, en usant du principe de justice et de l'intelligence par la voie de l '*Ijtihad*.

Par sa composition, la commission est pluridisciplinaire, constituée de quinze membres : les hommes religieux *(fuqaha)* qui constituaient la majorité, les juges et trois femmes : une juge, une sociologue et une femme médecin. Du fait de la composition même de la commission, la question du code n'est plus soumise au seul avis des *fuqaha* mais s'étend aussi à d'autres corps d'expertise et aux femmes, et par conséquent la notion de l'*Ijtihad* comme outil de connaissance religieuse est élargie à tous ceux et celles qui disposent d'une expertise pour se prononcer sur la question.

Le travail de la commission a duré 30 mois et s'est fait en trois phases :

- La première phase a consisté à auditionner toutes les parties prenantes concernées par la famille, les femmes et les enfants. Une centaine d'associations et de départements ministériels ainsi que les partis politiques se sont prononcés devant la commission sur les changements à apporter au code de la famille.
- La deuxième phase a été consacrée aux études et discussions de chaque aspect du code de la famille en passant en revue les codes des pays musulmans, les conventions internationales et la production intellectuelle sur le sujet.
- La troisième phase fut consacrée à l'élaboration du projet de code.

Trente mois après que la commission ait achevé sa mission, le Roi annonce au parlement, le *10 octobre 2003*, le contenu du nouveau code de la famille. Le principe d'égalité entre les époux y est introduit et, l'injustice envers les femmes fut levée avec l'adoption d'une forme moderne de formulation du texte juridique.

Le processus qui a abouti à la réforme du code de la famille a créé une dynamique mutationnelle à travers plusieurs faits. Il y a d'abord la tension qu'il a créée au sein de la société et qui a mis sur la place publique un débat houleux entre les tenants d'une conception moderniste de la réforme et ceux qui s'y opposent au nom des valeurs de l'islam. Dans ce débat, les idées, les acteurs de la société civile, les acteurs politiques, la connaissance et les armes idéologiques ont été mobilisés. Il va sans dire que les tensions dans la vie des sociétés sont toujours porteuses d'une gestation qui peut mener à des changements structurels.

Tout en offrant les éléments pour une meilleure connaissance de la condition des femmes et la nécessité de leur accorder des droits, ce débat s'est traduit par la création d'un espace d'expression où toutes les tendances idéologiques, malgré leurs divergences, se sont exprimées, soit sur la place publique et à travers les journaux, soit au sein de la commission qui a invité toutes les parties prenantes à se prononcer. Il représente une ouverture et une confrontation démocratique où le compromis n'est point acquis mais gagné au travers des tensions. Tout en gérant l'héritage historique, ce compromis s'inscrit dans la ligne du progrès, à savoir la ligne de la reconnaissance des droits des femmes.

Le processus de la réforme du code de la famille a permis de déployer un mécanisme de régulation sur un terrain surinvesti par une interprétation archaïque de la religion. Le dialogue social autour du code de la famille a permis de clarifier les positions idéologiques et politiques ; ce qui a amené toutes les parties prenantes à prendre position et solliciter un mode de gestion des conflits, à savoir la fonction d'arbitrage du Roi pour un dépassement de ces conflits. La commanderie des croyants a fonctionné comme un mécanisme de régulation.

2.4. Du paradigme patriarcal au paradigme égalitaire

Le statut de la femme au sein de la famille ainsi que les liens de mariage ont été investis d'une signification sacrée dans toutes les religions monothéistes : l'islam, christianisme et le judaïsme. L'islam valorise le mariage qu'il entoure d'un ensemble de restrictions pour éviter la désunion. En islam, la famille est une institution de base de la société qui porte les valeurs morales de la société. La littérature de la jurisprudence de la doctrine malékite au Maroc, de l'Imam Malek aux *fuqaha du* 19e siècle, consacre dans tous les ouvrages un chapitre à la famille qui réitère les mêmes préceptes concernant le mariage, le divorce, la polygamie, la garde des enfants et l'héritage. Aucun domaine de la société n'a fait l'objet de production jurisprudentielle musulmane comme l'a été la famille.

Lawrence Rosen, dans un article sur la famille à Sefrou[249], s'interroge sur l'intrigante question de savoir comment les

[249] Lawrence Rosen. *The negociation of reality: male-female relations in Sefrou, Morocco. In*: Nicholas S. Hopkins and Saad Eddin Ibrahim (eds.). *Arab Society.*

membres d'une société partageant la même culture ont pourtant des interprétations différentes de la même réalité. L'interrogation est pertinente pour ce qui est du statut de la femme, sujet aux conflits d'interprétations de la religion.

Les interprétations des *fuqaha* de la religion concernant le statut de la femme et de la famille reflétaient les perceptions collectives de leurs sociétés et les normes sociales et culturelles entourant l'institution familiale. La référence à l'islam est toujours présente lorsqu'il s'agit du mariage, du divorce et du statut des femmes. Le Coran et les *Hadith* ont été soumis à de nombreuses interprétations, différenciant les écoles et doctrines religieuses et les adeptes de chaque école. Les interprétations héritées et accumulées tout au long de l'histoire au sujet de la position de la femme au sein de la famille, sont remises en question par l'évolution des sociétés musulmanes, ce qui appelle des adaptations aux changements survenus dans les sociétés contemporaines.

L'image que font ressortir les exégèses est celle de la domination des hommes sur les femmes. Une telle image est aussi reproduite dans une certaine littérature occidentale sur l'islam. Or le Livre sacré, le Coran et le message divin sont adressés aux hommes et aux femmes. On pourrait même y lire une «*morale du couple* » et un message égalitaire. Comme l'écrit Abdelwahab Bouhdiba : « *les rapports hommes-femmes sont en totale réciprocité et il doit y avoir maintien d'un strict équilibre des devoirs qui incombent aux femmes et des droits dont elles doivent jouir, même si une préséance de principe demeure en faveur des hommes. « Les femmes précise le Coran, ont droit à l'équivalent de ce qui leur incombe comme devoir selon les convenances* » (II-228). Ou encore : « *les Croyants sont en rapports mutuels de protection » (IX-76). Ce qui implique, horresco referens, que les femmes sont en droit d'exiger des hommes une certaine allégeance* »[250]. Cette lecture égalitaire a été évitée par un patriarcat en puissance de la société arabo-islamique qui a orienté socialement et culturellement la lecture du message coranique. On ne retient que ce qui est

---

Social Science Perspectives. The American University in Cairo Press, 1977, p.223.

[250] Abdelwahab Bouhdiba. *Quêtes sociologiques. Continuités et ruptures au Maghreb*. Enjeux, Cérés Editions, s.d.

décrété par le Coran concernant le rôle économique de l'homme, « *les hommes assument les femmes* » (*rijal qawamoun ala nisa'*), que les interprétations rigoristes dominantes réitèrent, et on occulte par contre le message égalitaire qui est l'esprit même du message divin.

L'islam est une religion, mais aussi une expérience historique des musulmans à travers l'histoire de l'islam et dans différentes régions géographiques des pays musulmans. Les interprétations que le *fiqh* a faites de l'islam en matière du statut de la femme au sein de la famille sont façonnées par la structure sociale et les normes culturelles. Le paradigme du patriarcat demeure la constante et la ligne directrice de la jurisprudence en matière de préceptes régissant les relations au sein de la famille. Toute réforme du code de la famille devait dépasser l'interprétation rigoriste des textes religieux concernant les relations entre les hommes et les femmes, et la famille, et entamer une rupture avec ce paradigme.

Le patriarcat et la domination masculine sont justifiés par les normes et les valeurs d'autorité de la société patriarcale. Ces normes sont à leur tour légitimées par la mobilisation de la religion. Le discours patriarcal a été construit pour refléter et légitimer une réalité sociale où la femme occupe une position inférieure. Leila Ahmed disait: "*Women ...are those whom society under review defined as women and to whom they applied legal and cultural rules on the basis of these definitions*" [251]. En d'autres termes, l'homme et la femme ne sont pas seulement deux entités biologiques différenciées, ils sont également deux construits sociaux et culturels de la société. Comme le disait Simone de Beauvoir : « *on ne nait pas femme, on le devient* ».

Quelles sont les valeurs que comporte cette réforme et qui ont un rapport avec le processus de démocratisation ? Tout en respectant le cadre religieux, le nouveau code de la famille procède à un changement de paradigme et à une remise en cause de la hiérarchie dans les rapports sociaux de sexe. Ceci se manifeste à travers une nouvelle définition du mariage qui est un « *consentement d'un homme et une femme à s'unir en vue d'une vie conjugale commune*

---

[251] Leila Ahmed. *Women and Gender in Islam: Historical Roots of a Modern Debate*. New Haven; London, Yale University Press, 1992, p.7.

et durable pour la fondation d'une famille stable sous la direction des deux époux »[252]. Une telle définition du mariage dans le nouveau code place la famille sous la direction des deux époux et par conséquent instaure une responsabilité conjointe selon un principe égalitaire. Ce principe se confirme aussi dans l'âge d'aptitude au mariage à dix-huit ans révolus pour l'homme et pour la femme jouissant de leurs facultés mentales, avec possibilité de dérogation sur autorisation du juge de la famille.

Une des questions les plus controversées lors du débat sur la réforme était celle de la tutelle matrimoniale. Les tenants du maintien de cette tutelle pour la femme, même majeure, le faisaient au nom de la tradition institutionnalisée par le *fiqh*, considérant que tout changement risquait de soustraire les jeunes filles au consentement des pères au mariage et les pousser à la révolte. Les défenseurs du changement le font au nom de l'égalité entre les hommes et les femmes, considérant que le maintien de la tutelle matrimoniale voulait dire infériorité et non maturité des femmes, même majeures, pour être en mesure de décider de leur mariage. Le nouveau code répond à cette controverse au nom du principe égalitaire en considérant la tutelle « *obligatoire pour les mineurs, filles ou garçons* » et que « *la femme majeure a le droit de conclure elle-même son mariage ou mandater son père ou un de ses proches* »[253].

Les relations entre les époux obéissent, dans le nouveau code, à un changement de philosophie et de conception par rapport au code précédent qui différenciait de manière hiérarchisée les hommes des femmes quant aux obligations et aux devoirs. Le nouveau code instaure le principe de coresponsabilité où les obligations et les devoirs s'inscrivent dans une relation de réciprocité. Les époux se doivent « *cohabitation, bons rapports, fidélité réciproque, pureté* », « *le respect mutuel, l'affection et la préservation de l'intérêt de la famille* », « *la prise en charge par l'épouse avec son époux de la responsabilité de la gestion des affaires de la famille, des enfants et de planning familial* », « *la concertation en matière*

[252] Article 4 du nouveau code la famille de 2003.
[253] Article 25 du nouveau code la famille de 2003

de prise de décisions relatives à la famille », « *les bons rapports de chacun d'eux vis-à-vis des parents de l'autre* »[254].

Concernant l'enfant, pour qui l'ancien code n'a pas accordé de place, on assiste dans le nouveau code à un alignement sur la Convention Internationale des Droits de l'Enfant. L'enfant a droit à la vie, à une identité (inscription à l'état civil et nationalité) ; filiation de l'enfant né d'une grossesse pendant les fiançailles avec possibilité de recours aux tests ADN ; le droit à la garde et à une pension alimentaire jusqu'à l'âge de 18 ans ou jusqu'à la fin des études ; la préservation de la santé physique et morale ; la protection contre la violence et l'exploitation ; l'éducation et la formation dans le respect des prédispositions de l'enfant et de ses capacités. Le code préserve les droits spécifiques des enfants handicapés toute leur vie[255].

Le nouveau code de la famille instaure une nouvelle culture de la relation entre les époux ; cette relation s'y fonde sur le respect de la dignité de la femme, de l'homme et sur la responsabilité de chacun de prendre des décisions importantes dans les choix de vie tels que celui du mariage et de la désunion. Elle se fonde aussi sur la préservation de l'intérêt de l'enfant et son droit à la protection. Le renforcement des dispositions contractuelles ainsi que la consolidation du rôle de la justice en matière de divorce préservent les droits de chacun.

On passe du paradigme de l'autorité au paradigme de l'égalité des sexes. Les modifications apportées au niveau de la définition du mariage, du divorce et de la tutelle se basent sur une nouvelle conception des relations entre hommes et femmes et de la famille, qui bouscule l'ordre patriarcal sur lequel se basait l'ancien code.

Au niveau de sa conception, la réforme du code de la famille représente une certaine rupture avec le système du modèle patriarcal, qui se trouve délogé de la loi, rupture aussi par la promotion de la situation juridique de la femme et de l'enfant et la consécration de l'égalité entre l'homme et la femme. En permettant en 2008 à la marocaine d'octroyer sa nationalité à ses enfants de père étranger, la loi affirme cette rupture. Ce changement est perçu

[254] Article 51 du nouveau code la famille de 2003
[255] Article 54 du nouveau code la famille de 2003

comme un changement dans le sens d'une démocratisation par le bas : au niveau de la cellule familiale, institution sociale première de toute socialisation et prélude à la socialisation politique démocratique. Les valeurs d'égalité, de respect du droit de toute personne, de sa dignité, et de sa responsabilisation, qu'elle soit femme, homme ou enfant, est la base de la démocratisation.

Il est évident que le fait de gagner la bataille du changement de paradigme en matière de conception de la loi régissant les rapports entre les hommes et les femmes ne se traduit pas, de manière instantanée, par une mise en pratique de ce changement au niveau des représentations culturelles, au niveau des rapports réels entre les hommes et les femmes, et encore moins dans la représentation que se font les juges de ces rapports. Il faudrait souligner, néanmoins, que de nouvelles valeurs sont introduites dans et par la loi.

Ainsi, la création de l'Institut Royal de la Culture Amazigh, avec tout ce que cette création a produit comme débat sur l'histoire, la langue et la culture amazighes, et l'initiation de la réconciliation avec le passé par la reconnaissance des sévisses et la compensation des victimes des violations, s'inscrivent dans une dynamique qui ouvre la voie à la révision du rapport problématique avec l'héritage historique et à la réappropriation du passé après l'avoir exorcisé et avoir rejeté, avec prise de conscience et audace, ses faits les moins glorieux. Ceci appelle à l'établissement d'un nouveau rapport au passé et à la culture, et instaure la reconnaissance de la pluralité de la culture marocaine. La réforme du code de la famille, initiée et impulsée par la conjonction entre la dynamique des forces sociales et la volonté politique affirmée pour promouvoir la condition des femmes, bousculent les principes traditionnels sur lesquels se basent les modèles autoritaire et patriarcal.

Bien que se rapportant à différents registres, ces réformes sont liées par un fil conducteur, à savoir qu'elles convergent vers un changement de paradigme et ouvrent la voie devant une tendance mutationnelle en phase avec les valeurs démocratiques.

Le champ politique au Maroc brouille constamment les lignes de démarcation en matière d'appartenance idéologique où la gauche, la droite, et le centre ne constituent pas toujours des catégories déterminantes de la définition et de la configuration des entités politiques. Dans une démocratisation en construction, où le champ politique est traversé par des vagues de fusions et de scissions créatrices de tensions, et où les alliances se font et se défont en fonction de la conjoncture et des intérêts des acteurs politiques, la création par le Roi de ces commissions royales fonctionne comme un mécanisme institutionnel de dépassement des conflits.

Dans les cas de la création de L'IRCAM, de l'IER et de la CCRM, ces commissions ont été créées par le Roi autour de questions enjeux de la société, à savoir celle du dépassement des violations du passé, celle qui met en avant la place de l'amazighité dans la cartographie culturelle et linguistique de la société marocaine et celle du statut de la femme au sein de la famille, et par extension au sein de la société. Ces questions constituent « des nœuds » dans la construction de la démocratie. Ainsi, l'arbitrage du Roi et la médiation à travers cette forme institutionnelle, continuent à fournir au champ politique un vecteur de conciliation et de dépassement des tensions qui favorise les mutations.

Bibliographie

1. Abensour Miguel et Gauchet Marcel: « La présentation : les leçons de la servitude et leur destin ». *In :* Etienne De La Boétie. *Le discours de la servitude volontaire.* Petite Bibliothèque Payot, 1976.
2. Ahmed Leila: *Women and Gender in Islam: Historical Roots of a Modern Debate.* Yale University Press. New Haven and London, 1992
3. Al Fassi Allal: *Naqd Adhati.* Rabat, 1979.
4. Al Jabri Mohamed Abed : *Introduction à la critique de la raison arabe.* La Découverte. 1995.
5. Al Ketani Mohamed Al Hassani Idrissi: *Taraatib idarya.* 2 volumes, Fès, 1346 de l'Hégire (1927).
6. Amara Mohammed **:** *Tayarat al fikr al islami.* Dar Shourouk, 1991.
7. Anderson Benedict: *Imagined Communities.* London, New York. Première édition, 1983. Nouvelle édition, 2006.
8. Antoine Agnès : *L'impensé de la démocratie. Tocqueville, la citoyenneté et la religion.* Fayard, 2003.
9. Appadurai Arjun: *Géographie de la colère. La violence à l'âge de la globalisation.* Paris. Payot, 2007.
10. Arjun Appadurai : *Après le colonialisme. Les conséquences culturelles de la globalisation.* Petite Bibliothèque Payot, 2005.
11. Arkoun Mohammed : « Pour une genèse subversive des valeurs ». *In* : *Où vont les valeurs* ? UNESCO, Albin Michel, 2004.
12. Aron Raymond : *Démocratie et totalitarisme.* Gallimard, 1965.
13. Ayache Germain. « La fonction d'arbitrage du makhzen ». In *Actes de Durham*, BESM, N°138-139,1979, pp.5-
14. Ayache Germain. *Etudes d'histoire marocaine*. Rabat. SMER, 1979.
15. Balandier Georges *: Anthropologie politique.* PUF, 1967.

16. Baumier Mathieu: *La démocratie totalitaire. Penser la modernité post-démocratique.* Presses de la Renaissance, Paris, 2007.
17. Beau Nicolas et Gracet Catherine : *Quand le Maroc sera islamiste.* Paris. La Découverte, 2006.
18. Bel Alfred: *La religion musulmane en Berbérie.* Paris, 1938.
19. Benkaddour Abdaslam : « The neo makhzen and the berbers ». *In*: Ernest Gellner and Charles Micaud (eds.): *Arabs and Berbers. From tribe to nation in north Africa.* Duckworth, 1973, p. 259.
20. Benzine Rachid : *Les nouveaux penseurs de l'Islam.* Albin Michel et Tarik Editions, 2004.
21. Bidault Francis, Gomez Pierre-Yves et Marion Gilles (Dirs.) : *Confiance ; entreprise et société. Mélanges en l'honneur de Roger Delay Termoz.* Editions ESKA, 1995.
22. Boucher Stephen et Royo Martine. *Les think tanks. Cerveaux de la guerre des idées.* Préface de Pascal Lamy. Le Félin, 2006.
23. Boudon Raymond : *Tocqueville aujourd'hui.* Paris. Odile Jacob, 2005.
24. Boudon Raymond : *Renouveler la démocratie : éloge du sens commun.* Paris. Odile Jacob, 2006.
25. Bouhdiba Abdelwahab: *Quêtes sociologiques. Continuités et ruptures au Maghreb.* Enjeux. Cérés Editions, s.d.
26. Bourqia Rahma :. *Addawla wa-sulta wal mojtamaa.* (Etat, pouvoir et société). Beyrout. Dar Attaliâa, 1991.
27. Bourqia Rahma: " L'Etat et la gestion du symbolique". *In* : R.Bourqia et N.Hopkins (eds.), *Le Maghreb. Les mécanismes d'articulation.* Dar al-Kalam, 1991.
28. Bourqia Rahma, El Harras Mokhtar et Bensaid Driss: *Jeunesse estudiantine marocaine : valeurs et stratégies.* Rabat. Faculté des Lettres et des Sciences Humaines, 1995.
29. Bourqia Rahma and.Miller Susan G. (eds.). *In the Shadow of the Sultan. Culture, power and politics in Morocco.* Harvard University Press, 2000.

30. Bourqia Rahma, Charrad Mounira et Gallaher Nancy, (dirs.): *Femmes, culture et société au Maghreb.* Volume I et II. Casablanca. Editions Afrique Orient, 2ème édition, 2000.
31. Bourqia Rahma, El Ayadi Mohamed, El Harras Mokhtar et Rachik Hassan : *Les jeunes et les valeurs religieuses.* Eddif-Codesria. 2000.
32. Bouvier Pierre : *Le lien social.* Paris. Gallimard (Folio) 2005.
33. Braconnier Céline et Dormagen Jean-Yves : *La démocratie de l'abstention.* Gallimard, 2007.
34. Bruno Bernard : *La démocratie.* Paris. Flammarion, 1999.
35. Capdevila Nestor: *Tocqueville et les frontières de la démocratie.* PUF, Collection Philosophies, 2007.
36. Carré Olivier: *Mystique et politique. Lecture révolutionnaire du Coran par Sayyid Qutb, frère musulman radical.* Presses de la Fondation Nationale des Sciences Politiques. Editions du CERF, 1984.
37. Carré Olivier : *Le nationalisme arabe.* Paris. Editions Payot et Rivages, 1996.
38. Cawson Alan: *Corporatism and Political Theory.* Basil Blackwell, 1986.
39. CERED : *Famille au Maroc. Les réseaux de Solidarité Familiale.* Rabat. 1996.
40. CERED : *Genre et Développement : Aspects sociodémographiques et culturels de la différence sexuelle.* Rabat. 1998.
41. Charfi Abdelmajid : *Al Islam wa al-hadatha* (Islam et modernité). Tunis. Dar Attunissiya, 1990.
42. Charfi Abdelmajid : *Al Islam bayna ar-Risala wa Tarikh.* Beyrouth. Dar Attliy'a, 2001.
43. Charfi Mohamed : *Islam et liberté.* Albin Michel, 1999.
44. Colas Dominique : *Sociologie politique.* Paris. PUF, 1994.
45. Collectif 95 Maghreb-Egalité : *Auto-portrait d'un mouvement : les femmes pour l'égalité au Maghreb.* Imprimerie El Maarif Al Jadida, 2003.

46. Comité Directeur : *Le Maroc Possible. Une offre de débat pour une ambition collective. 50 ans de développement Humain. Perspectives 2025*. 2006. www.rdh50.ma.
47. Dahl Robert A.: *On Democracy*. Yale University Press, New Haven and London, 1998.
48. Dermenghem Emile : *Le culte des saints dans l'islam maghrébin*. Paris. Gallimard, 1954.
49. Desrues Thierry and Moyano Eduardo: "Social Change and Political Transition in Morocco". *Mediterranean Politics*. Volume 6, N° 1, printemps 2001.
50. Drogou Annick : *Dico Sectes*. Editions Milan,1998.
51. Durkheim Emile. *Les formes élémentaires de la vie religieuse. Le système totémique en Australie* (1912). Paris. PUF (5ème édition), 1968.
52. Doutté Edmond: *Le sultanat marocain*. Paris, 1909.
53. Eickelman Dale: *Knowledge and power in Morocco. The education of a twentieth century notable*. Princeton. Princeton University Press, 1985.
54. Eickelman Dale and Piscatori James: *Muslim Politics*. Princeton University Press, 1996.
55. Eisenstadt Shmuel N. and Roniger Luis: *Patrons, Clients and Friends: Interpersonal Relations and the Structure of Trust in Society*. Cambridge University Press, 1984.
56. El Benna Abdelkader : *In* : *Société civile au Maroc*. Rabat, SMER, 1992.
57. Eliade Mircéa : *Le sacré et le profane*. Paris. Gallimard, 1957.
58. El Mossadeq Rkia : *La réforme constitutionnelle et les illusions consensuelles*. 1998.
59. El Mossadeq Rkia: *Les Labyrinthes de l'alternance. Rupture ou continuité*. Casablanca. Imprimerie Najah El Jadida, 1998.
60. Entellis John P .: *Culture and Counterculture in Moroccan Politics*. Boulder ; San Francisco; E. London. Westview Press, 1989.
61. Filali-Ansari Abdou : *Réformer l'Islam ? Une introduction aux débats contemporains*. Paris. La Découverte, 2003.

62. Filali-Ansari Abdou : *L'Islam est-il hostile à la laïcité ?* Casablanca. Editions le Fennec, 1999.
63. Fukuyama Francis : *La confiance et la puissance. Vertus sociales et prospérité économique*. Plon, 1997.
64. Gauchet Marcel : *La religion dans la démocratie*. Gallimard, 1998.
65. Geertz Clifford: *Observer l'Islam. Changement religieux au Maroc et en Indonésie*. Paris. La Découverte, 1992.
66. Geertz Clifford : *Le Souk de Sefrou. Sur l'économie du bazar.* Editions Bouchene, 2003.
67. Gellner.Ernest: *Saints of Atlas*. Chicago University Press, 1969.
68. Gellner Ernest: « Pouvoirs politiques et fonctions religieuses dans l'Islam marocain ». *Annales ESC*, 3, 1970.
69. Ernest Gellner and Charles Micaud (eds.): *Arabs and Berbers. From tribe to nation in north Africa*. Duckworth, 1973.
70. Gellner Ernest: *Muslim Society*. Cambridge. Cambridge University Press, 1981.
71. Giddens Anthony : *Les conséquences de la modernité*. Paris. L'Harmattan, 1994.
72. Gluckman Max: *Order and Rebellion in Tribal Africa*. London, 1963.
73. Gluckman Max (ed.): *Essays on the ritual of social relations*. Manchester University Press, 1962.
74. Goody Jack : *L'Islam en Europe. Histoire, échange, et conflits*. Paris. La Découverte, 2004.
75. Govier Trudy: *Social Trust and Human Communities*. Montreal; Kingston; London. Mc Gill–Queen's University Press, 1997.
76. Guilhot Nicolas : « La science politique et la transition démocratique à l'Est ». *Futur Antérieur*. n° 27. 1995.
77. Hammoudi Abdellah. *Maître et disciple. Genèse et fondement des pouvoirs autoritaires*. Maisonneuve, 2001.
78. Hanafi Hassan : *Atturath wa-tajdid*. (Tradition et renouveau). Beyrouth, 1992.

79. Ibn Khaldoun: *Al Mouqadima.* Beyrout. Al maktaba Alsriya, 2ème Edition, 2000.
80. Ibn Zaidan Aberrahman: *Al izzou wa sawla fi maalimi noudhoumi addawla.* (''La gloire et le pouvoir''). Matbaa Malakya, 1961.
81. Iqbal Mohamed : *Reconstruire la pensée religieuse de l'islam.* Editions du Rocher, 1996.
82. Kepel Gilles : *La revanche de Dieu. Chrétiens, juifs et musulmans à la reconquête du monde.* Paris. Seuil, 1991.
83. Khrouz Driss: L'Instance Equité et Réconciliation (IER). In : *Prologues. Revue Maghrébine du Livre.* Islam politique et démocratie. L'égalité des sexes en matière d'héritage. N°38. Printemps 2009.
84. Labelle Micheline, Antonius Rachad et Leroux Georges (dirs.). *Le devoir de mémoire et les politiques du pardon.* Presses de l'Université du Québec, 2005.
85. La Boétie Etienne de : *Le discours de la servitude volontaire.* Payot, Présentation de par Miguel Abensour et Marcel Gauchet.
86. Lacorne Denis : *De la religion en Amérique.* Essai d'histoire politique, Gallimard, 2008.
87. Lagroye Baston François et Frédéric Sawicki : *Sociologie Politique.* 4ème édition. Presses de Sciences Po et Dalloz, 2002.
88. Laroui Abdallah: *Les origines sociales et culturelles du nationalisme* marocain (1830-1912). Paris. Maspero, 1974.
89. Abdellah Laroui : *L'idéologie arabe contemporaine : un essai qui a marqué la production intellectuelle arabe.* Paris. La Découverte, 1967.
90. Lefranc Sandrine. *Politique du pardon.* Paris, PUF, 2002.
91. Leveau Rémy: *Le fellah marocain défenseur du trône.* Paris. Presses de Sciences Po, 1976.
92. Leveau Rémy : « Islamisme et populisme ». In : Jean-Pierre Roux (dir.) *Les populismes.* Presses de la Fondation Nationale des Sciences Politiques. Editions Perrin, 2007.
93. Maalouf Amin : *Les identités meurtrières.* Grasset, 1998.

94. Mangematin Vincent et Thuderoz Christian (dirs.) : *Des mondes de confiance. Un concept à l'épreuve de la réalité sociale.* CNRS Editions, 2003.
95. Marcy Georges : *Droit coutumier Zemmour.* Paris. Larose, 1949.
96. Meddeb Abdelwahab : *La maladie de l'Islam.* Essais, Seuil, Points, 2002.
97. Mernissi Fatima : *Sexe, Idéologie, Islam.* Casablanca. Éditions Maghrébines, Le Fennec, 1985.
98. Mernissi Fatima : *Al Jins Ka Handasa Ijtima'iya.* Casablanca. Éditions Le Fennec, 1987.
99. Mernissi Fatima : *Le monde n'est pas un harem.* Albin Michel, 1991.
100. Mernissi Fatima : *Sultanes oubliées : femmes chefs d'État en Islam.* Albin Michel / Éditions Le Fennec, 1990.
101. Mernissi Fatima : *Le harem politique : le Prophète et les femmes.* Albin Michel, 1987 (Paperback 1992).
102. Mernissi Fatima : *Nissa' 'Ala Ajnihati al-Hulmt.* Casablanca. Éditions Le Fennec, 1998.
103. Mernissi Fatima : *Rêves de femmes : une enfance au harem.* Éditions Le Fennec, 1997.
104. Michaux-Bellaire, « Les confréries religieuses ». *Archives Marocaines*, 1927.
105. Montagne Robert: *Les Berbères et le Makhzen.* Paris, 1930.
106. Moore Barington : *Les origines sociales de la dictature et de la démocratie.* Paris. Maspero, 1969.
107. Morin Edgar : « L'éthique de la complexité et le problème des valeurs au XXIe siècle ». In : *Où vont les valeurs* ? UNESCO, Albin Michel, 2004.
108. Morin Edgar : *Introduction à la pensée complexe.* Paris. Seuil, 2005.
109. Moulay Rchid Abderrazak : *La condition de la femme au Maroc.* Collection de la Faculté de Droit de Rabat, n°33, 1985.
110. Moulay Rchid Aberrazak : « la Moudawwana en question ». In : R. Bourqia, M.Charrad et N. Gallaher (dirs.): *Femmes,*

culture et société au Maghreb. Volume II. Casablanca. Editions Afrique Orient, 2ème édition, 2000.

111. Ogien Albert et Quéré Louis (dirs.) : *Les moments de la confiance. Connaissance, affects et engagements*. Economica, 2006.
112. Pascon Paul et Naji Mohamed : « Les rapports du Makhzen avec ses marges au XIXe siècle. Le cas de la maison d'Illigh ». In : *Etats, Territoires et Terroirs au Maghreb*. Editions du CNRS, 1985.
113. Peyrefitte Alain : *La société de confiance. Essai sur l'origine du développement*. Odile Jacob, 2005.
114. Polanyi Karl : *La grande transformation : aux origines politiques et économiques de notre temps*, trad. Catherine Malamoud et Maurice Angeno, préface de louis Dument. Paris. Bibliothèque des sciences humaines, Gallimard.
115. Prologue : Islam et mondialisation. Islam politique et démocratie. L'égalité des sexes en matière d'héritage. *Prologues. Revue Maghrébine du Livre*. N° 38, Marsam. Printemps, 2009.
116. Rachik Hassan : *Symboliser la nation. Essai sur l'usage des identités collectives au Maroc*. Casablanca. Editions Le Fennec, 2003.
117. Rachik Hassan (Rapporteur). Comité scientifique de suivi :Rahma Bourqia, Abdellatif Bencherifa, et Mohamed Tozy. *Rapport de synthèse de l'Enquête Nationale sur les Valeurs. 50 ans de Développement Humain et Perspectives 2025*. Rabat, 2005.
118. Rachik Hassan : « *Roumi* et *beldi* », *Égypte/Monde arabe*, Première série, 30-31 | 1997, [En ligne], mis en ligne le 08 juillet 2008. URL : http://ema.revues.org/index1656.html. Consulté le 14 août 2009.
119. Rosen Lawrence: « The negociation of reality: male-female relations in Sefrou, Morocco ». In: Nicholas S. Hopkins and Saad Eddin Ibrahim. *Arab Society. Social Science Perspectives*. The American University in Cairo Press. Third Printing, 1977, p. 223.

120. Rouanet Sérgio Paulo : « Les limites externes de la démocratie ». *Diogène*, n°220. Octobre-Décembre, 2007.
121. Roux Jean-Pierre (dir.). *Les populismes*. Presses de la Fondation Nationale des Sciences Politiques. Editions Perrin, 2007.
122. Sabila Mohamed : *Madarat al Hadatha*. Rabat, 1987.
123. Sabila Mohamed : *Al Hadatha wa ma baada hadatha*. Casablanca, 2001
124. Scott James: *Domination and the Art of Resistance*. Yale University Press, 1990.
125. Sen Amartya : *Un nouveau modèle économique. Développement, justice, liberté*. Paris. Odile Jacob, 2003. (Première publication en anglais en 1999).
126. Sen Amartya. *Ethique et économie*. PUF, 1991. (Première publication en anglais en 1987).
127. Sorouch Abdul Karim: *Reason, freedom and democracy in Islam*. Oxford University Press, 2000.
128. Southall A. *Alur society*. Cambridge, 1956.
129. Talbi Mohamed : *Plaidoyer pour un islam moderne*. Cérès et Desclée de Brower, 1998.
130. Talbi Mohamed : *Universalité du Coran*. Actes Sud, 2002.
131. Tocqueville Alexis de : *Œuvres Complètes* III-2. Paris. Gallimard ; Bibliothèque de la Pléiade.
132. Tocqueville Alexis de : *De la démocratie en Amérique*. Paris. Pagnerre Editeur, 1850, p.6. (Numérisé par Google. http://books.google.fr)
133. Touraine Alain : *Critique de la modernité*. Gallimard, 1992.
134. Touraine Alain : *Le nouveau paradigme. Pour comprendre le monde d'aujourd'hui*. Fayard, 2005.
135. Tozy Mohamed : *Monarchie et Islam politique au Maroc*. Presses de Sciences PO, 1999.
136. Vei Pan: « Les valeurs fondatrices des sociétés contemporaines ». *Diogène*. 2008/1, N°221.
137. Vermeren Pierre: *Le Maroc en transition*. Paris. La Découverte, 2001.

138. Waterbury John : *Le commandeur des croyants*. Paris. PUF, 1975.

139. Weber Max: *Economie et Société /1. Les catégories de la sociologie*. Plon, 1971 (Le texte initial a été rédigé en allemand en 1956).

140. Westacott George H. and Lawrence Williams. "Interpersonal trust and modern attitudes in Peru". *International Journal of Contemporary Society*, 13, 1976.

141. White L.A: *The evolution of culture*. New York, 1959.

142. Whitehead Laurence: *Democratization: theory and experience*. Oxford University Press, 2002.

143. Wiarda Howard J.: Corporatism *and Comparative Politics. The Other Great « Ism »*. New York; London. M .E. Shape, Armonk, 199

144. Zakariya Fouad : *Laïcité ou islamisme : les Arabes à l'heure du choix*. Préface de Richard Jacquemond. Paris. La Découverte, 1986.

L'HARMATTAN, ITALIA
Via Degli Artisti 15 ; 10124 Torino

L'HARMATTAN HONGRIE
Könyvesbolt ; Kossuth L. u. 14-16
1053 Budapest

L'HARMATTAN BURKINA FASO
Rue 15.167 Route du Pô Patte d'oie
12 BP 226 Ouagadougou 12
(00226) 76 59 79 86

ESPACE L'HARMATTAN KINSHASA
Faculté des Sciences Sociales,
Politiques et Administratives
BP243, KIN XI ; Université de Kinshasa

L'HARMATTAN GUINEE
Almamya Rue KA 028 en face du restaurant le cèdre
OKB agency BP 3470 Conakry
(00224) 60 20 85 08
harmattanguinee@yahoo.fr

L'HARMATTAN COTE D'IVOIRE
M. Etien N'dah Ahmon
Résidence Karl / cité des arts
Abidjan-Cocody 03 BP 1588 Abidjan 03
(00225) 05 77 87 31

L'HARMATTAN MAURITANIE
Espace El Kettab du livre francophone
N° 472 avenue Palais des Congrès
BP 316 Nouakchott
(00222) 63 25 980

L'HARMATTAN CAMEROUN
Immeuble Olympia face à la Camair
BP 11486 Yaoundé
(00237) 99 76 61 66
harmattancam@yahoo.fr

L'HARMATTAN SENEGAL
« Villa Rose », rue de Diourbel X G, Point E
BP 45034 Dakar FANN
(00221) 33 825 98 58 / 77 242 25 08
senharmattan@gmail.com

642745 - Février 2016
Achevé d'imprimer par